《心经附注》对退溪心学形成之影响研究

周月琴 著

主编 阎纯德 吴志良

Sinological History Series
列国汉学史书系

學苑出版社

图书在版编目（CIP）数据

《心经附注》对退溪心学形成之影响研究 / 周月琴著. — 北京 ：学苑出版社，2015.4

（列国汉学史书系 / 阎纯德，吴志良主编）

ISBN 978-7-5077-4760-7

Ⅰ. ①心… Ⅱ. ①周… Ⅲ. ①李 （1501～1570）－心学－哲学思想－研究 Ⅳ. ①B312

中国版本图书馆CIP数据核字(2015)第078501号

责任编辑：杨　雷

封面设计：徐道会

出版发行：学苑出版社

社　　址：北京市丰台区南方庄2号院1号楼

邮政编码：100079

网　　址：www.book001.com

电子信箱：xueyuanpress@163.com

联系电话：010-67601101（销售部）　67603091（总编室）

经　　销：新华书店

印 刷 厂：河北保定彩虹艺雅印刷有限公司

开本尺寸：710×1000　1/16

字　　数：260千字

印　　张：16.75

印　　数：1500册

版　　次：2015年5月第1版

印　　次：2015年5月第1次印刷

定　　价：50.00元

本书系之出版获澳门霍英东基金会与澳门基金会赞助

序

经过近30年多位学者的辛劳努力,现在我们可以说,国际汉学研究确实已经成长为一门具有特色的学科了。

“汉学”一词本义是对中国语言、历史、文化等的研究,而在国内习惯上专指外国人的这种研究,所以特称“国际汉学”,也有时作“世界汉学”“国际中国学”,以区别于中国人自己的研究。至于“国际汉学研究”,则是对国际汉学的研究。中外都有学者从事国际汉学研究,但我们在这里讲的,是中国学术界的国际汉学研究。

自从“改革开放”以来,国际汉学研究改变了禁区的地位,逐渐开拓和发展。其进程我想不妨划分为三个阶段:一开始仅限于对国际汉学界状况的了解和介绍,中心工作是编纂有关的工具书,这是第一个阶段。到了20世纪90年代,出现国际汉学研究的专门机构,大量翻译和评述汉学论著,应作为第二个阶段。在这两个阶段里,学者们为深入研究国际汉学打好了基础,准备了条件。新世纪到来之后,进入全面系统地研究国际汉学的可能性应该说业已具备。

今后国际汉学研究应当如何发展,有待大家磋商讨论。以我个人的浅见,历史的研究与现实的考察应当并重。国际汉学研究不是和现实脱离的,认识国际汉学的现状,与外国汉学家交流沟通,对于我国学术文化的发展以至于多方面的工作都是必要的。我曾经提议,编写一部中等规模的《当代国际汉学手册》,使我们的学者便于使用;如果有条件的话,还要组织出版《国际汉学年鉴》。这样,大家在接触外国汉学界时,不会感到隔膜,阅读外国汉学作品,也就更容易体味了。必须指出的是,国际汉学有着长久的历史,因此现实和历史是分不开的,不了解各国汉学的历史传统,终究无法认识汉学的现状。

我们已经有了不少国际汉学史的著作及论文。实际上,公推为中国最早的汉学史专书,是1949年出版的莫东寅《汉学发达史》,尽管是通史体裁，也包含了分国的篇章。这本书最近已有经过校勘的新版，大家容易看到，尽管只是概述性的，却使读者能够看到各国汉学互相间的关系。由此可见，有组织、有系统地考察各国汉学的演进和成果，将之放在国际汉学整体的背景中来考察，实在是更为理想的。

这正是我在这里向大家推荐阎纯德教授、吴志良博士主编的这套“列国汉学史书系”的原因。

阎纯德教授在北京语言大学主持汉学研究所工作多年，是我在这方面的同行和老友，曾给我以许多帮助。他为推进国际汉学研究，可谓不遗余力，所作出的重要贡献是学术界周知的。在他的引导之下，《中国文化研究》季刊成为这一学科的园地，随之又主编了《汉学研究》，列为《中国文化研究汉学书系》，有非常广泛的影响。其锲而不舍的精神，我一直敬服无地。特别要说的是，阎纯德教授这几年为了编著这套“列国汉学史书系”所投入的心血精力，可称出人意想。

在《汉学研究》第八集的《卷前絮语》中，阎纯德教授概叹：“《汉学研究》很像同人刊物，究其原因，是从事这个领域研究的学者太少，尤其是专门的研究者更是少之又少，所以每一集多是读者相熟的面孔。”现在看“列国汉学史书系”，作者已形成不小的专业队伍，这是学科进步的表现，更不必说这套书涉及的范围比以前大为扩充了。希望“列国汉学史书系”的问世成为国际汉学研究这个学科在新世纪蓬勃发展的一个界标，让我们在此对阎纯德教授、这套书的各位作者，还有出版社各位所做出的劳绩表示感谢。

李学勤

2007 年 4 月 8 日

于清华大学国际汉学研究所

序　二
汉学历史和学术形态

汉学历史和学术形态历史是既抽象又具体的存在，是浩瀚无边的过去、现在和未来。历史会让我们兴奋，也会使我们悲哀，有时会令人觉得它又仿佛是一个梦。但是，当我们梦醒而理智的时候，便会发现——自然史、时间史、太阳史、地球史、人类社会史，一切的一切，不管是曾经存在过的恐龙，还是至今还在生生不息的蚂蚁社群，天上的，地下的，看得见的，看不见的，一切都有自己的历史。一切都有过发生，一切都还在发展，一切都还会灭亡。

任何事物的发生都有一个有形或无形的孕育过程，“汉学”（Sinology）也是这样，其孕育和成长，就是中国文化与异质文化相互交媾浸淫的历史。这个历史，始于公元1世纪前后汉代所开通的丝绸之路，接下来是七八世纪的大唐帝国、十四五世纪的明代、清末的鸦片战争和“五四”新文化运动，这种文化的碰撞和交流之潮时起时伏直到今天，还会发展到永远。这是历史，是汉学的昨天、今天和未来，是其孕育、发生和成长的过程显现出的文化精神。但是，昨天有远有近，我们可以循蛛丝马迹地探讨找回其真；而今天，只是一个过渡，一俟走过，便成为昨天的陈迹。写作汉学史是一件艰难的劳作，尤其对象是遥远的昨天，尤其是“遗失”在异国他乡的昨天，更非一件易事。时至今日，朦胧面纱下的汉学还不为一些学人所认识，因此有必要取下面纱，让人们看个究竟。

从20世纪70年代中期之后，尤其90年代以降，“汉学”（Sinology）便逐渐成为学术界耳熟能详的学术名词。中国大陆重提“汉学”（Sinology）至今，汉学就像隐藏在深山里的小溪，经过30年的艰辛跋涉之后，才终于形成一条奔腾的水流，并成为中国文化水系不可或缺的组成部分。这个变化是时代和历史变迁带来的结果，也是文化自己发展的规律。

那么，究竟什么是汉学（Sinology）呢？首先，这里的汉学非指汉代研究经学注重名物、训诂——后世称“研究经、史、名物、训诂考据之学”的“汉学”，而是指外国人研究中国历史、语言、哲学、文学、艺术、宗教、考古及社会、经济、法律、科技等人文和社会科学领域的那种学问，这起码已是200多年来世界上的习惯学术称谓。李学勤教授多次说：“汉学，英语是Sinology，意思是对中国历史文化和语言文学等方面的研究。在国内学术界，‘汉学’一词主要是指外国人对中国历史文化等的研究。有的学者主张把它改译为‘中国学’，不过‘汉学’沿用已久，在国外普遍流行，谈外国人这方面的研究，用‘汉学’比较方便。”① Sinology一词来自外国，它不是汉代的“汉”，也不是汉族的“汉”，不指一代一族，其词根sino源于秦朝的“秦”（Sin），所指是中国。

在历史长河里，汉学由胚胎逐渐发育成长。当汉学走过少年时代，在西学东渐和中学西传互示友情后，中学开始影响西方而成为人类文明史上的伟大事件。中世纪以来，欧洲视中国为“修明政治之邦”，对中国充满了好奇与好感，当“中国热”蜂起欧洲，19世纪初期法国便成为西方汉学的中心，巴黎成为“汉学之都”。戴密微（Paul Demiéville）曾说汉学的先驱是葡萄牙、西班牙和意大利。但是，汉学作为学术研究和一种文化形态，举大旗的则是法国人。1814年12月11日，雷慕莎（Jean Pierre Abel Rémusat）在法兰西学院首开“汉语和鞑靼——满语语言与文学讲座”，启开了西方真正的汉学时代。但指代汉学的“Sinologie”（英文“Sinology”）一词则出现在18世纪末，应该早于雷慕沙主持第一个汉学讲座的时间，更不会晚于1838年。从此之后，“Sinology”便成为主导汉学世界的图腾、约定俗成的学术“域名”。在世界文化史和汉学史上，外国人把研究中国的学问称为“汉学”，研究中国学问的造诣深厚的学者称为“汉学家”。因此，我认为，我们不必要标新立异，根据西方大部分汉学家的习惯看法，“Sinology”发展到如今，这一历史已久的学术概念有着最广阔的内涵，绝不是什么“汉族文化之学”，更不是什么汉代独有的“汉学”，它涵盖中国的一切学问，既有以儒释道为核心的传统文化，也包含“敦煌学”“满学”“西夏学”“突厥学”以及“藏学”和“蒙古学”等领域。但是一直以来人们对汉学的理解和解释相

① 李学勤：《国际汉学漫步·序》，石家庄：河北教育出版社，1997年。

左，因此便有了“中国学”“海外汉学”“海外中国学”“域外汉学”“国际汉学”“世界汉学”“国际中国文化”等不同的叫法；如果咬文嚼字，推演下来，一定还会有“国内汉学”“国内中国学”，甚至“北京汉学”“河南汉学”等。由于汉学的发展、演进，以法国为首的“传统汉学”和以美国为首的“现代汉学”，到了20世纪中叶之后，研究内容、理念和方法，已经出现相互兼容并包状态，就是说Sinology可以准确地包含Chinese Studies的内容和理念；从历史上看，尽管Sinology和Chinese Studies所负载的传统和内容有所不同，但现在却可以互为表达、“雌雄同体”同一个学术概念了。话再说回来，对于这样一个负载着深刻而丰富历史内涵的学术“域名”，我以为还是叫它Sinology最好，因为，Sinology不仅承继了汉学的传统，而且也容纳了Chinese Studies较为广阔的内容。另外，中国人对中国文化的研究应该称为国学，而外国学者研究中国文化的那种学问则称为汉学。汉学是国学的有血有灵魂的“影子”，而汉学不是国学，是介于中学与西学两者之间，本质上更接近西学的一种文化形态。说它与国学同根而生，说它们是一条藤上的两个瓜，都不为过，然而瓜的形象与味道却不相同，一个是“东瓜”，一个是“西瓜”。我认为这样认识汉学，既符合中国文化的学术规范，又符合世界上的历史认同与学术发展实际。

汉学的历史是中国文化与异质文化交流的历史，是外国学者阅读、认识、理解、研究、阐释中国文明的结晶。汉学作为外国人认识中国及其文化的桥梁，是中国文化和外国文化撞击后派生出来的学问，实际上也是中国文化另一种形式的自然延伸。但是，汉学不是纯粹的中国文化，它与中国文化有着密不可分的血缘关系，既是中外文化的“混血儿”，又是可以照见“中国文化”的镜子，是可以攻玉的“他山之石”。“‘Sinology’是一门在国际文化中涉及双边或多边文化关系的近代边缘性的学术，它以‘中国文化’作为研究的‘客体’，以研究者各自的‘本土文化语境’作为观察‘客体’的基点，在‘跨文化’的层面上各自表述其研究的结果，它具有‘泛比较文化研究’的性质。”①以上两种表述虽有不同，但学理一致，基本可以厘清我们对于Sinology（汉学）的基本学术定位。

法国汉学家马伯乐（Henri Maspero）说过：“中国是欧洲以外仅有的这

---

① 严绍璗：《我对Sinology的理解和思考》，载2006年《世界汉学》第四期。

样的一个国家：自远古起，其古老的本土文化传统一直流传至今。”法国哲学家弗朗索瓦·于连（François Jullien）也说：“中国文明是在与欧洲没有实际的借鉴或影响关系之下独自发展的、时间最长的文明……中国是从外部审视我们的思想——由此使之脱离传统成见——的理想形象。”①他在《为什么我们西方人研究哲学不能绕过中国》中提出：“我们选择出发，也就是选择离开，以创造远景思维的空间。人们这样穿越中国也是为了更好地阅读希腊。”为了获得一个“外在的视点”，他才从遥远的视点出发，并借此视点去“解放”自己。这便是一个未曾断流、在世界上仅存的几种古老文化之一的中国文明的意义。中国文明是一道奔流不息的活水，活水流出去，以自己生命的光辉影响世界；流出的“活水”吸纳异国文化的智慧之后，形成既有中国文化的因子，又有外国文化思维的一种文化，这就是“汉学”。也就是说，汉学是以中国文化为原料，经过另一种文化精神的智慧加工而形成的一种文化。从某种意义上说，汉学既是外国化了的中国文化，又是中国化了的外国文化；抑或说是一种亦中亦西、不中不西有着独立个性的文化。汉学作为一门独立的具有跨文化性质的学科，是外国文化对中国文化借鉴的结果。汉学对外国人来说是他们的“中学”，对中国人来说又是西学，它的思想和理论体系仍属“西学”。

汉学研究是指对外国汉学家及其对中国文化研究成果的再研究，是中国学者对外国学者研究中国文化的反馈，也是对外国文化借鉴的一个方面。凡是对历史或异质文化进行研究，都有一个价值判断和公正褒贬的问题。因此，对于外国汉学家对于我们中国文化的研究，必得有我们自己的判断，然后做出公正的褒贬。我们说汉学是可以攻玉的“他山之石”，但是这句箴言并非只是适用于中国人，对外国人也是一样。汉学也像外国的本体文化一样，对我们来说有借鉴作用，对西方来说有启迪作用——西方学者以汉学为媒介来了解中国，汲取中国文化的精华，完善自己的文明。人类由于文化背景差异和文化语境的不同，思维方向和方式也会不同，因而就会得出不同的结论，讲出不同的道理。“西方学者接受近现代科学方法的训练，又由于他们置身局外，在庐山以外看庐山，有些问题国内学者司空见惯，习而不察，外国学者往往探骊得珠。如语言学、民俗学、考古学、人类

① ［法］弗朗索瓦·于连：（François Jullien）《迂回与进入》，香港：三联书店，1998年。

学、社会学诸多领域，时时迸发出耀眼的火花。"①汉学的学术价值往往不被国人重视，并利用汉学家对于中国文化的一些误读贬低汉学的价值。其实，这并不公平，有些汉学家对于中国文化确实有其独到的见解，能发中国人未发之音。法国汉学家马伯乐（Henri Maspero，1883—1945）对中国上古文化和上古宗教的研究就有独到的贡献，被称对中国宗教研究有"先河"之功。他研究中国宗教的宗教社会学的方法，促进和推动了中国学者采用宗教社会学来研究中国宗教，被称为"中国宗教社会学研究的真正创始人"。瑞典汉学家高本汉（Bernhard Karlgren，1889—1978），终生的最高成就是根据研究古代韵书、韵图和现代汉语方言、日朝越诸语言中汉语借词译音构拟汉语中古音和根据中古音和《诗经》用韵、谐声字构拟古音，写出了著名的学术专著《中国音韵学研究》《汉语中古音与古音概要》《古汉语字典重订本》《中日汉字形声论》《论汉语》《诗经注释》《尚书注释》和《汉朝以前文献中的假借字》等，他对汉语音韵训诂的研究是不少中国学者所不及的，并深刻影响了对于中国音韵训诂的研究。20世纪著名的日本学者津田左右吉关于中国文化的研究著述甚丰，他认为中国文化是一种"人事本位文化"，其核心是"帝王文化"，其他认识上尽管有偏颇，但也有其独异性和深刻之处。这就是"他山之石"的意义和价值。当然，不可否认，汉学家对于中国文化的误读或歪曲也是常见的，诸如瑞典考古学家安特生（John Gunnar Andersson）于1921年10月对河南仰韶文化遗址发掘之后，便说中国彩陶制作技术源于西方，并在他的《甘肃考古记》和《黄土儿女》著作中反复强调他的这一错误观点。这一观点亦为"西方文化东移造成中国文化之说"提供了说辞。日本学者石田幹之助也推波助澜，闭门造车地推测出西方文化东渐的路线；甚至连我们的国学大师章太炎、刘师培也被"忽悠"得认可了"中国文化西来说"。② 美国现代汉学（中国学）的奠基人费正清对中国历史尤其近代史的研究独具风采，为美国人民认识中国搭建了一座桥梁；但他在研究上的所谓"冲击—回应"模式，却近乎荒谬，认为是西方给中国带来了文明，是西方的侵略拯救了中国。综上所述，对于汉

① 季羡林：《汉学研究·序》第七集，北京：中华书局，2003年。

② 《章太炎全集·〈訄书·序〉·〈种姓篇〉》，上海：上海古籍出版社，1985年；刘师培：《刘申叔先生遗书·〈思念祖国〉·〈华夏篇〉·〈国土原始论〉》。

学成果的研究，只有冷静、公正、客观、全面，才能在沙中淘得真金，拥抱“他山之石”。

在中国，汉学的接受与命运，诚实地说，在20世纪80年代初期之前，基本上是无视它的学术价值，更没人把它看做是中国文化的延伸。此外，由于民族心理上的历史“障碍”，我们还曾视汉学为洪水猛兽，甚至觉得它是仇视中国、侮辱中国的一个境外的文化“孽种”。这种“观点”，虽嫌偏颇，但也不是空穴来风。因为自19世纪鸦片战争前后，直至20世纪40年代，偌大的中国曾经惨遭蹂躏，整个历史写满了炮火压迫和宗教怀柔，其间也不乏为列强殖民政策服务的传教士、“旅行家”和“学者”深入中国腹地，以旅行、探险、考古之名而实行搜集社会情报、盗窃和骗取中国大批文物。

人类思想的飞翔，是受社会和历史禁锢的，山高水远的阻隔也使得人类互相寻找的岁月特别漫长。交流是人类文化选择的自然形态，汉学就发生在这种物质交流和文化交流之中。

公元前后，中国人被称为“赛里斯”（Seres），中国叫“赛里加”（Serice），这是陆路交往关于中国最初的叫法，时间较早；另一种叫法，把中国人称为“秦尼”（Sinai），中国叫“秦”（Sin），这是海路交往关于中国的叫法，时间较晚。由商人输往西方的中国丝绸绢绘是当时帝王贵族倾慕的奢侈珍品，Seres和Serice两字系由阿尔泰语所转化，是希腊罗马称谓中国绢绘的Serikon、Sericum两字简化而来。西方人当时称中国为“秦”（Sin），称中国人为“秦尼”（Sinai），则是源于秦朝。①

人类在互相寻找的初级阶段，中国和西方试探性的商业交往还很原始，那时的人类，不同的国家、民族和族群处于相对落后和封闭的状态，人类各个角落的不同文化还处于相对不自觉或是相对蒙昧的历史时期。在人类最早的沟通中，中国人走在最前边。公元前139年，张骞奉汉武帝之命，越过葱岭，亲历大宛、康居、大月氏、大夏、乌孙、安息等地，直达地中海东岸，先后两次出使中亚各国，历时十多年，开创了古代和中世纪贯通欧亚非的陆路“丝绸之路”，为人类交往开创了先河，也为汉学的萌发洒下最初的雨露。

---

① 莫东寅：《汉学发达史》，北平文化出版社，中华民国三十八年（1949年），第3页。

在文化史上，以孔孟儒家学说为核心的中国文化最先影响朝鲜半岛，然后才是日本和越南等周边国家。这些周边国家与中国的关系复杂，甚至被说成同种同文，因此可以说它们的文化与中国文化有着很深的“血缘”关系。公元522年，中国佛教渡海东传日本，从那时开始，中国典籍便大量传入日本，但这只是一种“输入”，只是日本创建自己文化的借鉴，并没有形成对于中国文化的深层研究。及至唐代，由于文化上承接了汉朝的开放潮流，那时与异质文化的交流相对更加频繁，商贸往来和文化沟通有了发展，西方和中国周边国家或地域的人士通过陆路和水路进入中国腹地，长安、洛阳、扬州、广州、泉州等城市，都是中外贸易和文化交汇的重要都会，尤其是前者，更是当时世界最大的商业文化之都；而后者，由于东南沿海经济崛起、人口增多、手工业发达、农田水利的改善，为海外贸易发展创造了条件，再由于唐代中期“安史之乱”切断了陆路“丝绸之路”的缘故，曾称为“鲤城”“温陵”“刺桐城”的泉州，便成为联结亚洲、欧洲和非洲的海上丝绸之路的“东方第一大港”，是那时以丝绸、金银、铜器、铁器、瓷器为主的国际贸易之都。通过频繁的往来和交流，外国人对中国文化的认识越来越多、越来越深，汉学也便在这种交流中不知不觉慢慢衍生。

但是，源远流长的汉学，人们习惯地认为其洪流和网络在西方，西方是汉学的形象代表。这一看法一是源自近代以来西方强势文化和中国人的崇洋心理；二是西方汉学的某些特征也确实有别于朝鲜半岛、日本和越南的汉学。其实，如果我们从世界汉学历史发展的角度看，日本、朝鲜半岛和越南的汉学要早于西方的汉学，比如日本在十四五世纪已经初步形成了汉学，而那时西方的传教士还没有进入中国。因此，对于汉学的研究，无论是西方还是东方（朝鲜半岛、日本和越南），我们都不能顾此失彼，要以同样的关注和努力探讨其历史。当然，汉学的历史藏在文献里，而隐性源头却在文献之外。

文化往往伴随经济流动，其交流也会在不自觉或无意识状态下发生。到了明代初年，郑和率舰队出使西洋，前后七次，历经二十八年，到过三十多个国家，最远抵达非洲东岸和红海口，真正拓展了海上“丝绸之路”。

在公元八九世纪至十六七八世纪期间，关于中国，多见于西方商人、外交使节、旅行家、探险家、传教士、文化人所写的游记、日记、札记、通信、报告之中，这些文字包含着重要的汉学资源，因此有人把这些文献称为“旅游汉学”。这些来源于文艺复兴，因为思潮的开放影响了欧洲人的思想和生活，他们或通商，或传教，或猎奇，但了解和研究中国文化却是一致的，于是汉学便在葡萄牙、西班牙、意大利、法国、荷兰、英国、德国、俄罗斯等主要的西方国家逐步发展起来。

这类游记和著作较早的有约在公元851年成书的描述大唐帝国繁荣富强的阿拉伯佚名作者的《中国与印度游记》，吕布吕基斯的《远东游记》(1254)，意大利的雅各·德安克纳的《光明城》，贝尔西奥的《中华王国的风俗与法律》(1554)，《利玛窦中国札记》，亚历山大·德·罗德的《在中国的数次旅行》(1666)，南怀仁的《中国皇帝出游西鞑靼行记》(1684)，费尔南·门德斯·托平的《游记》，李明的《关于中国现状的新回忆录》(1696)和《中华帝国全志》(《中国通志》)等，以及罗明坚、金尼阁、汤若望、卫匡国等名士的著作，还有大量名不见经传的传教士、商人、旅行家、探险家的各种记述，都成为日后汉学兴旺发达的必然因素。这类著作主要涉及中国的物质文明，较多描述、介绍中国的山川、城池、气候以及生活起居、饮食、服饰、音乐、舞蹈，也涉及一些中国的观念文化。这些“旅游汉学”著作中，影响最大的是《马可·波罗纪行》(《东方见闻录》)。马可·波罗(Marco Polo)于1275年随父亲和叔父来中国，觐见过元世祖忽必烈，1295年回国后出版了这本书，它以美丽的语言和无穷的魅力翔实地记述了中国元朝的财富、人口、政治、物产、文化、社会与生活，第一次向西方细腻地展示了“唯一的文明国家”——“神秘中国”——的方方面面。

这些包罗万象的文献，不仅记录了不同时代的中国，还以自己的文化视角开始了中西文化最初的碰撞。作为文献，这些游记、日记、札记、通信和报告，有赞美，有误读，也有批评，但因为其中包含大量中国物质文化及政治、经济、历史、地理、宗教、科举等多方面的文化记载，而成为汉学的重要组成部分，在学术史上有重要价值。

汉学的发生、发展与经济、政治、交通以及资讯分不开。有学者把汉学的历史分为“萌芽”“初创”“成熟”“发展”“繁荣”几个时期，也有的分为“游记汉学时期”“传教士汉学时期”和“专业汉学时期”三个阶段。但汉学的真正形成是在明末兴起的“西学东渐”和“中学西传”的互动之中。

从16世纪到十八九世纪，在数以千计的散布在中国各地的传教士中，有不少人成为名载史册的汉学先驱，他们为汉学的发展作出了重大贡献。

自1540年罗耀拉(S. Ignatins de Loyola)、圣方济各·沙勿略(Francisco Xavier)等人来华,开始了以意大利、西班牙传教士为主的第一时期的耶稣会的传教活动。接着,意大利的范礼安(Alexandre Valignani)、罗明坚(Michel Ruggieri)等著名传教士来华。1583年,即明朝万历十一年,罗明坚将利玛窦神甫(Matteo Ricci)带到中国,从此,耶稣会士在中国的宗教活动无论是对于西方或是东方,都开始了一个新的历史时期。西班牙的胡安·冈萨雷斯·德·门多萨(Juan Gonzalez de Mendoza)的《中华大帝国史》于1588年问世,这部世界汉学史上的第一部汉学著作,名副其实地对中国的政治、历史、地理、文字、教育、科学、军事、矿产、物产、衣食住行、风俗习惯等做了百科全书式地介绍,具有相当的学术价值,以七种文字印行,风靡欧洲。以利玛窦为核心的耶稣会士的历史意义在于他们开始了对中国文化的全面"开垦",不仅著书立说,还把《大学》《中庸》《论语》《孟子》等中国文化经典译成西文,不仅开西学东渐之先河,也推动了中学西传,使中国文化对西方科学与哲学产生重要影响,因此这位思想家当仁不让地被视为西方汉学的鼻祖。与其先后到达中国的著名的传教士都著书立说、传播中国文化,对推动西学东渐和中学西传作出了贡献。在世界汉学史上,除了以上提及的,还有许多汉学家的名字十分响亮,诸如曾德照、柏应理、卫匡国、殷铎泽、南怀仁、汤若望、龙华民、金尼阁、罗如望、熊三拔、李明、张诚、白晋、马若瑟、宋君荣、钱德明、翟理斯、安特生、雷慕沙、儒莲、德理文、安东尼·巴赞、蒙田、冯秉正、尼·雅·比丘林、巴拉第·卡法罗夫、瓦西里耶夫、沙畹、伯希和、马伯乐、葛兰言、斯文赫定、马礼逊、斯坦因、理雅各、翟理斯、李约瑟、韦利、霍克斯、卫礼贤、福兰阁、孔拉迪、高本汉、卫三畏、费正清、戴密微、石泰安、谢和耐、欧文等。他们和东方日本、朝鲜半岛的富有建树的汉学家以及当今散布在各国的汉学家,对中国文化的独特理解,铸造成汉学史上的思想学术之碑,开垦了汉学成长的沃土。

"西方的汉学是由法国人创立的。"但是,在欧洲全面研究中国文明的问题上,"法国的先驱是葡萄牙、西班牙和意大利"。① 戴密微把以上三个国家誉为汉学的先锋,"他们于16世纪末叶,为法国的汉学家开辟了道路,

① 戴密微:《法国汉学研究史》,耿昇译:《法国当代中国学》,北京:中国社会科学出版社,1998年。

而法国的汉学家稍后又在汉学中取代了他们”，真正建立起作为学术的汉学传统。就传统汉学而言，法国是汉学家最多的国家之一，有许多汉学界的学术巨擘，不断为汉学的崇高而添砖加瓦。

中外文化交流的结果不仅意味着中国文化“外化”的传播，也意味着异质文化对中国文化“内化”的接受。汉学家作为中外文化交流的桥梁和使者，在异质文化的交流中，也是人类和谐与进步的推动者。

汉学诞生在与异质文化碰撞、交流和相互浸淫之中。这个结果无异于一枚果子的成熟，只有“风调雨顺”才生长得好。和谐、宽容、理解与尊重，是异质文化彼此借鉴的保证。作为文化形态的汉学，其成长和生存离不开良好的国际语境。就中国而言，历史上凡是开放的时代，文化交流多，汉学就发展；反之，汉学就停滞，这似乎成为一种规律。

作为学术公器的汉学，文化上有其自己的成长过程。汉学是发展的，这一植根于中国文化土壤，生存于异国他乡的文化，同样深受不同时代语境的极大影响。这里所说的语境，既包括中国的历史演变，也包括异国和世界的历史变化。也就是说，不同的历史时期，不同的社会、政治、经济、文化背景，在很大程度上左右着汉学的发展方向和内容；换句话说，汉学的形成和发展，不仅受制于中国历史的更迭，也受制于他者社会的变化。这就是以历史悠久的中国文化为研究对象的汉学发展的基本轨迹。

汉学作为一种学术形态，总体上可以分为“传统汉学”和“现代汉学”。传统汉学以法国为中心，而现代汉学兴显于美国，20 世纪中期以来，在西方其他国家葆有传统汉学的同时，现代汉学也很繁荣。随着中国与世界政治关系的变化，随着中国文化与世界文化交流的拓展，现代汉学有了显著的发展。

虽然 20 世纪的后五十多年，中国文化与世界各国文化接触开始多了起来，但就整体而言，1949 年后约有三十多年是一个相对“闭关锁国”的时期。公正地讲，这道意识形态的“长城”也并非就是中国的政策，是那时期以美国为首的国家在政治、经济、军事、文化上对我国全面封锁的结果。这个时期的“汉学”涂满了政治色彩，以法国为代表的汉学较多地保持着传统汉学的学术精神，而美国的“中国学”却成了充满政治意识的现代汉学的代表。美国的“中国学”所关心的不是中国文化，更不是中国的传统文化，而是中国的政治、经济、军事、教育和社会生活各个层面的问题。这种政治特征，是那个时期美国汉学的基础，这一特征也影响了其他国家汉学的研究方向和内容。

由于中国与世界的隔离，由于西方与中国少有交流，因此汉学家不了解中国最新的文化进展（比如新的考古发现），致使汉学处于断炊或“无米之炊”的状态，没有中国文化的支持，西方汉学要想取得研究上的突破也很困难。陌生感和神秘感困扰着汉学家，这不仅是文化的尴尬，也是汉学家的难堪。

人类文化包含了物质文化和观念文化等。物质文化表现在衣食住行生活方面，是一种看得见、摸得着又极易变化的“具象”文化，例如饮食、服饰、住房、音乐、舞蹈等；观念文化是一个民族的核心，表现在人的价值观、道德观、家庭观、宗教观等诸多方面，以及关于自由、平等、民主的理解，观念文化是一个民族的思维经过高度抽象后形成的思想、观念和精神，它通过文化灵魂——哲学、文学、语言、宗教、历史等来表达。① 观念文化，一俟进入外国汉学家的研究视野，他们的研究也就进入了对中国文化核心的深层研究。

汉学家从对中国物质文化到观念文化的研究，其领域越来越广越来越深。现在，汉学不仅包括对中国的哲学、文学、宗教、历史领域的研究，还包括社会学、政治学和自然科学。Sinology（汉学）和 Chinese Studies（中国学），它们已经发展到可以“异名共体”的地步。

时至今日，传统汉学和现代汉学这两种汉学形态不仅同时存在着、共荣着，而且还互相浸透着。

19 世纪末至 20 世纪初，美国汉学悄然嬗变为中国学，并以自己独有的个性特点和极强的生命力出现在世人面前。美国汉学始自 1830 年东方学会（American Oriental Society）的建立，这个学会虽然代表了欧洲那种对东方学文学的兴趣，但这个学会“从一开始就有一种与众不同的使命感”——“为美国国家利益服务，为美国对东方的扩张政策服务”。② 这个特点也与“美国海外传教工作理事会”向中国派出基督教传教士的宗旨相

① 任继愈：《汉学发展前景无限》，载《中华读书报》2001 年 9 月 19 日。

② 侯且岸：《费正清与中国学》，载李学勤主编《国际汉学漫步》（上），石家庄：河北教育出版社，1997 年。

一致。可见,美国汉学一开始就和美国的国际战略和对华政策联系在一起。卫三畏(Samuel Wells Williams)1848 年出版的百科全书式的《中国总论:中华帝国的地理、政府、教育、社会、生活、艺术、宗教及其居民观》就带有较为浓厚的社会科学特点,与欧洲具有人文科学特征的汉学颇有差异,但它依然属于 Sinology 的范畴。

美国从南北战争后的统一中走向强大,加入强国之列。八国联军对中国的侵略行径,是列强联合的第一次尝试。从那时起,承担着相当"政治"角色的传教士进入中国。真正美国式的"汉学"——中国学,就从那时开始,而奠基人和开拓者是之后的费正清(John King Fairbank)。作为美国首席中国问题专家的费正清,他的中国学研究不仅影响了美国,也对其他国家的汉学研究或中国学研究有强烈的影响。

在西方,费正清的魅力在于,没有谁能像他那样以更清晰、更富于洞察力的笔触来表述中国。"在使美国人了解中国,了解中国的传统、中国纷扰不安的近代史,以及中国神秘莫测的现状等方面,谁的贡献也没有像他那样大"。费正清等一批知名的美国中国学家都参与过战时情报工作,在战后作为美国政府的智囊而直接为制定对华政策服务。费正清的研究虽然充满了实用和功利色彩,立场和观点也有偏见,但这并不妨碍他在历史上作为一个贡献巨大的汉学家和中国人民的朋友的光辉。美国学者从事研究的根本出发点是"使命感""学术个性"和"反唯理智论倾向","蔑视学问,更为强调实用性知识","更为明显同自己以外的社会,即政治家、实业家及其实践家始终保持紧密的联系"。① 这就是美国中国学家的基本心态,他们讲究功利和实用,不理会学术上的理智倾向,这与法国汉学家的学术心态、学术个性与学术传统几乎大相径庭。

传统汉学(Sinology)和现代汉学(Chinese Studies)的差异在于前者是以文献研究和古典研究为中心,它们包括哲学、宗教、历史、文学、语言等;而以美国为中心的现代汉学(中国学)则以现实为中心,以实用为原则,其兴趣根本不在那些负载着古典文化资源的"古典文献",而重视正在演进、发展着的信息资源。但是,汉学发展到 21 世纪,其研究内容和方式已经出现了融通这两种形态的特点。这种状况既出现在欧洲的汉学世界,也出现

① [美]赖肖尔:《近代日本新观》,北京:三联书店,1992 年。

在美国的中国学研究之中,可以说世界各国汉学家的研究中,都兼有以上两种汉学形态。

汉学(Sinology)对中国研究者来说,被尘封得太久,所以它的空白很多,浩如烟海的资源还有待于深入开掘。这种开掘,不仅可以收获汉学,还可以无意中发现被历史"放逐"和"遗失"在异国他乡的中国文化。编撰"列国汉学史书系"的目的和宗旨,不仅是为了梳理已有的汉学资源,在世界范围内追踪中国文化的外传历史状况、经验及影响,同时探究汉学的产生、成长、发展与繁荣,还要尽可能厘清这块"他山之石"对于中国文化的作用。当然,"列国汉学史书系"还期望对推动中国文化与世界文化的交流有所裨益。

"列国汉学史书系"作为一个文化工程,其撰写的难度非一般学术著作所能比拟。严绍璗教授谈到 Sinology 的研究者的学识素养时提出四个"必须":①必须具有本国的文化素养(尤其是相关的历史、哲学素养);②必须具有特定对象国的文化素养(同样包括历史、哲学素养);③必须具有关于文化史学的基本学理素养(特别是关于"文化本体"理论的修养);④必须具有两种以上语文的素养(很好的中文素养和对象国的语文素养)。这几点确实都是汉学研究者必须具备的文化和语文素养,否则很难进入汉学研究的学术境界。

写作"列国汉学史"艰难,而出版可谓难上加难。人间的事好像天上的云、地上的风,飘忽不定没有根,铁板钉钉是没有的,因为钉子可以用"权力"拔出来,一切承诺和协议,都可以化为乌有。虽然"列国汉学史书系"一直受到经济的困扰,但它终没有自毙于摇篮之中,冬天之后是春天,接着便是收获的季节。这套富有创意和价值的书系,将对中外文化交流和汉学的发展及其比较研究产生深远影响。

有人认为"汉学史中国人写不了",当然这是一个很奇怪的"立论"。日本人石田幹之助写了《欧人的中国研究》(1932)、莫东寅写了《汉学发达史》(1949),接下来又有严绍璗的《日本中国学史》(1991),张国刚的《德国的汉学研究》(1994),张静河的《瑞典汉学史》(1995),何寅、许光华主编的《国外汉学史》(2002),刘正的《图说汉学史》(2005)和李庆的《日本汉学史》(2005)相继面世。在人类的文化长廊里,无论是中国还是外国,各种史书琳琅满目,这其中有外国人写中国的各类历史,也有中国人写外国的各类历史。历史，是往事，是记录，是选择，并有相对独立的评论和褒贬。但是，事实上任何一部历史都不是最后的历史，历史随着时光的流逝而演进，修史很难一步到位，它需要一代代学者"积跬步"才能"至千里"，只有"积土成山，积水成渊"，方能"风雨兴""蛟龙生"。学问之事非一夕之功，非得有前赴后继者敢于赴汤蹈火"流血牺牲"，才会达至光明顶峰。

开拓者也许会在某个时候将自己的真诚劳作化为欢乐，因为在以后的岁月里，定会有人踏着自己的肩膀或是踩着自己的鼻子和头顶攀上高峰，以鸟瞰美丽风光。21 世纪是经济的大空间，对汉学来说也是一个"大空间"。但是，要探索这个"大空间"，需要有个和谐的"太空站"，需要大家联袂共建；当然世界上需要多元文化和谐相处的历史语境，共同创造彼此接近、认识、理解、尊重、沟通、借鉴与融合的机会，这个机会，就是汉学研究发展的机会。

时间在行走，历史在行走。人类创造过历史，书写过历史，但是没有最后的历史。汉学有历史，而且还正在创造新的历史，汉学及其研究将以自己的品格和个性在人类文化的世界里放出异彩。

阎纯德

2006 年 12 月 5 日

于北京半亩春

前　言

站在东亚理学研究的宏观视野下，考察迄今为止的宋明理学研究，可以发现两大问题：一是理学本土研究中从朱熹理学到阳明心学这一定论下存在着的诸多理论问题，二是东亚理学研究中从朱熹到李退溪在理学发展史上存在的历史地位判定问题。

首先是理学本土研究中从朱熹理学到阳明心学思想定论背景下存在的理论问题。

学术界一般认为，由朱子集大成的宋代理学，在明代演变为心学。这一研究结论在《明史》即有论述，近代以后的学者如容肇祖先生延续了这一结论，并进一步将王阳明的心学上述至陈献章、陆九渊，形成阳明心学与程朱理学对立的思想研究格局，即由理学向心学的演变，从时间上讲，是在明代中叶；从思想发展脉络上讲，是由陆九渊→陈献章→王守仁。现代学者继续沿着这一研究思路，将朱熹理学到阳明心学的思想发展与对立变成宋明理学的最终研究定论。

在这种由朱子理学演变为阳明心学的定论下，首先存在着一个无法解释的历史问题，即在由南宋末年至清代，程朱理学始终占据统治意识形态与以科举制为核心的教育体制的现实历史背景下，阳明心学是如何形成与程朱理学分庭抗礼的思想地位的？程朱理学在南宋末年的理宗时代被官方肯定，到了元代，朱熹的《四书集注》被定为科举考试的标准从而使程朱理学逐渐被体制化，并在此后直至近代的几百年历史中成为教育体制中的主导思想，尤其是在明初，明成祖诏令官修《性理大全》及以程朱理学为注解的《四书大全》《五经大全》，程朱理学上升为官方统治哲学与国家意识形态，明宣帝就曾直接将其作为统治国家的思想意识形态赐予朝鲜世宗国王。在这样的历史背景下，完全无法理解如何会在思想上突然从程朱理学转变为阳明心学的。也就是说，目前研究中存在的仅仅依靠王阳明“格竹失败”便将国家的思想意识形态转变为心学，是不可理解的。

还有一个不可忽视的历史事实是,与王阳明同时代的朝鲜性理学、尤其是儒林领袖李退溪是坚决反对与严厉拒斥阳明心学的。如果说阳明心学在16世纪中期真的已经成为当时能够与程朱理学分庭抗礼甚至取而代之的思想,那么在作为明朝属国、视明朝为天朝大国的朝鲜思想界却出现坚决批判阳明心学的历史事实,就是不可理解的了。

在这一研究定论下存在着的第二个重大理论问题是,在从朱熹理学到阳明心学这一大的思想研究格局下,被抽象化、形式化以后的思想史研究,不得不忽视由南宋末年至清代考据学为止出现的众多大儒的思想,如作为朱熹再传弟子的南宋大儒真德秀、宋末元初大儒吴澄、明代著名学者程敏政等人的理学思想,因为无法在由朱熹理学到阳明心学的思想发展中定位而只能陷入研究无力的状态。

因为朱熹是理学的集大成者,王阳明是心学的集大成者,因此在从朱熹到王阳明之间300多年的历史中出现的学者,都被从属于朱熹或者王阳明的思想之下而缺乏研究的价值与意义。以真德秀思想研究为例,国内迄今为止只有少数学者的著述,但始终无法解释这位大儒的思想究竟在哪些方面发展了朱熹理学,最终只能不了了之。在这一研究现状下,宋代以后众多思想家的思想被历史的尘埃所淹没,很多著作已经成为孤本,如在朝鲜李朝500多年历史上曾经起到过重大思想影响的《心经附注》(真德秀原著、程敏政再编),在现代中国已经成为孤本,而在现代韩国却很普及。至于程复心、王柏等人的思想与著述,更是因无人问津而被彻底遗忘。因此,如何解决南宋(朱熹)以后被抽象化、形式化的思想史研究困局,让众多思想家的思想重新获得应有的思想史地位,就成为现代研究者必须解决的思想难题。

其次是东亚理学研究视野下存在的从朱熹到李退溪这一既定结论下,如何确定李退溪在理学发展史上的思想地位问题。

在迄今为止的退溪学研究中,几乎无人对退溪哲学的朱子学性质提出过疑问。因为朝鲜李朝时代一直是以朱子学作为正统的统治理念,而李退溪在哲学思想的探索上也的确是以程朱性理学作为根本理论依据的。他的四端七情分理气说,成为其后韩国性理学派分化的决定性因素,他在四端七情论辩中称“朱子吾所师也,亦天下古今人之所宗师也”。他编纂的《朱子书节要》,对日本朱子学的产生与发展起到了不可忽视的影响,李退溪因此被称为“朝鲜之朱子”。这也造成现代研究者将研究的视野始终放在退溪思想与朱子哲学的直接比较上，从理气观、心性论等多方面进行比较，从而得出退溪思想是对朱子哲学的某种补充的结论。

但是，仅仅以朱子学者来理解退溪哲学会带来一个根本性的难题，即从性理学（朱子学）在宋代就已经完成了其哲学体系的创建的意义上讲，作为朱子学者的李退溪如何能够在哲学的根本意义上发展朱子理学？正是在这一根本问题的困扰下，学术界始终无法真正确立李退溪在朱子学中的思想地位，并形成所谓李退溪对朱熹哲学的发展是对朱熹哲学的某种补充的研究方向误导。

上述宋明理学研究中存在着的重大理论问题，却有可能在《心经附注》传入朝鲜半岛并被李退溪及其学派深入研究的思想发展过程中找到解决的途径。

笔者在研究退溪哲学思想的过程中发现，程敏政的《心经附注》对李退溪的哲学思想起到了极大的影响，它不仅引导青年时代的李退溪走上了研究朱子性理学的思想道路，而且程敏政在《心经附注》中所整理出的主敬成圣的圣贤心学，为退溪的《圣学十图》提供了主敬成圣的实践哲学的思想前提。退溪在《心经附注》所提供的主敬成圣的圣贤心学基础上所完成的心学，又在正统朱子性理学的意义上，完成了真德秀、程敏政以《心经》为载体提出的圣贤心学哲学体系。

沿着这一思路反溯理学本土的思想发展过程，站在东亚理学研究的宏观视野下，以《心经附注》为线索，笔者发现，由12世纪末朱熹集理学于大成，至16世纪中叶的阳明心学，并不仅仅存在着由朱熹到王阳明这一条思想发展脉络，而是在长达300多年的社会历史发展过程中，朱子学经历了一个心学化的思想发展过程。这一心学化过程，由宋代末年朱子再传弟子真德秀所著《心经》为起点，经宋末元初的性理学者王柏、程复心的心学图式化，到元代吴澄的心学理论发展，至明代中叶，在吴澄心学的影响下，朱子学心学化演变为两条思想发展方向。

其一，是程敏政通过附注真德秀《心经》而成的《心经附注》为载体，沿着正统朱子性理学意义上所进行的心学化发展。在这一过程中，确立了主敬成圣的心学修养论框架；其二，朱子学心学化在明代的另一个发展方向，是起源于陆象山的尊德性学说，历经元代吴澄和会朱陆的思想试图，以及明代陈献章的心学思想发展，最终由王阳明在社会历史使命感的要求下，经过对朱熹哲学的格物致知为学方式（所谓“格竹失败”）的反省，最终在“心即理”的意义上确立的阳明心学。

明代中叶的这两条心学化发展，同时都采用了元代吴澄的“和会朱陆”之说，而且王阳明的心学曾经受到程敏政《道一编》所提出的“朱陆早异而晚同”的和会朱陆思想影响。但由于程敏政的《心经附注》并没有在理学本土起到思想作用，不仅黄宗羲的《明儒学案》中没有提到程敏政，现代各种《中国哲学史》版本中，也均没有关于程敏政的思想研究。这表明，程敏政的哲学思想的确未能对中国性理哲学发展史起到深刻的思想影响。明代中叶，理学本土盛行的是阳明心学。但是，以程敏政附注南宋真德秀《心经》为载体的正统朱子学意义上的心学思想，却在传入朝鲜半岛后，因为适应了当时朝鲜社会的思想发展需要，而被李退溪在哲学上完成了思想发展（笔者将其称为圣贤心学），最终在 16 世纪中叶，同时在理学本土与朝鲜半岛产生了阳明心学与《心经》一系的圣贤心学两大思想发展成果。

因此，本书的研究范围设定在朱子学心学化发展中，以《心经附注》在朝鲜半岛传播与发展为线索的圣贤心学一系的思想，及作为明代心学思潮标志的“和会朱陆”思想对程敏政、王阳明、李退溪哲学思想的影响，来分析李退溪通过自己的哲学探索所完成的圣贤心学对朱子理学的哲学发展意义，及其在朱子学中的思想地位。对于作为朱子学心学化发展方向之一的阳明心学，因为在中国哲学史中已经得到了充分研究，因此本书不再作具体的分析，但会作为朱子学心学化在理学本土的发展与李退溪完成的《心经》一系的圣贤心学进行比较。

本书在研究中最为重视的研究方法是文化传播学。文化传播学的最大特征，是当某种思想在某一历史阶段上，作为较为先进的文化传入相对落后的国家（地区）时，绝不仅仅只是作为一种哲学思想传入的，而是作为一种包含了经济、政治、思想甚至宗教在内的先进文明，被落后地区或国家吸收的，否则就失去了文化传播的意义。

以李退溪对朱子学的继承而言，首先就必须放在 14 世纪末中国大陆先进的性理文明对相对落后的朝鲜半岛的经济、政治、思想影响，这一大的历史背景下进行考察。当李退溪于 16 世纪中叶在哲学上试图发展朱子学时，他首先是在朱子学已经在朝鲜半岛传播并与本土文化相融合 150 余年的历史背景下，基于解决朝鲜李朝当时的恶性“士祸政治”这一时代需要而发展朱子学的；其次，李退溪在发展朱子学时，面对的并不仅仅是朱子哲学本身，而是同时面临着朱子学本体及南宋末自真德秀以后的朱子学心学化这一思想史发展过程。具体而言，李退溪同时面对着同时代理学本土盛行的阳明心学，以程敏政《心经附注》为载体的朱子学意义上的心学化思想发展，以罗钦顺为代表的气学，以及陈建、罗钦顺等人对理学与阳明心学的批判，这一复杂的时代思想状况。因此，研究李退溪对朱子哲学的思想发展，就必须首先在文化传播学的特征下，进行具体的分析与研究，简单对比朱熹哲学与退溪哲学会导致抽象化与无意义化。

其次，本书在研究中也重视历史比较学的方法。仅仅站在中国性理学发展史的角度研究宋明理学，会令研究者迷失在史料与思想文字中，走不出既有的从朱熹理学到阳明心学的研究定论。如果换个角度，站在性理义明对朝鲜半岛的历史影响与思想发展的角度，由《心经附注》对李退溪思想的影响，反过来追溯由理学到心学的历史发展，便会发现，朱熹之后，以《心经》为载体，存在着由朱熹到真德秀、吴澄、程复心、王柏、程敏政这样一条朱子学心学化的思想发展线索。这一建立在程朱性理学本身意义上的心学化发展，尽管未能在理学本土完成，但却在同时代的朝鲜半岛，由李退溪完成了《心经》心学的哲学体系，并对16世纪中叶的朝鲜李朝社会产生了实质性的思想影响。在这一历史比较学方法下，被中国思想史所忽视的程復心、王柏、吴澄等的思想，可以重新得到理解与研究，甚至完全被理学发展史遗忘的南塘陈茂卿（柏）的思想，也有可能重新被发掘和研究。

总之，通过本书对朱子学心学化发展中一直为理学本土的研究所忽视的《心经》一系的圣贤心学发展过程的揭示，可以发现，《心经附注》不仅影响了李退溪一生的思想发展，而且通过李退溪在心性哲学上的探索，完成了未能在理学本土完成的圣贤心学，从而不仅在哲学思想的发展上，结束了300多年的朱子学心学化的思想发展过程，而且使得朱子学在历经了三个多世纪的思想发展与东亚文化传播之后，终于在16世纪中叶，分别在理学本土与朝鲜半岛，结出了阳明心学与退溪心学这两个思想硕果，并分别在各自的社会中起到了巨大的思想作用。

同时，本书也在东亚理学研究的宏观视野下，揭示了朱子学心学化的思想发展过程，为一直被性理思想史研究所忽视的朱熹之后的众多思想家如真德秀、吴澄、程复心、陈柏、程敏政等的思想重新获得应有的历史地位提供了可能性，并因此而使得被抽象化、形式化的宋明理学发展史有可能充实起来，成为丰富生动、真实的思想发展史，他们的著作也因此有可能不再被历史淹没而成为无人问津的孤本，重新成为必要的研究史料。这也是本书的理论研究价值与意义之所在。

最后，本书的出版受到阎纯德教授的无私帮助与学术支持，谨以此书感谢阎纯德教授。

目　录

导论:从朱熹到王阳明、李退溪

一、问题的提起:李退溪与明代各种思潮——批判与选择

站在东亚理学研究的宏观视野下,考察迄今为止的宋明理学研究,可以发现两大问题:一是理学本土研究中从朱熹理学到阳明心学这一定论下存在着的诸多理论问题,二是东亚理学研究中如何判定李退溪在理学发展史上的历史地位问题。

首先,是理学本土研究中从朱熹理学到阳明心学思想定论背景下存在的理论问题。

学术界一般认为,由朱子集大成的宋代理学,在明代演变为心学。如《明史》说:"原夫明初诸儒,皆朱子门人之支流余裔,……曹端、胡居仁笃践履,谨绳墨,……学术之分,则自陈献章、王守仁始。"①容肇祖先生对此解释说:"其实明代心学,由陈献章继承陆九渊的心学而开其端,由王守仁而集大成。所以说陈献章的心学是上承陆九渊,下启王守仁的中间环节,王守仁则使心学形成了完整的思想理论体系,并与理学分庭抗礼。"②即由理学向心学的演变,从时间上讲,是在明代中叶;从思想发展脉络上讲,是由陆九渊→陈献章→王守仁。在近年的研究中也有学者提出,"吴与弼则开了明朝心学一派的先河,陈献章把朱熹哲学真正变成心学"③,"王守仁是理学向心学转变的完成者,也是心学集大成者"④,基本上不出由朱子理

① 《明史》卷二八二,《儒林传序》。钦定四库全书本。
② 容肇祖:《中国明代思想史·明代卷》,第10页,台北:文津出版社,1993年。
③ 蒙培元:《理学的演变》,第297页,台北:文津出版社,1990年。
④ 蒙培元:《理学的演变》,第333页。

学到阳明心学的思想研究范围。现代学者继续沿着这一研究思路，将朱熹理学到阳明心学的思想发展与对立，变成宋明理学的最终研究定论。

但在这种理学演变为心学的定论下，首先存在着一个无法解释的历史问题，即在由南宋末年至清代，程朱理学始终占据统治意识形态与教育体制的现实历史背景下，阳明心学是如何形成与程朱理学分庭抗礼的思想地位的？众所周知，程朱理学在南宋末年的理宗代被官方肯定，至元代，朱熹的《四书集注》被定为科举考试的标准而使程朱理学逐渐被体制化，并在此后直至近代的几百年历史中成为教育体制中的主导思想，尤其是在明代，自明成祖朱棣诏令官修《性理大全》与以朱子学为标准的《四书大全》《五经大全》以后，程朱理学成为官方统治哲学与国家意识形态，性理文明也成为明代影响东亚国家的思想代表，明宣帝就曾直接将《性理大全》作为治理国家必须的思想意识形态赐予朝鲜世宗。[①] 在这样的历史背景下，完全无法理解如何会在思想上突然从程朱理学转变为阳明心学的。也就是说，目前研究中存在的仅仅依靠阳明"格竹失败"便将整个国家的思想意识形态转变为心学，是不可理解的。

还有一个不可忽视的历史事实是，与王阳明同时代的朝鲜性理学，尤其是儒林领袖李退溪是坚决反对与严厉拒斥阳明心学的。如果说阳明心学在16世纪中期已经成为当时能够与程朱理学分庭抗礼甚至取而代之的思想，那么在作为明朝属国、视明朝为天朝大国的朝鲜思想界，却出现以李退溪为代表的整个儒林坚决批判阳明心学的历史事实，就是不可理解的了。

在这一研究定论下存在着的第二个重大理论问题，是从朱熹理学到阳明心学这一大的思想研究格局下，被抽象化、形式化以后的思想史研究，不得不忽视由南宋末年至清代考据学为止出现的众多大儒的思想，如作为朱熹再传弟子的南宋大儒真德秀、宋末元初大儒吴澄、明代著名学者程敏政等人的思想，因为无法在由朱熹理学到阳明心学的思想发展中定位而只能陷入研究无力的状态。

因为朱熹是理学的集大成者，王阳明是心学的集大成者，因此自朱熹

---

① 宣德元年(1426)，明宣宗"遣使以《五经》《四书》及《性理大全》《通鉴纲目》赐朝鲜国王李祹。上谕行在礼部尚书胡濙曰：'圣人之道与前代得失俱在此书，有天下国家者不可不读。闻李祹勤学，朕故赐之。若使小国之民得蒙其惠，亦朕心所乐也。'"(《明宣祖实录》卷186，宣德元年冬十月辛未)

至王守仁之间近300年的历史中出现的学者,都被从属于朱熹或者王阳明的思想之下而缺乏研究的价值与意义。以真德秀思想研究为例,国内迄今为止只有少数学者的著述,但始终无法解释这位大儒的思想究竟在哪些方面发展了朱熹理学,最终只能不了了之。在这一研究现状下,宋代以后众多思想家的思想被历史的尘埃所淹没,很多著作已经成为孤本,如在朝鲜李朝500多年历史上曾经起到过重大思想影响的《心经附注》(真德秀编辑、程敏政附注),在现代中国已经成为孤本,而在现代韩国却很普及。至于王柏、程复心、陈茂卿等人的思想与著述,更是因无人问津而被彻底遗忘。因此,如何解决南宋以后被抽象化、形式化的宋明理学思想史研究困局,让众多思想家的思想重新获得应有的思想史地位,就成为现代研究者必须解决的思想难题。

其次,是东亚理学研究视野下存在的李退溪乃"朝鲜之朱子"这一既定结论下,如何确定李退溪在理学发展史上的思想地位问题。

朱熹(1130~1200),宋代性理学的集大成者,由朱熹集大成的宋代性理学被称为朱子学,南宋末年被宋理宗肯定并在元代成为科举考试的标准,最终在明初成为官方统治哲学,成为影响中国近代以前数百年历史进程的意识形态。同时,从14世纪末开始,朱子学又在文化传播中走向朝鲜、日本、越南等东亚国家,成为近代以前东亚文明的表征。而在哲学上对朱子学由朝鲜传入日本起到了重要作用的人物,就是16世纪中叶朝鲜的性理学者李滉。

李滉(1501~1570),字景浩,号退溪,安东人,朝鲜李朝中期著名朱子学者。生于朝鲜燕山君七年(中国明孝宗弘治十四年,1501年),卒于朝鲜宣祖三年(中国明穆宗隆庆四年,1570年),谥文纯①。李退溪是韩国性理学史上影响最大的思想家,与另一理学家李珥(1536~1584,字栗谷)并称朝鲜"儒学双璧"。

无论是当时还是后世,李退溪都被认为是完全遵守朱子理学思想的朱子学者,李退溪自己也认为自己是朱子学的传承者。他曾经用十年时间整理、编纂了一部《朱子书节要》,并在四端七情论辩中称"朱子吾所师也,亦

① 《年谱》卷二,《增补退溪全书》三,第596页,首尔:成均馆大学校大东文化研究院,1985年。(以下简称《退溪全书》。)

天下古今人之所宗师也”①。退溪弟子站在尊崇退溪的立场上，在《言行通录》中，也一再强调退溪的学问在程朱性理学中的正统地位，如说“先生学问，一以程朱为准。敬义夹持，知行并进，表里如一，本末兼举，洞见大源，植立大本，若论其至，吾东方一人而已”②；又说“先生之学，盖以朱子为宗”③，“先生之学，一以朱子为的，见人之尊陆学，必深排而痛绝之”④。并称退溪为“朝鲜之朱子”⑤等。

正因如此，当李退溪的思想随着韩国学术界举办的退溪学国际学术会议被中国学者认识时，他们首先注意到的，就是李退溪对朱子学所作出的思想贡献。著名当代新儒家学者、美国哈佛大学教授杜维明在关于儒学的演讲中，就曾多次提到这一点。如在《儒家哲学与现代化》中说：

> 第二期儒学的发展是从唐末到宋初所兴起的文化运动，即国内学人所谓的宋明理学。宋明理学的出现，在儒学的发展过程中，或者在世界文明史上，都有深远的意义。元代统一以后，宋明理学通过金文化及赵宋遗儒传到了北方，在元代起了很大的作用。因此，儒学在朝鲜有了非常重要的发展。朝鲜的李朝……的指导思想就是儒学，其中非常突出的思想家就是李退溪。从李退溪到他的学生李栗谷，儒学有非常大的发展。这个发展的基础即是中国的宋学，也就是朱熹学统的发展。⑥

这成为中国学者以朱子理学为基点研究退溪思想的决定性因素。但由于语言及资料的限制，造成中国学者对于朱子学究竟如何在朝鲜传播，李退溪又是如何在哲学上发展朱熹哲学的等问题的了解困难，只能在“朝鲜之朱子”这样一个基本前提下，对李退溪的思想与朱熹哲学进行跨时空的直接比较研究。

这种比较研究存在着一个根本的困惑，即从哲学的根本意义上讲，性

① 〔朝〕李滉：《答奇明彦论四端七情第一书》，《退溪全书》一，第 407 页。
② 〔朝〕李滉：《退溪全书》四，第 170 页。
③ 〔朝〕李滉：《退溪全书》四，第 178 页。
④ 〔朝〕李滉：《退溪全书》四，第 236 页。
⑤ 〔朝〕李滉：《退溪全书》四，第 16 页。
⑥ 中国文化书院编：《论中国传统文化》，第 120 页，北京：三联书店，1988 年。

理学（朱子学）在宋代就已经完成了其哲学体系的创建，从周子的太极图说，到二程的理，张载的气，再到朱子的理学集大成，宋代理学从本体论的理气观，到心统性情的修养论，格物致知的为学方式，再加上陆学在尊德性问题上对朱子学的思想补充，形成了一个完整的哲学思想体系。如果李退溪只是一个朝鲜的朱子学者，他又如何能在哲学的根本意义上发展朱子学？

在这一根本问题的困扰下，学术界始终无法真正确定李退溪在朱子学中的思想地位，只能对退溪与朱熹哲学的某些方面作片段式地比较，如在理的本体论问题上，有学者认为，退溪对朱熹的发展，就是在理自会动静的意义上发展了朱学①。也有学者提出"李退溪对朱熹哲学有深入地研究和理解，对朱学的某些矛盾和尚未解决的问题提出了进一步解决的积极方法，并揭示出某些在朱熹哲学中未得到充分展示的逻辑环节，使朱子学得到了某种补充和发展"②。如此，所谓李退溪对朱熹哲学的发展，只能是对朱熹哲学的某种补充而缺乏创新性的哲学思想体系形成。

笔者认为，之所以会出现目前研究中的问题，是因为研究者忽视了性理文化传播的特征，即在某一特定时代，某种先进文明与文化对相对落后地区的传播，不仅会在经济、政治体制、意识形态方面起到影响，而且也会在经历最初的学习、传播、普及之后，逐渐与当地文化相融合并在时代发展中创造出适合当地需要的新的思想。

以性理文明在朝鲜半岛的传播为例，不仅经历了 14 世纪末（丽末鲜初）排佛崇儒思想需要，及朝鲜李朝建国后百余年的学习中国性理文明中包含的先进政治体制、发达的农耕文明、以礼仪制度为基础的儒教社会形态的建立过程，而且在 15 世纪末开始、一直延续到 16 世纪中期的"士祸政治"恶性循环的时代背景下，产生了李退溪在思想上对程朱理学的哲学创新与发展。

实际上，李退溪不仅在解决时代难题（士祸政治）的需要下，在哲学上对朱子学进行了思想创新与发展，以真德秀、程敏政《心经附注》所提供的朱子学心学化思想框架为基础，完成了《心经》心学的思想体系，而且对同时代作为朝鲜李朝宗主国的大明皇朝的理学、气学、阳明心学等各种思想

---

① 张立文：《退溪与朱熹思想比较研究》，第 314 页，台北：文津出版社，1995 年。

② 日本筑波大学编：《李退溪哲学之历史的位置》，第 251 页，东京：东洋书院，1986 年。

思潮进行了批判、吸收和拒斥，显示出其在哲学上的时代大儒特质，表明李退溪的哲学绝不仅仅是对朱熹哲学的某种思想补充，而是具有创造性的发展。因此，在具体研究退溪哲学思想的实质之前，首先需要了解其对朱子学及同时代明朝的各种哲学思潮的认识与思想选择。

（一）《朱子书节要》与《心经附注》：李退溪对朱子理学的思想继承与心学发展

在退溪学研究中，一直受到学术界关注的，是其所编纂的《朱子书节要》一书对于退溪哲学的朱子学性质，及其对朱子学传播于日本的文化意义①，但却忽视了朱子之后300余年的朱子学心学化发展对于李退溪的哲学探索所具有的思想影响。

一个根本的事实是，李退溪研读《朱子大全》并编纂《朱子书节要》，是在明嘉靖二十五年（1546年，朝鲜明宗元年，时李退溪46岁），但对于《心经附注》，李退溪自叙"少时游学汉中，始见此书于逆旅而求得之"，并说"其初感发兴起于此事者，此书之力也，故平生尊信此书，亦不在四子《近思录》之下矣"②。此后终其一生，李退溪都将《心经附注》视为圣贤经典加以研究践履，可见《心经附注》对于退溪哲学思想的产生与发展，都有着更为直接、更为深远的思想影响。

问题在于，李退溪所说的"感发兴起于此事"中的"此事"究竟是指什么？在《退溪先生言行录》中，有一条记载非常明确地回答了这个问题。记载曰："先生自言：'吾得《心经》而后始知心学之渊源、心法之精微。故吾平生信此书如神明，敬此书如严父。'"③也就是说，《心经附注》所代表的"心学"，才是李退溪一生所追求、实践、探索和完成的哲学思想。

与此相关的是，李退溪对朱子哲学本身的认识与实践过程中的思想变化所反映出来的对心学的接受。据《年谱》记载，李退溪"十九岁初得《性理大全》首尾两卷，试读之，不觉心悦而眼开。玩熟盖久，渐见意味，似得其门路矣"④。

---

① 〔日〕宇野哲人：《日本에 있어서의李退溪研究》，首尔：《退溪学报》第1辑。
② 〔朝〕李滉：《心经后论》，《退溪全书》二，第326页。
③ 〔朝〕李滉：《退溪先生言行录》卷一，《退溪全书》四，第169页。
④ 〔朝〕李滉：《退溪先生言行录》卷一，《退溪全书》四，第169页。

《性理大全》与《五经大全》《四书大全》,同为明成祖永乐年间(1414年)由胡广奉敕所编纂。这三部《大全》的编纂,主要是为了以程朱性理学为统治意识形态,对整个社会进行思想统治,即所谓"倡明六经之道,绍承先圣之统",使"人皆由于正路","学不惑于他歧","家孔孟而户程朱","佩道德而服仁义"①。因此,这三部《大全》虽然确立了程朱性理学在明代的思想统治地位,但其目的并不是真正为了阐释和发展朱子的哲学思想,而是为了利用包括程朱理学在内的所有倡导纲常名教的思想来宣扬和维护封建专制统治的合理性。

如《性理大全》一书,所采用的就有 120 家宋儒之说,其中自成卷帙的有:周敦颐的《太极图说》一卷,《通书》二卷,张载的《西铭》一卷,《正蒙》二卷,邵雍的《皇极经世》七卷,朱熹的《易学启蒙》四卷,《家礼》四卷,蔡元定的《律吕新书》,蔡沈的《洪范皇极内篇》二卷,共 26 卷。26 卷以下,采集诸家言论,分为理气、鬼神、性理、道统、圣贤、诸儒、学、诸子、历代、君道、诗、文 12 个部分。退溪 19 岁时读到的,除尾卷为诗文外,卷首是周子的《太极图说》而不是朱子的学说,而且周子的《太极图说》对李退溪的哲学发展起到了重要的思想影响。他不仅在《天命图说》中论证了作为自己哲学独立探索起点的《天命图》来源于周子的《太极图》②,而且在《圣学十图》中将《太极图》作为第一图收录。与周子的《太极图》曾经为朱子哲学所提供的本体论宇宙生成模式相比,李退溪则是试图以《太极图》为依据,重新探讨程朱理学在心性论上所遗留下来的理学与心学的矛盾问题。

尤其值得注意的是,《性理大全》中所包含的朱子之后的心学化思想及其对朝鲜性理学的思想影响问题。如在《性理大全》第 32 卷"性理四·心"的部分中,就收录有陆象山、张栻、黄榦、真德秀、吴澄等人的心学思想。如所录陆象山之言曰:"人心至灵,此理至明。人皆有是心,心皆具是理"③,这句话之下原来还有"心即理"一语,明确表达了陆象山的道德心学

① 容肇祖:《中国明代思想史·明代卷》,第 8 页。

② 在《天命图说后序》中,退溪论证说:"天命之图,即周子所谓无极二五,妙合而凝者也,而子思则就理气妙合之中,独指无极之理而言,故直以是为性焉耳;分人分物,物物各具一太极者,本周子图说之意而子思之所谓性也;心性之圈,即周子所谓'惟人也,得其秀而最灵者也。'灵者,心也,而性具其中,仁义礼智信五者是也;秀者,气与质也,右质阴之为即所谓'神发知矣'者也。性发为情,心发为意,即'五性感动'之谓也。善几恶几,善恶分者也;四端七情,万事出者也。由是言之,图之节节皆本于周子图说之意。"(《退溪全书》二,第 324 页。)

③ 《性理大全》卷三十二,第 545 页,首尔:景文社,1981 年。

思想。再如所录朱熹弟子黄榦之言曰:“说虚灵知觉便是理固不可,说虚灵知觉与理是两项亦不可,须当说虚灵知觉上见得许多道理。且如孩提之童知爱其亲,长而知敬其兄,爱敬处便是道理,知爱知敬便是知觉。”①黄榦释朱子“心乃知觉”为“知爱知敬便是知觉”,明显表现出将朱子以心求理、格物致知的理性主义认识哲学转向道德追求的心学试图,而该书所录真德秀与吴澄之言,更是明确体现了朱子学心学化发展及其道德要求,如所录真德秀之言曰:

> 大舜十六字开万世心学之源,后之圣贤更相授受,虽若不同,然大抵教人守道心之正而遏人心之流耳。……心一而已尔,由义理而发,无以害之,可使与天地参;由形气而发,无以检之,至于违禽兽不远。始也特毫毛之间,终焉有天壤之隔,此精一之功,所以为理学之要欤!②

所录吴澄之言曰:

> 心学之妙,自周子程子发其秘,学者始有所悟,以至其存存之功。周子云“无欲故静”,程子云“有主则虚”。此二言者,万世心学之纲要也。不为外物所动之谓静,不为外物所实之谓虚。静者其本,虚者其效也。③

由此可见,明代性理学作为一种学问传入朝鲜社会的,并不是单纯的朱熹哲学,而是包括了朱子之后的心学化发展在内的、以朱子学为标志的明代官方性理学。因此,李退溪从一开始接触到的就是包括明代心学发展在内的性理哲学,而不是单纯的朱熹哲学。

值得注意的是,李退溪在其晚年完成自己的哲学体系建立以后,多次谈到早年因探索性理哲学而致病的事。据《年谱》记载,李退溪 20 岁时,“读《周易》,讲究其义,殆忘寝食。自是常有羸悴之疾。后先生与赵士敬

① 《性理大全》卷三十二,第 545 页。
② 《性理大全》卷三十二,第 547 页。
③ 《性理大全》卷三十二,第 547 页。

书曰:仆早年妄尝有意而昧其方,徒以刻苦过甚,得羸悴之疾。"①退溪后来一再提到致病的原因,如《退溪先生言行录》卷一中记载:"先生自言,吾少时有志此学,终日不辍,终夜不寐,遂得痼疾,迄未免病废之人。学者须量其气力,当寝而寝,当起而起,随时随处,观省体验,不使此心放逸而已。何必如此以致生病乎!"②这里所说的"随时随处,观省体验,不使此心放逸而已",已经明确提示了退溪此后的思想发展方向,乃是注重个体修养功夫的程敏政《心经附注》所代表的圣贤心学。

所以退溪又说:"余自少虽志于学而无师友启发之人,怅怅然数十年未知入头下工处,枉废心思,探索不置,或终夜静坐,未尝就枕,仍得心恙。废学者累年。"③这里的"入头下工处",不仅就是《心经附注》一系的圣贤心学所常讲的修养方法问题,而且退溪对于致病原因中的"探索不置"的分析,也很容易使人联想到王阳明因格竹失败而致病的故事,而"终夜静坐"方法的失败,也与朱子当年因对道南一派的静坐修养方式产生疑问而有"中和之悟",并由此走上理性主义的哲学独立探索之路的过程有着相似之处。不同的是,李退溪是通过对《心经附注》的思考与实践,承接了《心经附注》一系的圣贤心学的发展方向,所以他才说"得《心经》而后始知心学之渊源。"

通过以上分析,可以说从思想发展的意义上讲,李退溪的哲学探索绝不是直承朱熹,而是承接了在明代以《性理大全》《五经大全》《四书大全》所奠定的宋代性理学在明代的心学发展这一整体学问的基础上,在明代中叶的心学思潮中以《心经附注》所代表的圣贤心学之发展方向。

能够支持本书论点的另一个重要例证,自然是几乎被所有研究者用来证明李退溪就是朝鲜朱子学者的理论依据:《朱子书节要》。说李退溪在哲学上的出发点是程朱性理哲学并无疑义,但问题在于,研究者不仅忽视了李退溪在接受与发展程朱理学时,首先接受的是明代官修的包含了宋代陆学与朱子学心学化发展思想在内的《性理大全》,启发其思想探索与道德修养实践的是《心经附注》,而且忽视了李退溪编纂《朱子书节要》的时间是在他政治上遭受挫折,认识到"士祸政治"的恶性循环对国家命脉

① 〔朝〕李滉:《退溪全书》四,第114页。
② 〔朝〕李滉:《退溪全书》四,第169页。
③ 〔朝〕李滉:《退溪全书》四,第169页。

的断送，因而决意退隐乡村，从朱子理学中寻求治理恶现象的对策，从而在心性哲学上发展朱子理学的中年时期。

李退溪编纂的《朱子书节要》一书来自于《朱子大全》。在《朱子书节要序》中，退溪说："夫子既没，二王氏及余氏裒粹夫子平日所著诗文之类为一书，名之曰《朱子大全》。总若干卷，而其中所与公卿大夫、门人知旧往还书札，多至四十八卷。"①现存的《朱子大全》为朝鲜李朝英祖辛卯(1771)，由全罗道观察使尹东升受敕命所刊行。在该书1977年的影印本《解题》中，作者对《朱子大全》的来历介绍说："《朱子文集大全》一百卷，宋朱熹所撰，由其子在编纂而成，原名《晦庵集》。至宋理宗代，又有余师鲁所编别集七卷，编者未详的续集五卷。"②也就是说，《朱子大全》成书于南宋理宗代。该书在朝鲜刊行，是在中宗代。李退溪说："嘉靖癸卯(1543)中，我中宗大王命书馆印出颁行，臣滉于是始知有是书而求得之。"③即李退溪于43岁时第一次见到《朱子大全》，但直到46岁时才"因病罢官，载归溪上，得日闭门静居而读之，自是渐觉其言之有味，其意之无穷，而于书札也，尤有所感焉"，于是，"就其(按指书札)尤关于学问而切于受用者，表而出之，不拘篇章，惟务得要，……凡得十四卷，为七册"。④ 此即《朱子书节要》。

迄今为止，多数研究者都只注意到了《朱子书节要》对于日本朱子学的发展影响，但却没有注意到其内容的独特性，即李退溪在编纂此书时所言的"尤关于学问而切于受用者"对于退溪自身的哲学探索意义。

问题是，对于退溪而言，究竟什么才是"尤关于学问而切于受用"的思想呢？据笔者对《朱子书节要》目录与内容的详细考察，李退溪主要是从三个方面进行了摘录与编纂，而这三个方面均与李退溪的心学发展有关。

第一，关于时事。《朱子书节要》的第一卷和第二卷，不是多数学者所关注的朱子的理气论，而是朱子当年与公卿大夫讨论国事、政事的书札。其最直接的意义，就在于理学作为新儒学从传统儒学中所继承的内圣、外王之道的政治哲学精神。从孔子的人本精神，到孟子的民生与民本精神，再到理学所表彰的《大学》所提倡的治国平天下之道，逐渐形成一种儒家

① 〔朝〕李滉：《李退溪全集》(日本刻本)上，第3页。

② 《朱子大全·解题》。

③ 〔朝〕李滉：《李退溪全集》(日本刻本)上，第3页。

④ 〔朝〕李滉：《李退溪全集》(日本刻本)上，第3页。

文化的社会历史使命感。如张载所言,作为一种哲学,理学的根本目的是要"为天地立心,为生民立命,为往圣继绝学,为万世开太平"。这种社会历史使命感使理学具有显著的对现实政治腐败的批判精神。也就是说,李退溪从朱子哲学中所继承的,首先就是理学的批判精神,而批判的目的正是为了发展。因此,在时事论之后,李退溪摘录了朱陆之辩的内容。

第二,朱陆之辩。在理学发展史上,朱陆之争不仅是理学与心学之间的论争,也是日后朱子学心学化"和会朱陆"的主要理论根源。不同的是,朱子学心学化的"和会朱陆",主要体现在尊德性与道问学的意义上,而李退溪所摘录的朱陆之辩的内容,则是"无极而太极"之争。

其中的根本原因,在于朱子在阐述"无极"概念的必要性和正当性时,提出了儒学的发展观问题。朱子说,"以熹观之,伏羲作《易》,自一画以下;文王演《易》,自乾元以下。皆未尝言太极也,而孔子言之。孔子赞《易》,未尝言无极也,而周子言之。夫先圣后圣,岂不同条而共贯哉!"①李退溪摘录朱子此言的意义在于,当他此后通过四端七情分理气论发展朱子的人性论时,正是以朱子在无极而太极之争中所提出的儒学发展观为根本理论依据的。这也说明李退溪的哲学是对朱子哲学的发展,而不是单纯的继承。从《朱子书节要》的主要内容中,还可以看出退溪哲学发展的方向。

第三,关于持敬与格物致知论。除了时事论与朱陆之辩以外,《朱子书节要》中选录的大部分内容,都是围绕着持敬与格物致知论这两个方面进行的讨论。

而格物致知论正是《心经附注》一系的圣贤心学在为学方式上对朱子理学的继承,也是圣贤心学与阳明心学的根本差别。因此,李退溪所继承的《心经附注》之心学,是在正统朱子理学的意义上,沿着心学化的方向发展朱子理学。发展的方向,就是以持敬为主要方式的道德人格之成圣。如李退溪所录朱子《答程允夫》书即说:"夫持敬用功处,伊川言之详矣。……是知圣门之学,别无要妙,彻头彻尾,只是个敬字而已。"②而被李退溪视为神明的《心经附注》,正是以敬立论的。程敏政在《心经附注序》中说:"盖是经所训,不出敬之一言。"③

① (宋)朱熹:《太极图解·总论》,《周子全书》,第61页。

② (宋)黎靖德编:《朱子语类》卷五。北京:中华书局,1986年。

③ (宋)真德秀编:〔明〕程敏政编附注:《心经附注》,中国思想丛书第47册,第6页。

由上述论证可以得知，首先，在性理文化传播学的意义上，李退溪自青少年时代接触到的并不是纯粹的程朱理学，而是包含了程朱理学与陆学、以及朱子后学在理学意义上的心学化思想在内的明代官修《性理大全》；其次，对其一生影响深刻的是以《心经附注》为载体的朱子学心学化思想；第三，被后世研究者作为李退溪是“朱子学者”依据的《朱子书节要》，不仅是李退溪中年退归乡村后试图从朱子学中探索解决时代问题的思想出发点，而且从李退溪所选择的内容看，其哲学探索的核心问题是理学意义上的心学发展，而非单纯的继承朱熹理学。

在心学发展这一思想研究前提下，继续考察李退溪对同时代理学本土的各种思想的态度，便具有了更为明确的理论依据意义。

（二）《心经后论》与《非理气为一物辩证》：心学继承与理学、气学之批判

《心经附注》的著者是明代中叶的性理学者程敏政（约 1445～1500），但他的思想在当时明代社会中起到影响的却不是《心经附注》，而是《道一编》。程敏政在《道一编》中提出的“朱陆早异而晚同”的观点，不仅为王阳明所接受，从而使和会朱陆说成为明代心学思潮兴起的标志，而且引起了当时站在传统理学立场上的性理学者如陈建、罗钦顺等人的批判。

陈建（1497～1567），号清澜，明代中叶性理学者，著《学蔀通辩》，以“朱陆早同而晚异”说，批判程敏政与王阳明“朱陆早异晚同”的和会朱陆观点。陈建首先指出：“近世一种造为早晚之说，乃谓朱子初年所见未定，误疑象山，而晚年始悔悟而与象山合。其说萌于赵东山之对江东六君子策，而成于程篁墩之《道一编》。至近日，王阳明因之，又集为《朱子晚年定论》。……颠倒早晚，矫污朱子以弥缝陆学。”①接着，又以人心道心说来批判陆王心学，说：“圣贤之学，心学也。禅学陆学，亦皆自为心学也。殊不知心之名虽同而所以言心则异也。”②明确将程朱理学视为圣贤心学，而将陆学视为禅学加以批判。

---

① （明）陈建：《学蔀通辩总序》，《学蔀通辩》，中国思想丛书第 51 册，第 14 页。

② （明）陈建：《学蔀通辩》，第 417 页。

陈建认为,“性即道心也,知觉即人心也”①,为此作《心图》,认为道心乃是仁义礼智、德性、义理,而人心则是虚灵知觉、精神、气禀②,由此提出:“孔孟皆以义理言心,至禅学则以知觉言心”,而“禅学……曰‘识心见性’,……陆象山曰‘收拾精神,万物皆备’;慈湖曰‘鉴中万象’;陈白沙曰‘一片虚灵万象存’;王阳明曰‘心之良知是谓圣’,皆是以精神知觉言心也。”③指出圣贤心学与陆王心学最大的区别是,圣贤心学以义理论心,而陆王心学则是以精神知觉言心。

罗钦顺(1465~1547),号整庵,与王阳明同时代的性理学者。著有《困知记》,以朱子的格物致知说,批评王阳明的心即理说。指出王阳明之所以复《大学》古本,是因为王阳明“以人之为学,但当求之于内,而程朱格物之说,不免求之于外,遂去朱子之分章而削其所补之传”④。罗钦顺坚持朱子的格物致知是要即物而穷理,而王阳明所主张的致良知说,则是混淆了作为道德主体的“良知”,与作为客观事物之理的“天理”的区别,这样就会导致为学上流于禅学的弊病。所以,他批评王阳明的致良知说,曰:

> 所贵乎格物者,正欲即其分之殊,而有见乎理之一,无彼无此,无欠无余,而实有所统会。夫然后谓之知至,亦即所谓知止,而大本于是乎可立,达道于是乎可行,自诚、正以至于治、平,庶乎可以一以贯之而无遗矣。然学者之资禀不齐,工夫不等,其能格与否,或浅或深,讵容以一言尽哉?惟是圣门《大学》之教,其道则无以易,此学者所当由之以入,不可污也。外此或夸多而斗靡,则溺于外而遗其内;或厌烦而喜径,则局于内而遗其外,禅学是已。⑤

同陈建一样,罗钦顺也以人心道心说进一步分析和批判阳明心学,指出其心即理说的错误,不仅在于混淆了心与物的区别,而且也混淆了心与性的区别,这是绝对不可以的。因为“夫心者,人之神明,性者,人之生理。

① (明)陈建:《学蔀通辩》,第416页。
② (明)陈建:《学蔀通辩》,第415页。
③ (明)陈建:《学蔀通辩》,第419页。
④ (明)罗钦顺:《与王阳明书》,《困知记·附录》,中国思想丛书第32册,第278页。
⑤ (明)罗钦顺:《困知记》,第280页。

理之所在谓之心，心之所有谓之性。不可混而为一也”①。

在心性论上，罗钦顺继承的是朱子理学的思想，即以心为人的知觉、意识活动，而性则是人所禀受的先天道德之理。心、性之所以不能混淆，是因为性作为人所禀受的先天道德之理，无不善；而心作为人的知觉，在结果上则有人心、道心之别，而“道心，性也，性者道之体；人心，情也，情者，道之用”②，“道心，寂然不动者也，至精之体不可见，故微；人心，感而遂通者也，至变之用不可测，故危”③。即心有善恶。因此，不可将纯善之性与兼有善恶之心等同起来。最根本的问题还在于，心与性的区别正是儒、释的区别之所在。释氏所谓“明心见性”，只是求人的知觉，即心，却遗弃了作为社会道德法则的性，因而与儒家所谓的“尽心知性”有本质的差别。王阳明以良知代替心、理、性，正与释氏相同。

罗钦顺不仅总结和批判了阳明心学“局于内而遗其外”的“禅学”弊病，也批评了朱子后学“溺于外而遗其内”的辞章之习的弊病，坚持程朱理学在认识论上所总结的格物致知为学方式，乃是认识客观事物之理、达到治理天下国家的唯一正确途径，“不可污也”。因此，罗钦顺的思想可以说代表了明代中叶正统理学对包括王阳明和程敏政在内的两种心学思想的批判。

综合而言，16 世纪的明代中叶社会中，大致存在着心学与理学两种思潮。心学中又分程敏政的《心经附注》所代表的圣贤心学，与王阳明的心即理之心学；理学则有陈建的《学蔀通辩》所代表的正统理学，及罗钦顺《困知记》所代表的气学。前者的共同思想特征是以和会朱陆为发端，使朱子理学向道德实践化的心学方向发展；后者的共同思想特征，则是以人心道心说批判心学的“和会朱陆”说，并指斥陆王心学为禅学。

在李退溪开始进行哲学上的独立探索之前，上述明代社会的各种思潮均已传入了朝鲜社会，并在新的社会思想环境中受到了重新批判与选择。以陈建《学蔀通辩》为例，在退溪的门人中，对此即有相反的看法。如赵穆对陈建的《学蔀通辩》十分重视，尤其是对其中用来批判陆王心学的心图说，“每见弘，必举以称之，以明儒释之归”④。而李德弘却认为，“清澜此图

① （明）罗钦顺：《困知记》，第 17 页。

② （明）罗钦顺：《答黄均溪亚卿》，《困知记》，第 298 页。

③ （明）罗钦顺：《困知记》，第 19 页。

④ 〔朝〕李德弘：《心图说辩》，《艮斋先生文集》卷七。

与朱子《中庸说》不类，而与罗整庵《困知记》‘道心为体，人心为用’之说，同一关键也”。并指责陈建“虽曰力尊朱子，实微有所不满于其心者也”①。对陈建的思想持批判态度。而李德弘的看法，又直接来源于李退溪。李退溪不仅批判程敏政、王阳明的“和会朱陆”说，也批判陈建、罗钦顺用以批判程敏政、王阳明“和会朱陆”说的人心道心说，对阳明心学则更是持严厉拒斥的态度，从而表现出与同时代的明朝社会各种思潮之间的复杂思想关系。

问题在于，李退溪与明朝社会的各种思想之间，究竟具有怎样的实质性联系？考察李退溪的哲学思想，可以发现，当他开始在哲学上进行心性哲学的探索时，明代已经完成了理论上的心学化，即阳明心学的哲学体系已经创立，并已盛行于理学本土，而批判程敏政与王阳明“和会朱陆”的理论也已经完成。

我们可以从时间上提出如下证明：程敏政的《心经附注》完成于 1492 年，其《道一编》的完成时间虽因史料不全而无法考证，但考察其在《心经附注》中已经引用吴澄之说并以朱陆“早异而晚同”说来强调心学修养的重要性，可知其《道一编》亦应完成于 1492 年以前。王阳明龙场悟道是在 1509 年，刻《朱子晚年定论》是在 1521 年，阳明致良知之学盛行于理学本土，则是在王阳明去世（嘉靖七年，1528）前后。同时，为卫道而以人心道心说来批判程敏政、王阳明“和会朱陆”说的罗钦顺《困知记》，亦完成于嘉靖七年；陈建的《学蔀通辩》，完成于嘉靖二十七年（1548）。也就是说，明代心学的分化、完成及其批判，应当是在 1492 年至 1548 年这一历史时期。

李退溪出生于 1501 年，在哲学上进行心性哲学的独立探索是在 1553 年所作《天命图》与说，最终完成心学思想体系是在 1568 年所作《圣学十图》。也就是说，李退溪自开始哲学思想的独立探索，到完成其心学思想体系，是在 1553 年至 1568 年这一历史时期。

也就是说，当李退溪开始在性理学上进行心学探索时，同时代的中国明朝已经完成了朱子学向阳明心学的思想转化，并出现了程朱理学与罗钦顺气学对心学思潮的批判。因此，他同时面对着程敏政以《心经附注》为载体提出的圣贤心学的理论雏形，与已经盛行于理学本土的阳明心学，以及站在朱子正统理学立场上的陈建与站在气学立场上的罗钦顺，以人心道心说批

① 〔朝〕李德弘：《心图说辩》，《艮斋先生文集》卷七。

判程敏政与王阳明的"和会朱陆"说，这样一个复杂的思想文化前提。

对于李退溪的思想发展构成哲学问题的，主要是罗钦顺的《困知记》所代表的气学思想，王阳明的心即理之心学思想，以及程敏政《心经附注》所代表的圣贤心学思想。值得注意的是，在明代理学本土盛行的三大思潮，存在着一个思想交汇点，即程敏政与王阳明的"和会朱陆"思想及陈建、罗钦顺对"和会朱陆"的批判。李退溪正是通过对这一问题的理解与批判，与明代各种思潮产生了思想联系。

首先，通过李退溪66岁时所作《心经后论》一文中对程敏政和会朱陆说的理解与接受，可以看出其对《心经》心学的思想继承。

如上述所，明代心学的发展与完成首先起源于程敏政《道一编》对之前出现的和会朱陆观点的继承，并在《心经附注》中引用了吴澄的和会朱陆说。程敏政《道一编》又直接影响了王阳明，并以《朱子晚年定论》与恢复古本《大学》来倡导和会朱陆说。程敏政与王阳明对和会朱陆说的肯定，代表了明代心学思潮的展开。

李退溪正是通过《心经附注》中所引吴澄的思想，了解到明代"和会朱陆"思潮的。程敏政在真德秀《心经》的最后一条《朱子尊德性箴铭》后，附注了42条，其中包括朱子书信35条，陈北溪、黄榦、慈溪黄氏、吴澄等7条，并加了6条按语，论述朱子道问学与尊德性思想。关于道问学，程敏政按语曰："朱子中岁恐学者交修之功不逮而或至于不振，且择善之未精而或流于异学之空虚也，故道问学为重。"①关于尊德性，程敏政按语曰："朱子晚岁以学者专讲说而废涵养，将流于言语文字之陋而不自觉，故又于尊德性为重。既为程允夫作铭，且屡有惩于从游者，盖定论也。"②明确表示了其在《道一编》中提出朱陆"早异而晚同"的观点，且在附注的最后一条引用元代学者吴澄(1249~1333，号草庐)对朱门后学流于言语之末的批判及对尊德性的强调，曰：

夫既以世儒记诵词章为俗学矣，而其为学亦未离乎言语文字之末，此则嘉定以后朱门末学之弊而未有能救之者也。夫所贵乎

---

① (宋)真德秀编、(明)程敏政附注:《心经附注》,〔韩〕宋熹準编:《心经注解丛编》一，第312页。

② (明)程敏政:《心经附注·尊德性箴铭》。

> 圣人之学,以能全天之所以与我者尔。天之与我,德性是也。是为仁义礼智之根株,是为形质血气之主宰。舍此而他求,所学何学哉?①

吴澄将德性视为圣人之学的根本,并在出任国子监丞时,明确主张要以陆九渊"尊德性为主"之学作为学问的根本,也因此在当时就被认为是陆学。程敏政在《心经附注》末条引用吴澄之说,这对于在学问上以朱子为师,视朱子学为"大中至正"之学,视陆学为禅学,又将《心经附注》"敬之如神明,尊之如父母"的李退溪而言,是一个无法接受的难题。

对于明代心学发端中的"和会朱陆"问题,李退溪持明确地批判态度,李退溪在《心经后论》中指出:"朱陆二氏之不同,非故有意于不同也,此儒而彼禅,此正而彼邪,此公平而彼私狠。夫如是,安得而相同也?"②李退溪认为朱子之学是尊德性与道问学并重,并由此而批评程敏政《道一编》的"和会朱陆"之说,曰"老先生(按:指朱子)一生从事于二者,才觉有一边偏重,即猛省而痛改之,故见于书尺往复之间者,互有抑扬。此乃自用吾法而自相资相救,以趋于大中至正之道耳。岂初年全迷于文义之末,及见象山然后始悟而收归本原乎哉!"③

李退溪对《心经附注》"和会朱陆"问题的解释,表明了两个观点:一是对朱子尊德性与道问学并重的认识,意味着李退溪是在朱子性理学的正统立场上发展朱子学的。这是研究退溪哲学的思想前提;二是李退溪对吴澄与程敏政对朱子后学流于"口耳之习"之弊病的批判,以及道德追求的接受,又表明李退溪是在接受朱子学心学化的思想成果的基础上进行的哲学探索。

但即使在此前提下,李退溪仍然对心经表示了尊信态度,说:"吾观是书,其经则自诗书易以及于程朱说,皆圣贤大训也;其注则由濂洛关闽,兼取于后来诸贤之说,无非至论也。何可以篁墩之失而并大训至论不为之尊信乎?"④进一步,李退溪又假借问者之口,讨论了《心经附注》末条的和会朱陆问题,(问者)曰:"其他固然矣,至于末章之注也,既以朱子说分初晚

---

① (明)程敏政:《心经附注·尊德性箴铭》。

② 〔朝〕李滉:《心经后论》,(韩)退溪学研究院编:《陶山全书》三,第238页。

③ 〔朝〕李滉:《心经后论》,《陶山全书》三,第237页。

④ 〔朝〕李滉:《心经后论》,《陶山全书》三,第238页。

之异，以草庐之说终焉，此正与道一编同一规模议论也。子何讥斥于道一而反有取于此注也耶?"①对此，李退溪从强调尊德性以拯救朱子后学流于词章之习弊病的角度，论述了心经的圣贤心学意义及其对心经的尊信，说：

> 徒务博文而少缓于约礼，则其弊必至于口耳之习，故朱子于当时，其忧之戒之之切，诚有如此注所引十二条之说。其门人之述行状又云，晚见诸生缴绕于文义，始颇指示本体云云。则尊德性以救文义之弊，非篁墩之说也，乃朱子之意固然也。篁墩于此，但不当区区于初晚之分耳。若其遵朱子之意，赞西山之经，注此于篇终，欲以救末学之误，实亦至当而不可易也，况只引朱说而补以诸儒发明朱说之条，未尝一言以及于陆氏之学，以为朱子晚悔而与此合，如道一编之所谓乎? 故滉窃以谓，今之学者，当知博约两至，朱子之成功；二功相益，吾儒之本法。以此读此经此注而不以篁墩道一编之谬参乱于其间，则所以为圣为贤之功，端在于此矣。其尊之信之当如何哉!②

综上所述，李退溪在《心经后论》中明确表明在尊朱抑陆的思想前提下，尽管不赞成程敏政《道一编》"朱陆早异而晚同"的和会朱陆思想，但依然坚持《心经附注》在尊德性意义上对朱子后学流于词章之习弊病的批判，更由心经对尊德性的强调，表明追求"为圣为贤"的圣贤心学目的。也就是说，李退溪通过对《心经》心学的思想发展，试图建立起另一种不同于阳明"心即理"心学的圣贤心学，这也是16世纪中叶作为朝鲜儒林领袖的李退溪坚决拒斥阳明心学的原因。

与此相关的问题是，尽管罗钦顺也对王阳明的"心即理"心学进行了批判，但李退溪并不赞成罗钦顺的气学思想，并通过《非理气为一物辩证》一文，对罗钦顺为代表的气学及其在朝鲜的思想继承者花潭徐敬德进行了批评。

在理学的理气本体论上，罗钦顺主张理为气之理，如说"理只是气之理，当于气之转折处观之。……夫往而不能不来，来而不能不往，若有一物

---

① 〔朝〕李滉:《心经后论》,《陶山全书》三,第238页。
② 〔朝〕李滉:《心经后论》,《陶山全书》三,第238页。

主宰乎其间而使之然者,此理之所以名也。'易有太极',此之谓也"①。他所说的"理"为"气"之理,实际上是指理是气的运动变化的必然的客观法则,因此,他提出要"就气认理",而反对"认气为理"②。但是,因为他对气的强调,如说"通天地,亘古今,无非一气而已","人物之生,本同一气",又说"天地之化,人物之生,典礼之彰,鬼神之秘,古今之运,死生之变,吉凶悔吝之应,其说殆不可胜穷,一言以蔽之,曰:'一阴一阳之谓道'"③。同时,他又提出道、器不相分的观点,说"名虽有道器之别,然实非二物,故曰'器亦道,道亦器'也"。④ 这种说法不仅使后世研究者认为他的观点是气一元论,而且在传入朝鲜社会以后,亦被认为是理气非二物的观点,从而受到了李退溪的批判。

在《非理气为一物辩证》中,李退溪在批判花谭徐敬德的气一元论观点时就说"花谭一生用力于此事……而终见得理字不透,所以虽拼死力谈奇说妙,未免落在形器粗浅一边了,为可惜也"⑤,并说"罗整庵于此学非无一般之窥,而误入处正在于理气非二之说"⑥。可见,李退溪也认为罗钦顺在理气观上是气一元论。

与理气观相比,李退溪对罗钦顺的批判主要是在人心道心说问题上。李退溪说:"若罗氏《困知记》,则又谓'道心,性也,人心,情也,至静之体不可见,故曰微;至变之用不可测,故曰危',此其为说颇近似,非湛氏之比,然其为害为尤甚。"⑦认为罗钦顺的人心道心说甚至比湛若水的心学更加有害。

李退溪之所以批判罗钦顺的人心道心说,是因为这种观点与李退溪所尊信的《心经附注》所主张的重个体人格道德修养工夫的心学相矛盾。他在批判中指出了罗钦顺人心道心说的具体危害,说:

> 夫限道心于未发之前,则是道心无于叙秩命讨而性为有体无

---

① (明)罗钦顺:《困知记·续》卷上。
② (明)罗钦顺:《困知记》卷下。
③ (明)罗钦顺:《困知记》卷上。
④ (明)罗钦顺:《答林次崖佥宪》,《困知记》附录。
⑤ 〔朝〕李滉:《退溪全书》二,第331页。
⑥ 〔朝〕李滉:《退溪全书》二,第332页。
⑦ 〔朝〕李滉:《陶山全书》二,第85页。

用矣;判人心于已发之后,则是人心不资于本原性命而情为有恶无善矣。如是,则向所谓不可见之微,不可测之危,二者之间,隔断横决,欲精以察之,则愈精而愈隔断;欲一以守之,则愈一而愈横决。其视朱子说体用精粗、工夫功效、该贯无遗者为何如哉!①

在朱子理学中,心作为人所具有的知觉即理性认识能力,其在道德修养中的作用是"统性情",朱子说:"心者,主乎性而行乎情,故……心是做工夫处。"②而《心经附注》一系的心学修养论,正是建立在朱子"心统性情"这一理论基础之上的。罗钦顺以道心为性、人心为情,显然是取消了《心经附注》一系心学修养论的价值与意义,并因此而受到了李退溪的批判。

在进一步对罗钦顺心性论的批判中,更加显示出李退溪对《心经附注》心学的继承。针对罗钦顺的"学者当知性,不必养心"的说法,退溪批评说:"尤不可晓。孟子论仁人心、义人路而必以求放心终之,苟如所云,知仁知义足矣,又何必要求放心耶?其论夜气处,初言仁义,而至其论得养失养、操存舍亡处,不复言性而以心言。论尽心知性,亦必以存其心、养其性归结。盖心统性情,心苟失养,性不能独存故也,而况世未有不养心而能真知性者乎?"③关键在于,从真德秀《心经》开始,孟子的求放心说就成为朱子学心学化修养论的主要内容,罗钦顺"学者当知性,不必养心"的观点也因此被李退溪认为比陈白沙心学更为有害,明确显示出李退溪在思想上对《心经附注》心学的继承与维护。

(三)《传习录论辩》与《白沙诗教传习录抄传因书其后》:对阳明心学的严厉拒斥

与对真德秀、程敏政一系心经心学的继承相比,李退溪对同时代作为李朝宗主国的大明皇朝盛行的阳明心学,则采取了严厉拒斥的态度。李退溪曾著《传习录论辩》《白沙诗教传习录抄传因书其后》《抄医闾先生集附

---

① 〔朝〕李滉:《答友人论学书今奉寄奇明彦》,《退溪全书》一,第442、443页。

② (宋)黎靖德编:《朱子语类》卷五,北京:中华书局,1986年。

③ 〔朝〕李滉:《退溪全书》一,第443页。

白沙阳明抄后复书其末》等文章,严厉拒斥阳明心学。

李退溪首先从哲学上批判由陆象山、陈白沙至王阳明一系的心学为禅学,说:“陈白沙、王阳明之学皆出于象山而以本心为宗,盖皆禅学也。”①对于阳明心学,李退溪尤其表示出坚决拒斥的态度,说:“至如阳明者,学术颇忒,其心强狠自用,其辩张皇震耀,使人玄惑而丧其所守。贼仁义、乱天下者,未必非此人也。详其所以至此者,其初亦只为厌事物之为心害而欲去之,顾不欲释氏之所为,于是创为心即理之说,谓天下之理只在于吾内而不在于事物。然则所谓事物者,虽如五伦之重,有亦可,无亦可,划而去之亦可也? 是庸有异于释氏之教乎哉?”②

由此可以看出,李退溪所继承的《心经附注》之心学与阳明心学的差异,仍然在于是否需要心性论上的道德修养工夫。李退溪视儒家道德(所谓五伦)为客观的、独立的存在,要求通过人的理性认识之心的探索和实践修养,才能达到圣贤境界,而王阳明的心即理说,则以主观的道德之心取消了心与性、心与理的区别,从而也在根本意义上取消了道德修养的必要性,因此受到了李退溪的严厉批判。

但是,在李退溪对阳明“知行合一”说的批判中,却同时透露出某种相似的心学意义。如在《传习录论辩》中,李退溪就分析说:“阳明谓今人且讲习讨论,待知得真了,方做行的工夫,遂终身不行,亦遂终身不知。此言切中末学徒事口耳之弊。”③这种分析表明,退溪心学与阳明心学一样,在发展朱子学的动机上,都是对朱子后学在道问学之为学方式的意义上流于口耳之习的弊病的矫正。在这个意义上,也可以说阳明心学也是退溪心学的思想发展前提。

综上所述,可以看出,对于同时代理学本土包括阳明心学、程敏政心经心学(框架)、陈建理学、罗钦顺气学在内的各种思潮,李退溪有明确的选择:继承心经一系的心学思想,坚决拒斥阳明心即理之心学,同时也批判了站在朱熹理学立场上批判阳明与程敏政和会朱陆思想的陈建理学与罗钦顺的气学思想。

在确立了站在朱子理学立场上继承心经心学的思想前提下,李退溪于

① 〔朝〕李滉:《白沙诗教传习录抄传因书其后》,《陶山全书》三,第245页。

② 〔朝〕李滉:《白沙诗教传习录抄传因书其后》,《陶山全书》三,第245页。

③ 〔朝〕李滉:《传习录论辩》,《陶山全书》三,第244页。

朝鲜明宗七年(1553)十月修订儒生郑静而《天命图》为起点,开始进行哲学上的独立思想探索,并在经历了长期心性哲学探索之后,终于在68岁时以《圣学十图》为载体,完成了心经一系自真德秀以来所构建的圣贤心学思想体系。而《心经附注》不仅是李退溪一生研读的经典,而且其中所包含的程复心的心学图说、心统性情图,也为李退溪的心学思想发展提供了理论依据,而程朱理学如周子的《太极图》、张载之《西铭》、朱子之《仁说图》《敬斋箴》等,则成为退溪心学思想的性理哲学基础。

也就是说,16世纪中叶的李退溪是在程朱性理哲学的基础上,以心经一系的圣贤心学框架为线索,经历了独立的思想探索后,最终完成了圣贤心学的思想体系,并与同时代理学本土的阳明心学形成既有联系又相互对立的思想关系。

二、从朱熹到李退溪:朱子学心学化思想发展过程概述

从笔者在长期研究退溪哲学思想的过程中发现的《心经附注》对退溪心学的思想影响所做的分析,反过来追溯可以发现,朱子理学在南宋末年以后,经历了一个长达300多年的心学化过程。

朱熹(1130~1200)集性理学于大成,至晚是在其去世以前,即13世纪初,朱子学传入朝鲜半岛是在14世纪末。当李退溪于16世纪中叶试图为解决他所面临的社会问题而在哲学上发展朱子性理学时,朱子学已经走过了300多年的思想传播与发展历史过程。这一心学化过程,由南宋末年朱子的再传弟子真德秀所著《心经》为起点,经宋末元初性理学者王柏、程复心的心学图式化,到元代吴澄的心学理论发展,至明代中叶,在吴澄心学思想的影响下,朱子学心学化演变为两条思想发展方向。

其一,是程敏政通过附注真德秀《心经》而成的《心经附注》为载体,沿着正统朱子性理学意义上所进行的心学发展。这种心学发展的根本特征,是在坚持朱子理学的哲学本体论与理性主义的格物致知认识论前提下,在心性修养论的意义上所进行的一种以主敬成圣为目的的心学探索。

程敏政继承了真德秀在《心经》中提出的心学思想发展方向,而且在《心经》所提供的心学框架基础上,接受了程复心、吴澄等人对"心为身主,敬为心主"的理论发展,以敬为中心概念,综合了程朱及理学后学者关于以

敬存心的修养理论，建立起了一个以主敬成圣为最终目的与核心思想的心学修养论框架。在本书中，为了与王阳明的心即理之心学相区分，笔者将程敏政继承真德秀《心经》所建立的主敬成圣之心学，称为圣贤心学。

其二，朱子学心学化在明代的另一个发展方向，是起源于陆象山尊德性的学说，历经元代吴澄"和会朱陆"的思想试图，及明代陈献章的心学思想发展，最终由王阳明在社会历史使命感的促使下，经过对朱熹哲学为学方式（格物致知说）的反省，最终在"心即理"的意义上确立的阳明心学。

以《心经附注》为载体的圣贤心学的最大特征是追求个体内在的道德修养，目的是通过主敬的方式最终达到自我人格的成圣成贤；以"心即理"为哲学本体论基础的阳明心学的特征，则是追求社会全体的当下的道德实践，目的则是通过个体"致良知"的为学方式，最终达到整个社会的道德治理。虽然二者在修养方式、为学目的上都不同，但当他们试图在心学化的基础上发展朱子理学时，都不约而同地选择了"和会朱陆"这一思想前提。

程敏政与王阳明"和会朱陆"的共同目的，都是试图在陆学尊德性的意义上，强化朱子性理学的道德实践意识，以避免元代以来因朱子学上升为统治思想，朱子的《四书集注》被定为科举考试的标准而导致的口耳之习与辞章之学的弊病，及其对社会风气造成的道德堕落之严重弊端。换言之，明代心学的根本意义，是在尊德性的意义上发展乃至改变朱子格物致知的为学方式，由朱熹理性主义哲学走向单纯的社会与个体的儒教道德实践。

由于程敏政的《心经附注》所提倡的以个体的道德人格修养为特征的圣贤心学思想，不仅缺乏性理学意义上的哲学论证，而且因不适合明代中叶社会思想发展的需要，因而并没有在理学本土起到思想影响。在阳明心学独步天下的社会思潮掩盖下，程敏政的圣贤心学思想很快就被社会与历史所遗忘，不仅黄宗羲的《明儒学案》中没有提到程敏政，而且现代的各种《中国哲学史》版本中也均没有关于程敏政的思想研究。这表明，程敏政在《心经附注》中所综合的主敬成圣的圣贤心学思想，的确未能对中国的性理哲学发展起到深刻的思想影响。

然而，笔者在研究李退溪哲学思想的过程中却发现，程敏政的《心经附注》不仅引导青年李退溪走上了朱子性理学的思想道路，而且当他试图以理学的格致思想挽救社会道德的堕落与国势的衰退，并为半个世纪中一再遭受血洗的朝鲜士林寻求新的人生出路时，正是程敏政在《心经附注》中所整理出的建立在个体道德修养基础上的主敬成圣之圣贤心学，为李退溪提供了一个以个体的道德与人格修养之人生方式，代替为新进士林带来了毁灭性打击的朝鲜道学政治的激进人生方式的思想蓝图。

同时，在李退溪的心性哲学探索中，《心经附注》所记载和整理的程复心的心学图说，以及吴澄、程复心关于心为身主、敬为心主的思想，都对李退溪探索心学的作用与意义起到了不可或缺的思想影响。而当李退溪主敬成圣的哲学思想在走向社会的过程中，出现了空谈性理的弊病并受到南冥曹植的批评时，又是《心经附注》强调的以敬为主的道德实践要求，为李退溪提供了解决这一难题的思想方法。

最后，当李退溪以《圣学十图》来总结自己的心学思想体系时，不仅是受了王柏、程复心的心学图式化的思想影响，而且王柏对朱子《敬斋箴》与陈茂卿所做的《夙兴夜寐箴》的教学实践，也为李退溪完成持敬人生方式提供了实践验证。

因此可以说，程敏政《心经附注》对退溪心学的形成起到了不可替代的思想与实践影响，而李退溪在《心经附注》所提供的主敬成圣的圣贤心学基础上所完成的圣贤心学，又在正统朱子性理学的意义上，完成了程敏政在理学本土所未能完成的圣贤心学哲学体系。

进一步讲，从朱熹到李退溪，朱子学不仅在理学本土经历了由朱子理学到阳明心学的心学化思想发展过程，而且在传入朝鲜与日本的过程中，也经历了一个由朱子理学到退溪心学的圣贤心学之心学化思想发展过程。李退溪正是在《心经附注》的影响下，接受并完成了未能在理学本土完成的圣贤心学，从而不仅使朱子学在历经 300 多年的心学化思想发展之后，终于在理学本土和朝鲜半岛先后结出了阳明心学与退溪心学这两个思想硕果，而且也在朱子学的文化传播意义上，最终完成了朱子学心学化这一思想发展要求。

对于理学本土从朱熹理学到阳明心学的思想发展过程，学术界已经有了确定的结论，但对于从朱熹理学到退溪心学的思想发展过程，在迄今为止的退溪学研究中，尚未见到有系统的研究。正是因为对朱子理学到退溪心学的心学化思想发展过程缺乏足够的认识与了解，才造成李退溪与朱熹哲学的比较研究中的诸多问题，以及无法确定李退溪在朱子学中的思想地位这一困境。而笔者基于东亚性理文化传播与发展史的角度所做的研究，不仅意味着对退溪哲学在国际性理学发展史这一宏观视野中所做的哲学考察，有可能解开退溪学研究中的根本困惑，确定退溪哲学的思想性质，以及退溪学在朱子学中的思想地位问题，而且也会对朱子学的再认识产生重要的理论影响。

因此，本书的研究范围将设定在朱子学心学化发展中，以《心经附注》为中心的圣贤心学一系的思想发展，及作为明代心学思潮标志的“和会朱陆”思想对李退溪哲学思想的影响，来分析李退溪通过自己的哲学探索所完成的圣贤心学对朱子理学的哲学发展意义，及其在朱子学中的思想地位。

对于作为朱子学心学化的发展方向之一的阳明心学，因为在中国哲学发展史中已经得到了充分的研究，因此，本书对此不再作具体的分析。但是，从确立李退溪在朱子学中的思想地位这一角度上讲，从朱熹到李退溪，在漫长的朱子学发展过程中，阳明心学作为朱子学心学化在理学本土的哲学完成，不仅在时间上，而且在“和会朱陆”意义上所进行的道德实践思想发展，尤其是对朱子后学口耳之习的批判，实际上都已成为李退溪心学发展的前提。因此，本书在确定退溪心学的朱子学思想地位之前，又必须对退溪心学与阳明心学的思想差异做出必要的比较研究。换言之，本书不对由朱熹到王阳明的心学化过程作具体的分析，但将对阳明心学与退溪心学的思想差异做出具体的比较研究。

为了便于在整体上掌握退溪心学与朱子学心学化发展过程中的各种思想之间的关系，笔者以如下的图示来表示：

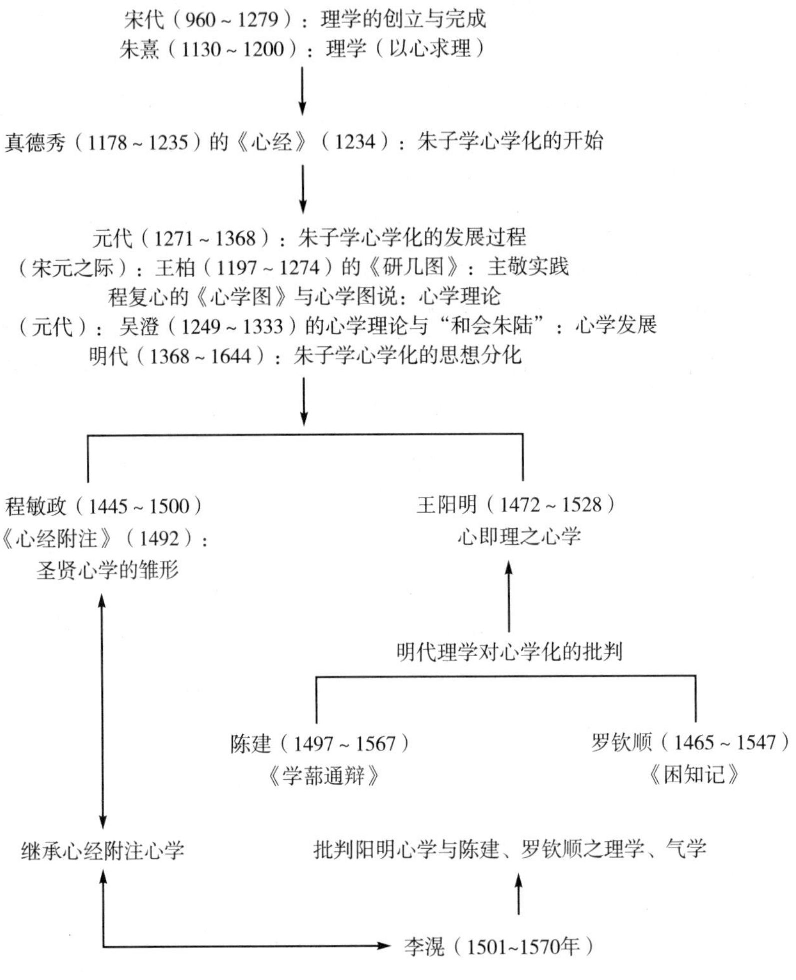

《圣学十图》:朱子学心学化中圣贤心学一系的理论完成

综上所述,对于李退溪在朱子学心学化这一历史发展趋势下,接受《心经附注》的思想影响而完成了在理学本土所未能完成的圣贤心学,从而使14世纪末以后在文化传播中成为东亚文明表征的朱子学,在哲学思想上完成了最后的心学化理论发展这一哲学发展史实,笔者将在本书中做出具体地阐述与分析。

第一章 朱子学心学化的思想渊源

朱子哲学的根本特征，是以理为世界本体。朱子说："未有天地之先，毕竟也只是理。有此理便有此天地，若无此理，便亦无天地，无人无物，都无该载了。有理，便有气流行，发育万物。"①在世界本体的意义上，朱熹认为，"理"是先验的、超越于万物之上的绝对存在。朱子哲学也因此被称为理学。

但从哲学继承的意义上讲，朱子的本体之"理"又来自于二程，而"理"在二程的思想中便已经出现了理学与心学的分化。冯友兰先生在《中国哲学史新编》中就明确指出了这一问题，说："在道学以后的发展中，程颢的思想就成为心学，程颐的思想就成为理学。他们兄弟二人，不但创建了道学，也开始了道学中的两大派别。"②

从后来心学化发展的整个过程来考察，笔者认为，可以说陆象山、王阳明一系继承的是程颢的心学，而朱子、真德秀、程敏政、李退溪一系继承的则是程颐的理学，只不过李退溪在朱子理学的基础上又以程敏政《心经附注》所提供的理论框架发展出了圣贤心学，但在理的本体论意义上，李退溪始终坚持了朱子哲学中本体之"理"的客观性与独立性。如果用图简单表示，就是：

道学
- 程颢→陆象山→陈献章→王阳明（心即理之心学）
- 程颐→朱子（理学）→真德秀（心学化）→程敏政（心学修养）→李退溪（圣贤心学）

正是因为在宋明理学中一直存在着理学与心学这两个思想发展派别，所以冯友兰先生主张用"道学"而不是"理学"来概括宋明理学。他说："只

① （宋）黎靖德编：《朱子语类》卷一，北京：中华书局，1986年。

② 冯友兰：《中国哲学史新编》第5册，第107页，北京：人民出版社，1992年。

有用道学才能概括理学和心学”,而如果“用理学这个名称,还使人误以为就是与心学相对的那种理学,因而,不容易分别道学中的程朱和陆王两派的同异。”①从本书所考察的李退溪对程敏政一系以《心经附注》为载体的心学发展过程来看,冯友兰先生的上述看法无疑是有道理的。

但是,这两个思想派别的发展过程,不仅因为二程哲学本身无所分别而造成二者的相互混淆,而且在朱子学本身的心学化过程中,也因为朱熹哲学是对北宋哲学的集大成而同时包含了心学化的思想依据。由此也可以说,阳明心学在直接的思想发展意义上就是对朱熹哲学的另一种思想发展结果。

为了习惯起见,本书仍然使用“宋明理学”这一概念来指称包括程朱理学与阳明心学在内的宋明性理哲学。与此相关的是,在本书展开之前,笔者首先要界定以下几个概念:朱子理学、程朱性理学、陆王心学、心学化、阳明心学、退溪心学、朱子学。

“朱子理学”是指朱子在周子《太极图》与说的宇宙生成模式基础上,融合了二程的“天理”与张载的“气”所完成的以理为本、以理气的运动变化来解释世界发展为主要内容的哲学体系。在纯粹哲学的意义上,朱子理学直接与陆学相对立。作为本书中经常使用的一个哲学概念,它的内涵最为丰富,包括理气本体论、人性论、心性论、认识论、政治论、修养论等多方面的内容。

与此相关的“程朱性理学”这一概念,其外延则比较宽广,主要是指朱子在哲学上所继承的以道学为特征的宋代哲学,它可以包括周子的太极图说、二程的性理学说,以及张载的气本体论与心性论学说等。

本书所使用的“心学化”概念,主要是指南宋末年真德秀《心经》之后对朱子理学的心学化发展。这条心学化思想发展线索,以《心经》与《心经附注》文本为载体,包括了真德秀、王柏、程复心、吴澄、程敏政一系基于朱子理学本体论基础上的圣贤心学思想发展线索。它并未在理学本土完成,而是在传入朝鲜半岛后,最终由与王阳明同时代的朝鲜李朝性理学家李滉以《圣学十图》为载体最终完成了其哲学思想的发展。这也是本书所着力探索的核心内容。

至于“阳明心学”,在本文中只是指王阳明本人以“心即理”为本体的

---

① 冯友兰:《中国哲学史新编》,第23、24页。

哲学思想体系,不包括由朱子理学到阳明心学的思想发展过程,甚至也不包括由陆学到阳明心学的思想发展过程。这一概念在本书中的意义只是在以下意义上使用的,即由朱子理学到朱子心学化学的思想发展过程中出现的心学化结果之一。因此,本书中最为重要的先决概念是“朱子学”这一概念。

本书中所使用的“朱子学”这一概念,是外延最为宽广的一个哲学概念。它不仅可以代表由宋至明的道学(中国学者所说的“宋明理学”,西方学者所说的“新儒学”)发展,而且也代表新儒学近代以前在东亚的传播。但在本质上,它主要偏重于程朱性理学一系所注重的格致学说。因此,本书所使用的“朱子学心学化”的意义,就是指由朱子集二程的理与张载的气于大成的宋代性理哲学在南宋末年上升为统治思想以后,在历史发展中的心学化发展,及其在文化传播过程中的理论完成。大体上讲,是指由朱熹到王阳明、李退溪的心学思想发展与理论完成。

总之,由于在理学的思想渊源中已经存在着理学与心学的对立,因此在日后的历史发展中,随着社会发展的需要,由理学向心学的转化就成为可能。为了正确理解心学化发展的意义,本章主要分析朱子学心学化的理论渊源。

一、二程哲学的心学渊源

从北宋开始的道学之所以被后世研究者称为理学,是因为二程作为这一新的哲学形态的创始人,提出了宋明理学的根本哲学概念——理。如说“天理云者,这一个道理,更有甚穷已?不为尧存,不为桀亡。人得之者,故大行不加,穷居不损。这上头更怎生说得存亡加减?是它元无少欠,百理具备”①。这个本来存在的客观之“理”,是世界的本原。二程也意识到这一哲学概念对于建立新的哲学体系的重要意义,所以程颢说:“吾学虽有所受,天理二字却是自家体贴出来。”②因此,后世研究者一般都将二程统称为理学的哲学创始人。

① (宋)程颢、程颐:《河南程氏遗书卷第二上》,《二程集》上,第31页,北京:中华书局,1981年。

② (宋)程颢、程颐:《河南程氏外书卷第十二·上蔡语录》,《二程集》上,第424页。

但实际上,二程对“理”这一作为世界本体概念的理解不尽相同,并在这种不同中体现出了理学与心学的分别。具体而言,是程颐重“理”之形而上下之分,日后为朱子理学所继承;程颢则强调道器不离的观点,成为日后陆象山心学的本体论依据与心学化的标志。

(一)形而上下

在对“理”的具体理解上,程颐注重的是理作为客观事物之规律与法则的独立性和形而上的特征。他说:“天下物皆可以理照。有物必有则,一物须有一理。”①又说:“夫有物必有则。父止于慈,子止于孝,君止于仁,臣止于敬。万物庶事莫不各有其所,得其所则安,失其所则悖。圣人所以能使天下顺治,非能为万物作则也,唯止之各于其所而已。”②认为理既是事物的所以然,也是事物的准则。换言之,程颐所说的理,既包括客观事物的规律,也包括作为社会运行所必需的道德法则。这二者不仅共同构成了世界的本原之理,而且是独立的,不依人的意志为转移的,即使是圣人,也不能“为其作则”,只能根据这种客观规律行事。

在此意义上,程颐十分强调“理”的形而上特性。他在解释《易系辞》的“形而上者谓之道,形而下者谓之器”时,说:“‘一阴一阳之谓道’,道非阴阳也,所以阴阳道也,如一阖一闭谓之变。”③又说:“离了阴阳更无道,所以阴阳者是道也。阴阳,气也,气是形而下者,道是形而上者。形而上者则是密也。”④明确规定了“道”的形而上性质。

在《易传》中,程颐又进一步通过对《周易》的阐释,解决由“道”到“理”的关系问题。他在《易传序》中说:“易,变易也,随时变易以从道也。其为书也,广大悉备,将以顺性命之理,通幽明之故,尽事物之情,而示开物成务之道也。”⑤也就是说,宇宙间的一切事物都是在不断的变化之中,变化的规律就是“道”。而《周易》的写作,正是为了以人的智慧揭示事物发展的规律,以使人能够顺从规律而行动。因此,“道”是指纯粹的规律,它

① (宋)程颢、程颐:《河南程氏遗书卷第十八》,《二程集》上,第193页。
② (宋)程颢、程颐:《周易程氏传卷第四·艮彖辞传》,《二程集》下,第968页。
③ (宋)程颢、程颐:《河南程氏遗书卷第三》,《二程集》上,第67页。
④ (宋)程颢、程颐:《河南程氏遗书卷第十五》,《二程集》上,第162页。
⑤ (宋)程颐:《易传序》,《二程集》下,第689页。

不因人的存在与否而受到影响，而"理"则是从人和天的关系的角度说的，所以叫"性命之理"。人能够从具体的事物中认识到规律，所以也叫"开物成务"。也可以说，人所认识到的"道"就称为"理"。这二者其实是同一个东西，只不过观察的角度不同而已。但是，由"道"到"理"的发展，意味着理学的根本目的是现实的社会与人生而非与人类无关的纯粹客观的道。此后朱熹正是在继承程颐之"理"的形而上性质的基础上，进一步探求和发展关于"性命之理"的学说，其哲学也因此而被称为"程朱理学"。

程颐又通过对"理"与具体事物之关系的规定，来进一步确定"理"的哲学本体论地位。他说："至微者理也，至著者象也。体用一源，显微无间。"①理是根本的，所以称为"体"；具体的东西是派生的，所以称为"用"。理因为隐藏于具体现象的背后，不能为人所轻易感受，所以是"微"；而理之"象"是具体的、可以被感知的，所以是"显"。"体"与"用""微"与"显"，是互相区别又互相联系的，所以说"体用一源，显微无间"。理学的根本目的，就是要通过具体的"象"去探求本体之"理"。

朱熹在集理学于大成的过程中，完全继承了程颐的"体用一源，显微无间"的思维方式，并将这种思维方式用来解释善与性、太极与阴阳、道与器、理与气等范畴的关系。在二程"理一分殊"的命题下，融合了本体与现象、一与万、普遍与特殊、统一与差别等问题，形成一种理学所特有的分层次思辨思维方式。

运用这一思维方式，不仅可以解释现实世界的善恶之源（所谓"性命之源"），又可以通过对千差万别的具体事物之理的探求，达到对世界本体之理的最终体认。所以，在《太极解义》中，朱熹说：

> 若夫所谓体用一源者，程子之言盖已密矣。其曰"体用一源"者，以至微之理言之，则充漠无朕而万象昭然已具也；其曰"显微无间"者，以至著之象言之，则即事即物而此理无乎不在也。言理则先体而后用，盖举体而用之理已具，是所以为一源也；言事则先显而后微，盖即事而理之体可见，是所以为无间也。然则所谓一源者，是岂漫无精粗先后之可言哉！②

---

① （宋）程颐：《易传序》。
② （宋）周敦颐：《周子全书》，第 56、57 页，台北：武陵出版社，1990 年。

由此可见，程颐与朱熹一派的理学，既强调理作为世界本体的客观独立性，又强调必须通过对具体事物之理的探求来体认本体之理的方法论。体现在哲学本体论上，就是朱熹对理的本体地位以及理气关系的规定上：在本原论的层次上讲，理是世界的本体，理在气先，理可以离气而独立存在；但在构成论的意义上讲，理无形迹，不会造作，必须依靠气的凝聚造作才能生成具体的世界，所以朱熹说：

> 而今知得他合下是先有理，后有气邪？后有理，先有气邪？皆不可得而推究。然以意度之，则疑此气是依傍这理行。及此气之聚，则理亦在焉。盖气则能凝结造作，理却无情意，无计度，无造作。只此气凝聚处，理便在其中。且如天地间人物草木禽兽，其生也，莫不有种，定不会无种子白地生出一个物事，这个都是气。若理，则只是个洁净空阔底世界，无行迹，他却不会造作；气则能酝酿凝聚生物也。但有此气，则理便在其中。①

总之，理在气先，在理与气的不即不离关系中强调理的形而上特质，成为程颐、朱熹一系理学本体论的根本特征。

（二）道器不离

与程颐注重理形而上的性质不同，程颢则强调天地万物之理的自然特性，以及人对天地万物之理的遵从。如说“天地万物之理，无独必有对，皆自然而然，非有安排也”②。又说：“诗曰：‘天生蒸民，有物有则，民之秉彝，好是懿德。’故有物必有则，民之秉彝也，故好是懿德。万物皆有理，顺之则易，逆之则难，各循其理，何劳于己力哉？”③又说：“夫天之生物也，有长有短，有大有小。君子得其大矣，安可使小者亦大乎？天理如此，岂可逆哉？”④说的都是理的自然特性以及人应遵从自然之理的道理。

① （宋）黎靖德编：《朱子语类》卷一。
② （宋）程颢、程颐：《河南程氏遗书卷十一》，《二程集》上，第121页。
③ （宋）程颢、程颐：《河南程氏遗书卷十一》，《二程集》上，第121页。
④ （宋）程颢、程颐：《河南程氏遗书卷十一》，《二程集》上，第125页。

在人对天地万物之理的遵从意义上，程颢理解的理是形而上与形而下的统一，即道与器的统一。他说："《系辞》曰：'形而上者谓之道，形而下者谓之器'，又曰：'立天之道曰阴与阳，立地之道曰柔与刚，立人之道曰仁与义'。又曰：'一阴一阳之谓道。'阴阳亦形而下者，而曰道者，惟此语截得上下最分明。元来只此是道，要在人默而识之也。"①程颢在融合理的形而上下的意义上所透露出来的最初的心学意义，是要以"立人之道"的"仁与义"作为人所应追求的"道"，所以他才说"元来只此是道，要在人默而识之也。"为了进一步论证"仁与义"作为天地之道的正当性，程颢又直接提出了器亦道、道亦器的命题，说：

> 盖上天之载，无声无臭，其体则谓之易，其理则谓之道，其用则谓之神，其命于人则谓之性，率性则谓之道，修道则谓之教。孟子去其中又发挥出浩然之气，可谓尽矣。……彻上彻下，不过如此。形而上为道，形而下为器，须著如此说。器亦道，道亦器，但得道在，不系今与后，己与人。②

程颢关于器亦道，道亦器的本体理论虽然没有被朱熹所继承，但在日后朱熹理学被心学化的过程中，却正是借助于程颢道器不离的观点来进行的。其表现形式，就是理气不离的观点。

同时，程颐由对理的形而上性质的强调，得出的是理学一派对客观事物之理的追求，而程颢由对道器不离的判断，得出的则是心学一派对道德之理的追求。这一特点，在程颢的《识仁篇》中表现得更加明显。程颢说："学者先须识仁。仁者，浑然与物同体。义、礼、智、信皆仁也。"③在"与物同体"的意义上，作为道德概念的"仁"成为现实之"理"。所以程颢接着说：

> 识得此理，以诚敬存之而已，不须防检，不须穷索。若心懈则有防，心苟不懈，何防之有？理有未得，故须穷索。存久自明，安

① （宋）程颢、程颐：《河南程氏遗书卷十一》，《二程集》上，第118页。
② （宋）程颢、程颐：《河南程氏遗书卷第一》，《二程集》上，第4页。
③ （宋）程颢、程颐：《河南程氏遗书卷二上》，《二程集》上，第16页。

待穷索？此道与物无对，大不足以名之，天地之用皆我之用。孟子言："万物皆备于我"，须反身而诚，乃为大乐。若反身未诚，则犹是二物有对，以己合彼，终未有之，又安得乐？……"必有事焉而勿正，心勿忘，勿助长"，未尝致纤毫之力，此其存之之道。若存得，便合有得。盖良知良能元不丧失，以昔日习心未除，却须存习此心，久则可夺旧习。此理至约，唯患不能守。既能体之而乐，亦不患不能守也。①

程颢的《识仁篇》，直接开启了陆象山与王阳明一系的心学。陆象山继承的，主要是程颢以仁义为道（理）的本体论思想，只不过他是进一步将程颢的仁义之"道"说成是心而已。如说："道塞宇宙，非有所隐遁，在天曰阴阳，在地曰柔刚，在人曰仁义。故仁义者，人之本心也。"②这个仁义之本心就是理，所以陆象山又说："四端者，即此心也；天之所以与我者，即此心也。人皆有是心，心皆具是理，心即理也，故曰'义理之悦我心，犹刍豢之悦我口'。所贵乎学者，为其欲穷此理，尽此心也。"③又说："万物森然于方寸之间，满心而发，充塞宇宙，无非是理。"④因此，陆象山之学在程颢所引孟子"万物皆备于我，反身而诚，乐莫大焉"的意义上，乃是只要求立此道德本心的实践之学，所以他自己也说："近有议吾者云：'除了先立乎其大者一句，全无伎俩。'吾闻之曰：'诚然。'"⑤由程颢重视道德仁义之心，到陆象山完全强调道德实践之学，在思想上存在着内在的联系。

与陆象山相比，王阳明比较注重程颢的"仁者与物同体"及其所引孟子的良知良能说。也就是说，他注重的不是个体的"先立乎其大者"，而是社会群体的道德实践问题，所以在《大学问》中，王阳明就说："大人者，以与天地万物为一体者也。其视天下犹一家，中国犹一人焉。……大人之能与天地万物为一体，非意之也，其心之仁本若是，其与天地万物而为一也。"⑥因此，王阳明也在格物致知的意义上讲工夫，只不过他所说的工夫

---

① （宋）程颢、程颐：《河南程氏遗书卷二上》，《二程集》上，第16、17页。
② （宋）陆九渊：《与赵监》，《陆九渊集》，第9页，北京：中华书局，1980年。
③ （宋）陆九渊：《与李宰》，《陆九渊集》，第149页。
④ （宋）《语录》上，《陆九渊集》，第423页。
⑤ （宋）《语录》上，《陆九渊集》，第400页。
⑥ （明）王守仁：《大学问》，《王阳明全集》，卷二十六，上海：上海古籍出版社，1992年。

是要每个人都实践自己的良知,亦即所谓致良知。无论如何,陆象山与王阳明的心学在根本的意义上,都来自于程颢的以仁为道说。

程颢的仁道理论也对朱熹哲学产生了深刻的影响。这不仅是因为朱熹在哲学上所师承的本来就是程颢一系的道南一派,而且在中和之悟中,他所悟到的"平日一段涵养工夫",也与程颢所说的"识得此理,以诚敬存之而已"的修养方法论,有着不可分的思想联系。尤其是因为二程的思想从一开始就未被加以区别,他们的言论往往是以"程子曰"的形式出现的,因此造成朱熹在继承二程的居敬、穷理学说的思想上的矛盾,而这种内在矛盾本身,正是日后朱熹理学能够被心学化的理论根据。

二、朱熹理学的心学化依据

虽然理学与心学的萌芽早已包含在二程的哲学体系中,但对于理学本土的心学演变而言,主要是指由陆象山继承程颢的"仁义即道"的哲学思想①,经由明代的陈献章,最终由王阳明完成了心学的本体论哲学。如果从朱陆之争的学术意义上讲,理学本土的心学演变,主要是在与朱熹理学对立的意义上进行的。正如笔者在导论中所设定的,这一心学化过程不在本书的研究范围。对于本书所讨论的心学化而言,主要是指朱子学本身在历史发展与文化传播过程中所经历的心学化演变过程。

朱子理学意义上的心学化过程,不仅在发展与完成的形式上具有朱子学的文化传播特征,即以真德秀《心经》为起点,历经王柏、程复心、吴澄的心学化过程,以至于明代程敏政的《心经附注》的250余年的心学思想发展过程,是在理学本土进行,而其完成则是朱子学在东亚文化的传播过程中,由李退溪在朝鲜性理学的发展中完成了朱子学本身的心学化。同时,由于朱熹哲学本身在形成过程中,融合了二程的理学与心学,张载的气学,和周子的太极理论,因此,不仅在朱子学心学化发展中继承了朱熹哲学中有关二程哲学的心学部分,而且由李退溪所完成的圣贤心学,也在本体论意义上继承了朱熹理学。因此,笔者一再提出,如果对本书提出究竟是朱熹理学还是退溪心学的问题是没有意义的。因为李退溪所发展和完成的《心经

---

① 如果从程颢在求仁的问题上对孟子思想的引用这一角度来看,也可以将陆象山的心学渊源上朔到孟子。

附注》一系的圣贤心学,始终是在朱熹理学的意义上进行的,但如果因此认为对退溪心学的研究没有哲学意义,也是一种误解。

其中的根本原因,就在于《心经附注》一系的圣贤心学虽然是在继承朱熹理学的意义上进行的,但从一开始就在学问的方向上致力于由朱熹理学的知识论向个体的道德修养论的方向转化,从而不仅在哲学目的上表现出与陆王心学的相似性与理论上的相互联系性,而且也是对朱熹理学本身的一种发展方向的改变。

因此,揭示这种改变的过程与实质,对于了解朱子学的东亚文化传播与发展意义,尤其是李退溪的哲学思想在这一文化传播中的作用与意义,是必不可少的。而要了解这一变化过程,首先必须了解朱熹理学中所包含的心学化的根据,包括其自身的思想矛盾,尤其是居敬与穷理、尊德性与道问学的矛盾对朱子学心学化的理论根据意义。

(一)居敬穷理

如上所述,陆学在哲学的根源上直接来自于程颢的“仁者与物同体”的本体论。与此相似的是,朱熹哲学在其发端的意义上讲也直接来自于程颢,只是他所接受的是由程颢→杨时→罗从彦→李侗一系(所谓道南一派)的修养学说。杨时作为程颢最称赏的弟子,在学成南归时,程颢曾说“吾道南矣”,道南一派由此得名。

杨时强调,“学者当于喜怒哀乐未发之际,以心体之,则中之义自见”①。已发未发说来自于《中庸》首章“喜怒哀乐之未发谓之中,发而皆中节谓之和”②。但《中庸》本来是在伦理学的意义上讲已发未发问题,它首先是与“性”和“道”联系在一起,并进而由“道”进入修养论问题,所以《中庸》首章曰:“天命之谓性,率性之谓道,修道之谓教。道也者,不可须臾离也,可离非道也。是故君子戒慎乎其所不睹,恐惧乎其所不闻。莫见乎隐,莫显乎微,故君子慎其独也。”③作为朱熹哲学的发端,《中庸》关于慎独的学说,日后成为《心经》一系的圣贤人格修养学说的主要内容。

---

① (宋)杨时:《龟山文集》卷四。
② (宋)朱熹:《四书集注》,第22页。
③ (宋)朱熹:《四书集注》,第22页。

但作为朱熹哲学发端的道南一派，却是在修养实践的方式上讲未发的，所以说要“以心体之，则中之义自见”。这种修养实践的特点是静中体验未发，所以罗从彦与李侗“终日相对静坐”，李侗并以之教朱熹。朱熹曾说：“李先生教人，大抵令于静中体认大本未发时气象分明，即处事应物自然中节，此乃龟山门下相传指诀。”①

从根本上讲，杨时所追求的体验未发的修养实践，正是来自于程颢“仁者与物同体”的本体论。杨时继承了程颢的“此道与物无对，大不足以名之。天地之用，皆我之用。孟子言‘万物皆备于我’，须反身而诚，乃为大乐”的观点，认为“物固不可胜穷也，反身而诚，则举天下之物在我矣”②。即只要能够进行自我的道德修养与实践，就可以把握一切。

问题在于，不仅杨时的这种说法与陆学十分相似，因而后来受到了朱熹的批判，而且朱熹在当时始终未能从道南学说所提倡的修养方法中把握到未发时的内心体验。这促使朱熹在李侗死后转而从理论上追寻已发未发的心性修养问题，并终于在乾道丙戌领悟到“人自婴儿以至老死，虽语默动静之不同，然其大体莫非已发，特其未发者为未尝发耳”③。此即所谓“中和旧悟”。几年以后的乾道己丑，朱熹再次领悟到“然未发之前不可寻觅，已发之后不容安排，但平日庄敬涵养之功至而无人欲之私以乱之，则其未发也镜明水止，而其发也无不中节矣。此是日用本领工夫，至于随事省察，即物推明，亦必以是为本”④。（所谓“己丑之悟”）。朱熹后来又将己丑之悟概括为：“主敬以立其本，进学以致其知。”⑤实际上，这就是程颐所说的“涵养须用敬，进学则在致知”。所以，己丑冬朱熹在《答程允夫》书中强调说：

> 伊川又言涵养须用敬，进学则在致知，又言入道莫如敬，未有致知而不在敬者，考之圣贤之言，如此类者亦众，是知圣门之学别无要妙，彻头彻尾，只是个敬字而已。⑥

---

① （宋）朱熹：《答何叔京》，《朱文公文集》卷四十。

② （清）黄宗羲原著，全祖望补修：《宋元学案·龟山学案》，北京：中华书局，1986年。

③ （宋）朱熹：《朱文公文集》卷七十五。

④ （宋）朱熹：《朱文公文集》卷六十四。

⑤ （宋）朱熹：《朱文公文集》卷七十五。

⑥ （宋）朱熹：《朱文公文集》卷四十一。

这意味着朱熹终于在哲学上由程颢一派的心学，走向了程颐的理学发展方向，并由此而确立了其一生的学问宗旨：主敬穷理，也奠定了日后朱子学心学化以敬为中心的最为根本的发展原则。

（二）格物致知

朱熹哲学的问题不仅表现在如何处理主敬与穷理这二者在其学问中的关系问题上，而且也存在着一个由己丑之悟对“庄敬涵养之功”的强调，向此后格物致知的知识追求的发展。在这一发展过程中，朱熹所建立起来的心性哲学，表现出了与陆学的根本差异。

在朱熹哲学中，心的根本意义是指知觉。朱熹说：“人心是知觉。”①广义的知觉不仅是指人的认识能力，如朱熹所说的“所谓心者，乃夫虚灵知觉之性，犹耳目之有见闻”②，而且也包括人的思维活动，如朱熹所谓“心者，人之知觉，主于身而应事物者也”③。

对于作为认识主体的心，朱熹十分强调其本体的虚明灵妙。《大学或问》说：“人之一心，湛然虚明，如鉴之空，如衡之平，以为一身之主者，固其真体之本然。”④朱熹又用镜子来比喻心的本体状态，说：“心犹镜也，但无尘垢之弊，则本体自明，物来能照。”⑤又说：“人心如一个镜，先未有一个影像，有事物来方照见妍丑。若先有一个影像在里，如何照得！人心本是湛然虚明，事物之来，随感而应，自然见得高下轻重，事过便当依前恁底虚方得。”⑥

朱熹认为，心作为认识的主体，就像镜子一样，本来是没有偏蔽、没有成见、没有任何情绪干扰的，只有保持心的这种“湛然虚明”的本体状态，人在认识和应接事物的时候才不会发生偏差。因此，朱熹主张人在认识事物的时候，应该保持心的虚明状态，不能将自己的主观认识带进认识活动中来。朱熹在《答黄子耕书》中就说：

---

① （宋）黎靖德编：《朱子语类》卷七十八。
② （宋）朱熹：《朱文公文集》卷七十三。
③ （宋）朱熹：《大禹谟解》，《朱文公文集》卷六十五。
④ （宋）朱熹：《大学或问》卷二。
⑤ （宋）朱熹：《答王子合十二》，《朱文公文集》卷四十九。
⑥ （宋）黎靖德编：《朱子语类》卷十六。

人之一心，湛然虚明，以为一身之主者，固其本体。而喜怒忧惧随感而应者，以其用之不能无者。然必知至意诚，无所私系，然后物之未感，则此心之体寂然不动，如鉴之空，如衡之平。物之既感，则其妍媸高下，随物已应，皆因彼之自尔，而我无所与，此心之体所以常得其正而能为一身之主也。①

除了强调心体虚明之外，朱熹也常常强调心之虚灵。如说“人心虚灵”②。“心官至灵，藏往知来”③。“人心至灵，虽千万里之远，千百世之上，一念才发，便到那里，神妙如此”④。又说：“此心至灵，细入毫芒纤介之间，便知便觉。六合之大，莫不在此。又如古初去今是几千万年，若此意才发，便到那里。这个神明不测，至虚至灵，是甚次第！”⑤这里朱熹所谓的“灵”是指心的运用的神妙不测而言，即意识活动及其变化的速度、范围不受时空限制的特点，所以也叫“心无限量”。但这种心无限量的说法并不意味着心能包容宇宙万物，只是描述思维的这种无所不至的特殊功能。朱熹对于心的这种特殊功能的认识，与陆王心学“宇宙即是吾心，吾心即是宇宙”的心学有着根本的差别，前者仅是对认识主体的认识功能的一种描述，而后者则是以心为世界的本体。

关于心之虚灵，还涉及心与气的关系。朱熹认为，心为知觉，知觉只是气的一种能力或特性，如说“知觉正是气之灵觉处”⑥，“能觉者气之灵也”⑦。气之灵是说气的虚灵特性，指意识是气的一种功能，并不是说心就是气，所以又说：“心比性则微有迹，比气则自然又灵。”⑧《朱子语类》也载：“问：人心形而上下如何？曰：心肺肝五脏之心却是实有一物，若今学者所论操舍存亡之心，自是神明不测。”⑨

总之，在心的认识论意义上，朱熹强调的是心的理性认识能力的独特

① （宋）朱熹：《答黄子耕七》，《朱文公文集》卷五十一。
② （宋）黎靖德编：《朱子语类》卷五十七。
③ （宋）黎靖德编：《朱子语类》卷五。
④ （宋）黎靖德编：《朱子语类》卷十八。
⑤ （宋）黎靖德编：《朱子语类》卷十八。
⑥ （宋）朱熹：《答林德久六》，《朱文公文集》卷六十一。
⑦ （宋）黎靖德编：《朱子语类》卷五。
⑧ （宋）黎靖德编：《朱子语类》卷五。
⑨ （宋）黎靖德编：《朱子语类》卷五。

性，只有心才能认识万事万物之理，因此，朱熹说“惟心无对”①。在这一意义上，朱熹继承了荀子关于心的见解。在《解弊篇》中，荀子说：“心者，形之君也，而神明之主也；出令而无所受令。自禁也，自使也，自夺也，自取也，自行也，自止也。”②因此，荀子反对以人的主观认识来干涉认识活动，认为只有保持心的“虚一而静”的“大清明”状态，才能够“知道”③。朱熹正是在这种意义上确立“心”这一概念在其哲学中的根本地位，并建立起自己的格物致知学说的。在《大学章句》中，朱熹说：

> 所谓致知在格物者，言欲致吾之知，在即物而穷其理也。盖人心之灵，莫不有知，而天下之物，莫不有理。惟于理有未穷，故其知有不尽也。是以大学始教，必使学者即凡天下之物，莫不因其已知之理而益穷之，以求至乎其极。至于用力之久，而一旦豁然贯通焉，则众物之表理粗无不到，而吾心之全体大用无不明矣。此谓物格，此谓知之至也。④

正是因为心具有理性认识能力，所以才能“即物而穷其理”，即通过理性认识来探求客观事物的规律。在继承荀子对心的认识能力的肯定基础上，朱熹又作了进一步发展。朱熹认为，人心具有认识一切事物之理的能力，而其认识的结果（知识）之所以未能尽，是因为气禀物欲的限制所致，他说：

> 以一人之心，而于天下万物之理，无不能知；以气禀之异，固于真理或有所不能穷也。理有未穷，故其知有不尽，知有不尽，则其心之所发不能纯于义理而无杂乎物欲之私，此其所以意有不诚，身有不修，而天下国家不可得而治也。⑤

在“人心之灵，莫不有知”的基础上，朱熹建立起了以探求客观事物之

---

① （宋）黎靖德编：《朱子语类》卷五。
② 《新释荀子读本》，第316页。
③ 《新释荀子读本》，第316页。
④ （宋）朱熹：《大学或问》卷一。
⑤ （宋）朱熹：《大学或问》卷二。

理为根本目的的认识论哲学。在《白鹿洞规》中，朱熹继承《中庸》的理论，将认识的方法（穷理之要）规定为博学、审问、慎思、明辨；在《朱子语类》中，又多次强调认识的目的是为了探求客观事物之理的观点，如说："人多把道理作一个悬空底物，大学不说穷理，只说个格物，便是要人就事物上理会"①，强调通过对具体事物之理的探求，在知识的积累中达到认识的质的飞跃。这就是后来被认为是朱陆差异中朱熹哲学特征的"道问学"。

同时，朱熹的格物致知学说亦来自于二程。二程曾对《大学》作过修正，所以朱熹在通过对《大学》的移经补传来建立自己的为学方式时，即说："尝窃以程子之意以补之。"②虽然二程改定的是有关诚意的部分，但关于格物致知的思想，二程也早有论述，如说："天下物皆可以理照，有物必有则，一物须有一理。"③又说："穷理亦多端，或读书讲明义理，或论古今人物，别其是非，或应接事物而处其当，皆穷理也。"④又说："语其大，至天地之高厚，语其小，至一物之所以然，学者皆当理会。"⑤又说："求之性情固切，然一草一木皆有理，须是察。"⑥二程的物物有理、穷理多端的思想，完全为朱熹所继承。

问题在于，程朱理学这种通过改正古本《大学》建立起来的格物致知为学方式，要求以心所具有的理性认识能力，通过探求包括儒家道德规范在内的万事万物的客观规律来穷尽事物之理的为学方式，虽然也包括了对三纲五常之儒教道德规范的理性认识与实践要求，但也同时将学者的精力分散到了对外在世界规律的探求上，这也是单纯追求道德实践的陆学所坚决反对的，鹅湖之会中陆九渊兄弟指朱学为"支离"，说的正是这一点。

尤为值得注意的是，程朱理学格物致知的为学方式所包含的理性精神，也导致程朱一派在政治上对皇权的批判，并由此导致二程与朱熹在政治上不断遭到打击，学术上也不断被判为"伪学""伪党"而遭禁，这也是朱熹之后其再传弟子真德秀致力于将朱子理学心学化的根源之一。真德秀首先改变的就是程朱理学的格物致知为学方式，将程朱穷尽万事万物之理

① （宋）朱熹：《大学或问》卷十五。
② （宋）朱熹：《四书集注》，第8页。
③ （宋）程颢、程颐：《河南程氏遗书遗书》卷十八。
④ （宋）程颢、程颐：《河南程氏遗书遗书》卷十八。
⑤ （宋）程颢、程颐：《河南程氏遗书遗书》卷十八。
⑥ （宋）程颢、程颐：《河南程氏遗书遗书》卷十八。

的为学方式转变为读书穷理，抛弃了程朱理学的理性精神与政治批判精神，在失去直接关注民生的政治能力之后，又以《心经》为学者构建了一个个体道德修养的框架，并以《大学衍义》为帝王提供了一个政治教科书。朱子理学也正是在心学化的发展过程中，逐渐失去了其理性认识能力与政治批判精神，走向个体自我的道德修养与圣贤人格追求的内在发展方向的。

（三）居敬持志

从社会历史发展的意义上讲，程朱性理哲学之所以将《大学》提高到超越五经的高尊地位并为之移经补传，提出格物致知的为学方式，一方面在于宋代生产力的高度发达要求哲学为之作认识论意义上的总结；另一方面，更为主要的还在于南宋末年的靖康之耻带给传统儒家学者的道德危机意识，及其对于南宋统治者苟安江南，贪婪纵欲，途炭民生的愤恨与批判。正如朱熹所描述的："祖宗之境土未复，宗庙之仇耻未除，戎虏之奸谲不常，生民之困悴已极。"①"二十年之间，水旱盗贼，略无宁岁。迩者垂象差忒，识者寒心，饥馑连年，民多流殍。"②朱熹在历经了哲学上的中和之悟后，愈来愈深刻地认识到了心对于现实政治的理性控制意义，尤其是经过对《大学》的移经补传完成了格物致知为学方式以后，在现实的意义上，朱熹逐渐提出了自己以孟子"格君心之非"③说为宗旨的心学政治理论。

在庚子应诏封事中，朱熹即提出："臣尝谓天下国家之大务莫大于恤民，而恤民之实在省赋，省赋之实在治军。若夫治军省赋以为恤民之本，则又在夫人君正其心术以立纪纲而已。"④朱熹将人君之心视为国家治理与否的关键，在他 52 岁时所上的《延和奏札二》中也说：

> 臣闻人主所以制天下之事者，本乎一心，而心之所主，又有天理、人欲之异。二者一分，而公私邪正之途判矣。盖天理者，此心

---

① （宋）朱熹：《朱熹集》，第 439 页。

② （宋）朱熹：《朱熹集》，第 512 页。

③ 《孟子・离娄上》："惟大人为能格君心之非。君仁莫不仁，君义莫不义，君正莫不正。一正君而国定矣。"

④ （宋）朱熹：《朱熹集》，第 451 页。

之本然，循之则其心公而且正。人欲者，此心之疾病，循之则其心私而且邪。公而正者逸而日休，私而邪者劳而日拙，其效至于治乱安危有大相绝者，而其端特在夫一念之间而已。舜禹相传，所谓"人心惟危，道心惟微，惟精惟一，允执厥中"者，正谓此也。①

在59岁所上的《戊申封事》中，朱熹解释了他对于正君心的理由，说：

臣之辙以陛下之心为天下之大本者，何也？天下之事千变万化，其端无穷，而无一不本于人主之心者，此自然之理也。故人主之心正则天下之事无一不出于正，人主之心不正则天下之事无一得由于正。"②

应该说，在君权具有绝对统治权力的封建专制时代，朱熹的看法不无道理。也正因如此，朱熹最终在政治心学的意义上，将格物致知为学方式与"格君心之非"的政治理论统一起来，提出了居敬穷理的为学方式。他在65岁时所上的奏札中说：然尝闻之，人之有是生也，天固予之以仁义礼智之性，而叙其君臣父子之伦，制其事物当然之则矣。以其气质之有偏，物欲之有蔽也，是以或昧其性而乱其伦、败其则而不知反，必其学以开之，然后有以正心修身而为家齐国治之本。此人之所以不可不学，而其所以学者，初非记问辞章之学，而亦非有圣愚贵贱之殊也。若夫致精之道，莫先于穷理，穷理之要，必在于读书，读书之法，莫贵于循序而致精，而致精之本，则又在于居敬而持志，此不易之理也。……若夫致精之本，则在于心。而心之为物，至虚至灵，神妙不测，常为一身之主，以提万事之纲，而不可有顷刻之不存者。一不自觉而驰骛飞扬，以循物欲于躯壳之外，则一身无主，万事无纲。虽其俯仰顾盼之间，盖已不自觉其身之所在，而况能反复圣言，参考事物，以求义理至当之归乎？孔子所谓"君子不重则不威，学则不固"，孟子所谓"学问之道无他，求其放心而已矣"者，正谓此也。诚能严恭寅畏，常存此心，是其终日俨然，不为物欲之所侵乱，则以之读书，以之观理，将无所往而不通；以之应事，以之接物，将无所处而不当矣。此居敬持志所以为读书之本也。③

朱熹在心之"至虚至灵，神妙不测"的意义上所强调的求放心与居敬

---

① （宋）朱熹：《朱熹集》，第514页。
② （宋）朱熹：《朱熹集》，第462页。
③ （宋）朱熹：《朱熹集》，第548页。

持志的思想，完全为日后的圣贤心学所继承，但其所追求的“反复圣言，参考事物，以求义理至当之归”的思想，则成为陆学批评的主要目标。

三、鹅湖论争的心学化意义

宋孝宗淳熙二年(1175)，吕祖谦邀请朱熹与陆九渊相会于江西鹅湖寺，讨论两人的思想异同。讨论集中在所谓“为学之方”(为学方式)上。这次讨论以陆九渊指朱熹之学为“支离”，朱熹指责陆学为佛学而不欢而散，从此开始了朱陆关于尊德性与道问学的长期论争，但却始终未能达成共识，最终在“无极而太极”之争中形成朱陆之学的对立。

对于鹅湖论争，研究者多关注的是朱陆在学术上的不同与对立点，但笔者注意到，这场朱陆论争也在争论中透露出朱陆之学的某种共同性，并因此而为日后的心学化与和会朱陆提供了理论依据。

如上所述，朱熹的格物穷理、居敬持志的学说，都是建立在知觉之心所具有的理性认识能力基础之上的。在这一意义上，朱熹不仅强调心的“惟心无对”的唯一性，而且也强调心作为认识主体不应受到主观干扰的独立性，要求保持心的“虚明灵觉”的状态才能认识事物之理。问题在于，在伦理学的意义上，朱熹又认为心本身就是道德主体，如说：“发明心字，曰：一言以蔽之，曰生而已。天地之大德曰生，人受天地之气而生，故此心必仁，仁则生矣。”①在此基础上，朱熹提出：“心与理一。不是理在前面为一物，理便在心之中，包蓄不住，随事而发。”②又说：“心之全体，湛然虚明，万理具足。”③“ 所觉者，心之理；能觉者，气之灵。”④

在这个意义上，朱熹所说的心与道德之理是等同的，如在《大学章句》中解释“明明德”之“明德”的意义时，朱熹就说：“明德者，人之所得乎天而虚灵不昧，以具众理而应万事者也。”⑤这里所讲的明德，与他在道德的意义上所讲的心就没有区别。这种说法与陆象山“心即理”的观点非常相似。

---

① (宋)朱熹:《朱熹集》,第548页。
② (宋)黎靖德编:《朱子语类》卷五。
③ (宋)黎靖德编:《朱子语类》卷五。
④ (宋)黎靖德编:《朱子语类》卷五。
⑤ (宋)朱熹:《四书集注》,第3页。

实际上,在朱陆之争中,陆象山之所以不肯改变自己的观点,正是由于朱熹哲学在道德本心的追求上,与陆学并无不同。①这样,朱熹在认识论上讲以心求理时,理是对象化的、外在的;而在伦理学上讲以心求理时,理又是主体化的、内在的。从而不仅造成"心"这一概念本身的判断混乱,而且造成其格物致知学说中居敬、穷理二者的关系与学问目的上的混乱。

陆九渊正是在自己的学说对道德本心追求的唯一目的性意义上,一再批评朱熹哲学的道问学方式为"支离"的。如在《与曾宅之》书中,陆象山就用孟子的存心学说批评朱熹学说为"支离",说"孟子曰:存其心,……只存一字,自可使人明得此理。此理本天所以与我,非由外铄,明得此理,即是主宰。……勤学之士,反为之迷惑,自为支离之说"②,甚至批判朱熹哲学因此支离之说而"与世间凡庸恣情纵欲之人,均其陷溺,此岂非以学术杀天下哉!"③

而朱熹之所以不肯放弃自己的居敬穷理并重的学说,是因为程朱理学通过对人性之恶的本体论与生成论的哲学探索,得出了人生而具有的物质欲望对天理(道德)的危害,因而必须通过主敬穷理的认识与修养实践才能达到道德本心,否则就会"错认人欲为天理"。

如在《答项平父》书中,朱熹就说:"人之一心,万理具备,若能存得,便是圣贤。更有何事?然圣人教人,所以有许多门路节次而未尝教人只守此心者,盖为此心此理虽本完具,却为气质之禀,不能无偏。若不讲明体察,极精极密,往往随其所偏,坠于物欲之私而不自知。近世为此说者,观其言语动作,略无毫发近似圣贤气象,正坐此耳。"④即是批评象山之学偏重尊德性所带来的弊端。又说:"此心固是圣贤本领,然学未讲,理未明,亦有错认人欲作天理处,不可不察。伊川先生云:'涵养须用敬,进学则在致知',此两句与从上圣贤相传指诀,如合符契。"⑤

程朱理学认为,由于气质之禀的偏差而导致了人的认识结果中善恶的

---

① 但必须注意的是,朱熹这里所说的理,仅仅是指道德之理,而不是指本体之理。蒙培元先生在《理学的演变》一书中,认为在朱熹这里就已经提出了"心本体论"的命题的观点,是值得商榷的。

② (宋)陆九渊:《陆九渊集》卷一,北京:中华书局,1980年。

③ (宋)陆九渊:《陆九渊集》卷一。

④ (明)陈建:《学蔀通辨》,第448、449页,北京:中文出版社,1972年。

⑤ (明)陈建:《学蔀通辨》,第449页。

分化(人心道心),所以朱熹又说:“心是动底物事,自然有善恶”①,因而还必须将道德本心也上升为理性认识之心,才能够“统性情”,并因此而发展出以敬为主的内外兼修的修养论。由心到性,不仅是朱陆之学的第二个分歧点,也是日后朱子学心学化中退溪心学与阳明心学的根本区别之所在。就朱陆之争而言,主要表现在以下几个方面。

(一)尊德性与道问学

朱陆之争表现在为学方式上,就是所谓的尊德性与道问学之争。陆九渊说:“朱元晦曾作书与学者云,‘陆子静专以尊德性诲人,故游其门者多践履之士,然于道问学处欠了。某教人岂不是道问学处多了些子,故游某之门者,践履多不及之。’观此则是元晦欲去两短、合两长,然吾以为不可。既不知尊德性,焉有所谓道问学?”②但是,正如后来王阳明与李退溪从不同立场上所指出的那样,朱学本身是尊德性与道问学并重,而陆学后来亦讲道问学。因此,比较而言,在尊德性的伦理学意义上,朱陆是相同的,分歧的焦点首先在于对“道问学”的不同认识上。

1.道问学之争

其实学者所谓“道问学”,实际上就是指朱熹通过对《大学》的移经补传所建立起来的格物致知为学方式。虽然朱熹早在“中和之悟”时就已经确立了居敬、穷理并重的一生学问宗旨,但事实上,在建立起了格物致知的为学方式以后,“居敬”与“穷理”就被统一于被称为“道问学”的这一为学方式中而出现了“穷理”与“居敬”的并行。

朱熹说:“天下之物则必各有所以然之故,与其所当然之则,所谓理也。”③又说:“穷理者,欲知事物之所以然与其所当然者而已。知其所以然故志不惑,知其所当然故行不谬。”④指的就是“穷理”与“居敬”应该同时进行的原因。

朱熹还进一步对此进行了解释。关于所当然之则,朱熹说:“父子兄弟

---

① (明)陈建:《学蔀通辩》,第449页。
② (宋)陆九渊:《陆九渊集》卷三十四,第400页。
③ (宋)朱熹:《大学或问》卷一。
④ (宋)朱熹:《答或人问》,《朱文公文集》卷六十四。

骨肉之亲，理之所当然，而人心不能已者。”①又说：“圣人之心，无毫厘之差，谓如事当恁地做时便硬要恁地做。且如不得其酱不食，这一物合用酱而不得其酱，圣人宁可不吃，盖皆欲得其当然之则故也。”②由此可见，朱熹所谓当然之则，主要是指道德准则和礼节规范。

至于“所以然之故”，则主要是指事物的本质、属性和规律等未被人所知的各种自然规律，以及各种已为人类所知、但必须通过学习才能了解的历史文化知识。对于前者，朱熹主张以人（心）所具有的理性认识能力去探求事物之理。实际上，这就是包含在朱熹哲学中的自然科学精神。朱熹曾说：“且如草木鸟兽，虽是至微至贱，亦皆有理。如所谓仲夏斩阳木，仲冬斩阴木，自家知得这个道理，处之而各得其当，便是。”③这是指人们应该遵循自然事物的发展规律以保护自然及生态的平衡。朱熹还在解释“天地之所以高深，鬼神之所以幽显”时说：

> 公且说天是如何独高，盖天只是气，非独是高，只今人在地上，便见得如此高，要之，他连那地下亦是天。天只管转来旋去，天大了，故旋得许多渣滓在中间。世间无一个物事恁地大。故地恁底大，地只是气之渣滓，故厚而深。鬼神之幽显，自今观之，他是以鬼为幽，以神为显。鬼者阴也，神者阳也。气之屈者谓之鬼，气之只管恁底来者谓之神。④

这表明，朱熹所要求的格物穷理也包括用当时的科学知识来解释超出人们常识范围的自然及心理方面的现象，他甚至在800多年前就已经用其哲学的理性精神探索了地球的形成及其形态，其中所包含着的科学精神不容忽视。同时，朱熹格物致知说的一个极为重要的意义，还在于要求总结生产力发展的水平。《朱子语类》载：

> 问：所谓一草一木亦皆有理，不知当如何格？曰：此推而言之，虽草木亦有理存焉，一草一木岂不可以格，如麦麻稻粱，甚时

① （宋）朱熹：《答江德功》，《朱文公文集》卷四十四。
② （宋）黎靖德编：《朱子语类》卷三十八。
③ （宋）黎靖德编：《朱子语类》卷十。
④ （宋）黎靖德编：《朱子语类》卷十八。

种,甚时收,地之肥,地之硗,厚薄不同,此宜植某物,亦皆有理。[①]

正如马克思所说,朱熹哲学的确代表了当时"时代精神的精华"。也正是因为这个原因,朱子学在日后传播到朝鲜半岛时,首先是在农业生产技术、特别是南宋时期中国先进的江南农耕(如水稻耕作法)技术上,起到了巨大的社会历史文化贡献的。[②] 而这一点,却为历来的研究者所忽视。

考察朱熹的格物致知说,可以发现关于要求人们积极探索自然及事物发展规律的大量记载,尤其是在《朱子语类》关于朱熹与学者讨论天文地理的谈话中,曾提到北宋时代的科学家沈括,更是证明了朱熹哲学对自然科学的追求精神。朱熹自己能够成为一个有多方面成就,学识极其渊博的学者,显然与他自己广泛地研究过许多事物有关。他对许多事物都有浓厚地兴趣,如说:"历象之学自是一家,若欲穷理,亦不可不讲。"[③]又说:"琴固每弦各有五声,然亦有一弦自为一声之法,故沈存中之说未可尽以为不然。大抵世间万事,其间义理精妙无穷,皆未易以一言断其始终,须看得玲珑透脱,不相妨碍,方是格物之验。"[④]《朱子语类》也载朱熹之言曰:"昔有道人云:笋生可以观夜气,尝插杆以记之,自早以至暮,长不寸分,晓而视之,已数寸矣。……后在玉山僧舍观之,则日夜俱长,良不如道人所说。"[⑤]其个人实践也表明,他的格物穷理说虽然在终极目的的意义上是为了把握所谓道德性的"天理",但就穷理的直接对象而言,广泛涉及具体事物的性质和规律。朱熹哲学正是在这个意义上,具有显著的道问学的特征。

因此,朱熹的格物致知所要追求的就不仅是道德之理,也是自然事物之理,这二者共同构成朱熹哲学的追求内容。所以,朱熹说:

致知一章,此是大学最初下手处,若理会得透彻,后面便容易,故程子此处说得节目最多,皆是因人之资质耳。虽若不同,其实一也。见人之敏者太去理会外事,则教之使去父慈子孝处理

---

① (宋)黎靖德编:《朱子语类》卷十八。

② 〔韩〕李泰镇:《朝鲜儒教社会史论》,首尔:知识产业社,1989 年。周月琴:《论朱子学对朝鲜半岛的历史文化贡献》,《中国文化研究》2001 年,夏之卷。

③ (宋)朱熹:《答曾无疑》,《朱文公文集》卷六十。

④ (宋)朱熹:《答蔡继通》,《朱文公文集》卷四十四。

⑤ (宋)黎靖德编:《朱子语类》卷一百三十八。

> 会，曰“若不务此而徒欲泛然以观万物之理，则吾恐其如大军之游骑，出太远而无所归。”若是人专只去里面理会，则教之以“求之性情固切于身，然一草一木亦有理。”要之，内事外事皆是自己合当理会底，但须是六、七分去里面理会，三、四分去外面理会方可。①

朱熹格物致知说中所包含的对自然科学与历史知识的追求精神，日后被李退溪的心学所继承，但却被陆王心学所批判。导致陆九渊始终批判朱熹道问学的原因，在于他认为朱熹哲学在对“外事”的“理会”上损害了对德性的追求，所以批评朱熹的道问学方式是“支离”。朱熹之所以也在道问学问题上反过来批判陆学的“空疏”，仍然是由他对其哲学所赖以建立的《大学》的根本认识联系在一起的。

《大学》原本只是《礼记》中的一篇，其经文只有 205 字。其中心内容，就是被称为三纲领的“明明德、新民、至于至善”，和被称为八条目的“格物、致知、诚意、正心、修身、齐家、治国、平天下”。朱熹既认为“明明德为本，新民为末”，所以通过《大学》对明明德→治国→齐家→修身→正心→诚意→致知→格物的推理，确立了格物的重要意义，又通过对《大学》第五章经文中的“致知在格物”的阐释，建立起了他的格物致知为学方式。

但是，就格物致知作为学问的方式而言，它并不成为朱熹哲学的目的。因为按照朱熹所说，不但“天地鬼神之变”“鸟兽草木之宜”有所以然之故，实际上盈天地间一切事物，包括“身心性情之德”“人伦日用之常”都有所以然之故，所以穷理是“自其一物之中，莫不有以见其所当然而不容已与其所以然而不可易者”。也就是说，每个事物都有所当然和所以然两个方面。

朱熹说：“如事亲当孝，事兄当弟之类，便是当然之则，然事亲如何却须要孝，从兄如何却须要弟，此即所以然之故。”②也就是说，道德规范是当然之则，道德规范所以产生形成的原因是所以然之故。按照朱熹的理论，一切道德规则“其所以然，则莫不原于天命之性”③。又说：“天命即天道之流行而赋予物者，乃事物所以当然之故也。”④“此事此物当然之理，必有所从

① （宋）黎靖德编：《朱子语类》卷十八。
② （宋）黎靖德编：《朱子语类》卷十八。
③ （宋）朱熹：《论语或问》卷一。
④ （宋）朱熹：《论语集注》卷一，《为政第二》，北京：中国社会出版社，2013 年。

来,知天命是知其所以来也。"①也就是说,一切当然之则都根源于天命。所以,朱熹对所以然之故的强调就不仅是要人去了解事物的本质和规律,更要求人们应当从认识一切当然之则根源于天命的高度来提高自己的道德自觉性。

问题在于,朱熹为什么不肯承认陆学的心即理,而始终坚持必须通过人对自然之理与道德之理的探求,才能达到德性的完成?在《大学章句》中,朱熹解释说:"所谓致知在格物者,言欲致吾之知,在即物而穷其理也。盖人心之灵莫不有知,而天下之物莫不有理,惟于理有未穷,故其知有未尽也。"②也就是说,人心都有认识事物之理的能力,但由于理有未穷,因此一般人心所具有的知识都有所不尽,必须经过即物穷理以至其极的切实工夫,人心的知识才能达到无所不尽,这也是朱熹强调格物致知的意义。

但实际上,更为根本的原因还在于朱熹对现实问题的认识上与陆九渊的差异。从根本的目的上讲,张载所表达的"为天地立心,为生民立道,为往圣继绝学,为万世开太平"③的社会历史使命感,乃是宋代性理学家所共同具有的人生抱负。要完成这一社会历史使命,仅仅具有道德人格却无治理国家的知识,是不可以拯救处于内忧外患中的国家危势的。因此,朱熹在《大学章句》中解释"三纲领"与"八条目"的关系时,虽然承认"明明德为本,新民为末",但在进一步解释如何才能达到"明明德"的目的时,却强调"古之欲明明德于天下者,先治其国",而要治理好国家,就必须通过"穷至事物之理"的格物致知工夫,掌握治理国家的知识。所以,在解释《中庸》所谓"尊德性与道问学"时,朱子说:

> 尊德性,所以存心而极乎道体之大也;道问学,所以致知而尽乎道体之细也。二者修德凝道之大端也。不以一毫私意自弊,不以一毫私欲自累,涵泳乎其所已知,敦笃乎其所已能,此皆存心之属也;析理则不使有毫厘之差,处事则不使有过不及之谬,……此皆致知之属也。盖非存心无以致知,而存心者又不可以不致知。④

---

① (宋)黎靖德编:《朱子语类》卷二十三。

② (宋)黎靖德编:《朱子语类》卷二十三。

③ (宋)张载:《张载集》,第376页,《四部刊要》子部·儒家类。

④ (宋)朱熹:《朱熹集》,第505页。

知识与德性的追求，在朱熹哲学中并不构成对立的关系，而是统一在为国家培养具有完善人格与知识学问的士大夫与官吏队伍这一根本目的之上。也就是说，在治理国家的根本追求上，不仅要求作为封建社会管理队伍后备人才的学者必须具有基本的德性，而且也要求其充分学习和掌握治理国家所需要的天文知识、农业知识，以及为礼制服务的律历知识、历史知识、政治知识、道德文化知识以及各种典章制度等知识。

正是在这一意义上，朱熹明确批评只重心的道德顿悟、反对追求知识的陆象山之学是“乱道误人”①，说“而今人只管说治心修身，若不见这个理，心是如何底治，身是如何底修？若如此说，资质好底，便养得成，只是个无能底人；资质不好，便都执缚不住了”②。批判陆象山之学只追求道德修养可能会带来的有道德却无实际治国才能的缺陷。在《答包敏道》中，朱熹也说：“求放心固是第一义，然如所谓轨则一定而浩然独存，使赤子之心全假于此，而明义之本先立于此，然后求闻其所未闻，求见其所未见，则亦可谓凌躐倒置而易其言矣。”③

也正是在朱熹所强调的追求客观事物之理与道德修养并行的意义上，真德秀《心经》一系的圣贤心学，不仅保留了朱子格物致知的为学方式，而且当李退溪在圣贤心学的基础上进行性理哲学的心性再探索时，显然也继承了传统儒学中所蕴含的这种社会历史使命感，只不过他所要解决的社会问题是朝鲜的“士祸政治”而已。

2.尊德性之争

朱熹与陆九渊在尊德性与道问学上的第二个差异，并不是陆九渊所认为的朱熹“不知尊德性”，而是朱熹对“尊德性”的看法与陆象山的见解根本不是同一内容。

陆学所谓“尊德性”，主要是在心即理的本体论意义上讲对道德的实践要求。因此问题的关键首先在于陆九渊所说的“心即理”究竟是指什么。陆象山对此有明确的说法，即所谓心，是指仁义礼智之道德规范。如在《答赵监》中，陆九渊说：“道塞宇宙，非有所隐遁。在天曰阴阳，在地曰

① （宋）朱熹：《朱熹集》，第505页。
② （宋）黎靖德编：《朱子语类》卷九。
③ （宋）朱熹：《朱熹集》卷五十五。

柔刚，在人曰仁义。故仁义者，人之本心也。”[①]又说：“恻隐，仁之端也；羞恶，义之端也；辞让，礼之端也；是非，智之端也。此即是本心。”[②]“四端者，即此心也。”[③]直接将儒家仁义道德规定为客观存在之理。

值得注意的是，陆九渊一再强调这种道德本心的客观性与独立性，如说：“此理在宇宙间，未尝有所隐遁。天地之所以为天地者，顺此理而无私焉耳。人与天地并立而为三极，安得自私而不顺此理哉！孟子曰先立乎其大者，则其小者不能夺也。”[④]明确以道德之心为世界本体之理。

在此意义上，陆九渊提出了其学说的中心观点“道德实践”。在《象山全集》中，陆九渊对此有各种说法，如“充此心”“存心”“求放心”等。《语录》载：“先生言，万物森然于方存之间，满心而发，冲塞宇宙，无非此理。孟子就四端上指示人，岂是人心只有这四端而已？又就乍见孺子入井，皆有怵惕恻隐之心一端指示人，又得此心昭然。但能充此心足矣。”[⑤]在《邓文苑求言往中都》中陆九渊又说：“义理所在，人心同然，纵有蒙蔽移夺，岂能终眠。患人之不能反求深思耳。此心苟存，则修身齐家治国平天下一也。”[⑥]在《与舒西美》中，陆九渊又直接提出了孟子的求放心理论，说：

> 夫子曰：吾道一以贯之。孟子曰：夫道，一而已矣。曰：途之人可以为禹。曰：人皆可以为尧舜。曰：人有四端而自谓不能者，自贼者也。人孰无心，道不外索。患在戕贼之耳，放失之耳。古人教人，不过存心、养心、求放心。[⑦]

陆九渊又说：

> 孟子曰：心之官则思，思则得之，不思则不得也。又曰：存乎人者，岂无仁义之心哉！又曰：君子之所以异于人者，以其存心

---

① （宋）陆九渊：《陆九渊集》卷一。
② （宋）陆九渊：《陆九渊集》卷三十六。
③ （宋）陆九渊：《与李宰》，《陆九渊集》卷十一。
④ （宋）陆九渊：《与朱济道》，《陆九渊集》卷十一。
⑤ （宋）陆九渊：《陆九渊集》卷三十四。
⑥ （宋）陆九渊：《陆九渊集》卷二十。
⑦ （宋）陆九渊：《陆九渊集》卷五。

也。又曰：非独贤者有是心也，人皆有之，贤者能毋丧耳。又曰：人之所以异于禽兽者几稀，庶民去之，君子存之。去之者，去此心也，故曰：此之谓失其本心。存之者，存此心也，故曰：大人者，不失其赤子之心也。四端者，即此心也。天之所以与我者，即此心也。①

由此可见，与朱熹要求道德修养与探求客观事物之理并行的格物致知为学方式不同，陆象山心学追求的只是建立在孟子求放心说基础上的单纯道德实践。在日后的朱子学心学化过程中，《心经》一系的心学不仅坚持了朱熹之理的客观性与格物致知的为学方式，同时也吸收了陆学关于道德本心与求放心的道德实践理论。实际上，所谓的“和会朱陆”，在实质性意义上看，主要就是指圣贤心学在坚持朱子道问学前提下，对陆学的道德实践主张的继承。但是，圣贤心学并没有吸收陆九渊在道德本心的基础上提出的“人皆具是心，心皆具是理，心即理”②的观点。这主要是因为在道德人格的修养意义上，圣贤心学继承的仍然是朱熹哲学的心性理论。

事实上，在心的道德意义问题上，朱陆的差异是在性而不是在心。也可以说，朱陆在尊德性与道问学上的第二个差异，是在尊德性方式上的差异。

在“心即理”的前提下，陆学中根本不存在心、性、理的区别，陆九渊说：“彝伦在人，维天所命，良知之端，形于爱敬，扩而充之，圣哲之所以为圣哲也。先知者，知此而已，……所谓格物者，格此物、致此知也，故能明明德于天下。易之穷理，穷此理也，故能尽性至命。孟子尽心，尽此心也，故能知性知天。”③直接将心等同于性，所以他说：“情、性、心、才都只是一般物事，言偶不同耳。”④实际上，陆九渊是在道德实践的意义上，不仅表明自己的学问是“易简而天下之理得”⑤，认为自己所主张的为学就是直接实践仁义礼智之道德规范，并由此批评朱学“拾孟子性善之遗说，与夫近世先达之

① （宋）陆九渊：《与李宰》，《陆九渊集》卷十一。
② （宋）陆九渊：《陆九渊集》卷十一。
③ （宋）陆九渊：《武陵县学记》，《陆九渊集》卷十九。
④ （宋）陆九渊：《武陵县学记》。
⑤ （宋）陆九渊：《与曾宅之》，《陆九渊集》卷一。

绪言，以盗名干泽”①，“未有笃敬之心、践履之实而遽为之广性命之说，愚切以为病而已耳”②。反对朱学在道德实践之外还要探求客观事物之理的为学方式。

但在陆学看作根本的“尽心”（尊德性的方式）问题上，朱熹则提出尽心与知性（道德实践与格物穷理）之间存在着不可分割的关系，如说：“‘尽其心者，知其性也’，言人之所以能尽其心者，以其知其性故也。盖尽心与存心不同，存心即操存求放之事，是学者初用力处；尽心则穷理之至，廓然贯通之谓，所谓知性即穷理之事也。须是穷理方能知性，性之尽则能尽其心矣。”③明确提出道德修养与追求客观事物之理并存的为学方式。在解释《中庸》所谓“尊德性与道问学”时，朱熹也说：

> 尊德性，所以存心而极乎道体之大也；道问学，所以致知而尽乎道体之细也。二者修道凝德之大端也。不以一毫私意自弊，不以一毫私欲自累，涵泳乎其所已知，敦笃乎其所已能，此皆存心之属也；析理则不使有毫厘之差，处事则不使有过不及之谬，……此皆致知之属也。盖非存心无以致知，而存心者又不可以不致知也。④

朱熹在上述论述中明确表达了以下三个意思：其一，知性是尽心的前提。其二，陆学所谓的“尽心”，实际上是朱学所谓的“存心”，而“存心即操存求放之事，是学者初用力处”。如果比较一下朱熹在《或问》中对《小学》与《大学》的论述，可知朱熹认为陆学所谓的“尊德性”是以“学者初用力处”包含在自己的学问中的。这也正是心学化能够“和会朱陆”的根本点。而李退溪在《圣学十图》中不仅引用了朱熹在《或问》中对《小学》与《大学》的论述，而且可以在批判陆王心学的前提下，继承陆学关于道德实践与求放心的理论，也正是因为朱学在“存心”的意义上包含了陆学所谓的“尊德性”的内容。只不过这部分内容在朱学中并不是学问的结果，而是学问的开始，即所谓“学者初用力处”而已。其三，朱学所谓的“尽心”，是指穷

① （宋）陆九渊：《天地之性人为贵论》，《陆九渊集》卷三十。
② （宋）陆九渊：《天地之性人为贵论》。
③ （宋）朱熹：《答林德久》，《朱熹集》卷六十一。
④ （宋）朱熹：《四书集注》，第 44 页。

理。只有通过穷理,才能达到德性的实现。而朱熹之所以强调必须通过穷理来实践德性,主要是因为朱熹继承二程的气禀说与张载的气质之性理论,对人性之恶的根源所做的哲学探索所得出的结论使然。

从二程开始,理学的一个显著特性是在传统儒学"性即理"(孟子人性本善)的前提下,探讨现实人性中存在的恶的哲学根源问题。二程在性理学的意义上首先承认恶的人性论存在,提出:"'生之为性',性即气,气即性,生之谓也。人生气禀,理有善恶,然不是性中原有此两物相对而生也。有自幼而善,有自幼而恶,是气禀而然也。善固性也,然恶亦不可不为之性也。"①

与传统儒学尤其是孟子的人性本善论不同,二程在人性论上明确承认"恶亦不可不为之性也"。朱熹继承了二程的人性理论,进一步从宇宙生成论与本体论上探索人性之恶的根源,以二程的"气禀说"与张载的"气质之性"说,解释现实社会中存在的恶现象的生成论与本体论根源,提出:

> 盖人受天地之中以生,其未感也,纯粹至善,万理具焉,所谓性也。然人有是性,则即有是形,有是形,则即有是心,而不能无感于物。感于物而动,则性之欲者出焉,而善恶于是乎分矣。性之欲,即所谓情也。②

也就是说,现实社会中之所以存在恶,是因为人在禀气而生的过程中,因气的清浊厚薄不同而一方面造成了人性的千差万别,另一方面也造成了人在生性中就已经存在着恶的根源,这种根源就是人生而具有的物质欲望。这种物质欲望一旦在具体的生命中获得了"心"的形式,便"不能无感于物"而成为现实之恶的萌芽,并由此而形成人心、道心的分别,所以朱熹说"心是动底物事,自然有善恶"③,又说"此心之灵,其觉于理者,道心也;其觉于欲者,人心也"④,又说"只是这一个心,知觉从耳目之欲上去,便是

① (宋)程颢、程颐:《河南程氏遗书》卷一,《二程集》,第10页,首尔:汉京文化事业有限公司,1983年。

② (宋)朱熹:《朱熹集》,总第3524页。

③ (宋)黎靖德编:《朱子语类》卷九。

④ (宋)朱熹:《答郑子上十》,《朱文公文集》卷五十六。

人心；知觉从义理上去，便是道心”①。因为人性中本来就存在着善与恶，因此人心在面对现实时也便有了欲望，并因此存在着恶的可能性。

因此，人必须以作为道德意识的理性认识之心（道心），来控制作为感性欲念的人心，否则就会流于人欲。在程朱性理学中，人欲正是导致社会道德堕落的根源。在这个意义上，朱熹特别强调张载的“心统性情”这一哲学命题的重要意义，说：“伊川‘性即理也’，横渠‘心统性情’二句，颠扑不破。‘惟心无对’，‘心统性情’，二程却无一句似此切。”②正是在“心统性情”的意义上，人心道心、穷理灭欲说，成为朱子修养论的主要内容与根本目的。朱子说：

> 心之虚灵知觉，一而已矣，而以为有人心道心之异者，以其或生于形气之私，或原于性命之正，而所以为知觉运动者不同。是以或危殆而不安，或微妙而难见尔。然人莫不有是形，故虽上智不能无人心；亦莫不有是性，故虽下愚不能无道心。二者杂于方存之间而不知所以治之，则危者愈危，微者愈微，而天理之公卒无以胜夫人欲之私矣。精则察夫二者之间而不杂也，一则守其本心之正而不离也。从事于斯，无少间断，必使道心常为一心之主而人心每听命焉，则危者安，微者著，而动静云为，自无过不及之差矣。③

也就是说，人性虽然在本原的意义上就是纯善无恶的“天理”，但在生成论的意义上却存在着人心对物质欲望的感应问题。因此，如果不能以理性认识之心控制人对物质的欲望，就会流于恶。所以，朱子说：

> 情之好恶，本有自然之节，惟其不自觉知，无所涵养而大本不立，是以天则不明于内，外物又从而诱夺之，此所以流滥放逸而不自知也。苟能于此觉其所以然者而反躬以求之，则其流也庶乎其可制矣。不能如是而惟情是徇，则人欲炽盛而天理灭息，尚何难

① （宋）黎靖德编：《朱子语类》卷七十八。
② （宋）张载：《张载集》，第338页。
③ （明）程敏政：《心经附注》，第19、20页。

之有哉？此一节正天理人欲之机，间不容息处。惟其反躬自省，念念不忘，则天理益明，存养自固，而外诱不能夺矣。①

也正是因为人心存在着物欲之私，因此必须经过居敬穷理的修养工夫，才能达到“心与理一”。否则，就会认气为理，流于释氏之论。所以，朱熹在批评陆学的“易简工夫”为空疏时，说：

大抵人之一心，万理具备。若能存得，便是圣贤，更有何事？然圣贤教人，所以有许多门路节次而未尝教人只守此心者，盖为此心此理虽本完具，却为气质之禀，不能无偏，坠于物欲之私而不自知。近世为此说者，观其言语动作，略无毫发圣贤气象，正坐此耳。是以圣贤教人，虽以恭敬持守为先，而于其中又必使人即事即物，考古验今，体会推寻，内外参合，盖必如此然后见得此心之真，此理之正，……《大学》所谓知至意诚，孟子所谓知言养气，正谓此也。若如来喻，乃是合下只守此心，全不穷理，此心虽似明白，然却不能应事，此固已失之矣。②

日后真德秀的《心经》，不仅以朱子的人心道心说为出发点而提出了“万世心学”的“渊源”，而且在具体的人格修养论上也继承了朱子的居敬穷理学说。同时，在心学修养论的根本目的上，朱熹在人性论上综合二程与张载所提出的气禀说与天理人欲论，也成为朱子学心学化的根本理论依据。李退溪也在心学的意义上将程朱理学的天理人欲论作为心学修养的根本原则，说：“大抵心学虽多端，总要而言之，不过遏人欲、存天理两事而已。故戒惧以下所言诸说，不问已发未发、做工与不做工，凡遏人欲事当属人心一边，存天理事当属道心一边。”③

与朱熹及心经一系心学相比，陆九渊因为在本体论上认为心即理，将心、性、情都视为是先天存在的客观之理（儒家仁义道德），主张只要人去践履仁义道德即可，根本不需要去做格物穷理的功夫，也不承认有所谓天

① （宋）朱熹：《朱熹集》，第3524页。
② （宋）朱熹：《答项平甫》，《朱文公文集》卷五十四。
③ 〔朝〕李滉：《陶山全书》三，第140页。

理人欲之分。陆九渊甚至批判程朱所谓的天理人欲说来自于老庄，说：

> 天理人欲之言，亦自不是至论。若天是理，人是欲，则是天人不同矣。此其原盖出于老氏。《乐记》曰："人生而精静，天之性也；感于物而动，性之欲也。物至知知，而后好恶形焉。不能反躬，天理灭矣。"天理人欲之言盖出于此。《乐记》之言亦根于老氏。且如专言静是天性，则动独不是天性耶？《书》云："人心惟危，道心惟微。"解者多指人心为人欲，道心为天理，此说非是。心一也，人安有二心？自人而言，则曰惟危；自道而言，则曰惟微。罔念作狂，克念作圣，非危乎？无声无臭，无形无体，非微乎？因言《庄子》云："眇乎小哉！以属诸人；謷乎大哉！独游于天。"又曰："天道之与人道也相远矣。"是分明裂天人为二也。①

由此可见，尽管朱陆之学都将天理视为世界的本原，因此程朱理学与陆王心学后来被统称为宋明理学，但在心、性、理的关系问题上，或者说在对人性的认识问题上，由于程朱理学与孟子人性本善论不同，提出了包含着现实之恶可能性的"气质之性"论，主张通过格物致知的穷理功夫（亦即道问学）体认天理，消灭人欲；而陆学则坚持认为心即理，根本不承认有人性之恶的存在，因此在为学方式上也主张直接实践仁义礼智道德规范，反对程朱格物致知的为学方式与穷理灭欲的修养论功夫，只追求单纯的道德实践也就是所谓的"尊德性"。

后来的心经心学继承的是程朱理学道问学意义上的道德追求与实践功夫，但这并不意味着圣贤心学对朱子格物致知学说的全盘继承。相反，正是在朱子格物致知为学方式的问题上，引发了后来的朱子学心学化思想契机。这是由朱子格物致知中所包含的另一个方面所造成的。

（二）无极太极之争

淳熙十五年（1188）戊申，陆九渊就"无极太极"问题致书朱熹，对周子的《太极图说》提出疑问，认为该图传之老氏之学，"无极"概念也承自老

---

① （宋）陆九渊：《语录上》，《陆九渊集》，第395、396页。

子，因而反对在“太极”之上再加上“无极”并将周子的“无极而太极”之说称为“床上架床，屋上架屋”，由此引起与朱熹在学术思想上的再次争论。

这次辩论，双方总共只有两次书信往返，但对于日后的朱子学心学化而言却具有不可忽视的影响。这种影响主要表现在以下三个方面。

1.儒学的发展观问题

朱熹与陆九渊之间的无极太极之争，起源于陆九渊之兄陆九韶(号梭山)。陆九渊在致朱熹的信中说：“梭山兄谓《太极图说》与《通书》不类，疑非周子所为；不然，则或是其学未成时所作；……盖《通书·理性命章》言‘中焉止矣，二气五行，化生万物，五殊二实，二本则一，曰一曰中，即太极也’，未尝在其上加无极字。《动静章》言五行、阴阳、太极，亦无无极之文。……则作《通书》时，不言无极，盖已知其说之非矣。”①即陆九渊兄弟反对周子在《太极图说》中提出的“无极”概念而只承认“太极”概念。

朱熹在辩论中提出，“不言无极，则太极同于一物而不足为万化根本；不言太极，则无极沦于空寂而不能为万化根本。”②认为无极与太极存在着本体与现象的哲学关系，因此二者都有存在的理由和必要性。但陆九渊并不接受朱熹的解释，反驳说：“夫太极者，实有是理，圣人从而发明之耳，非以空言立论，使后人颠弄于颊舌之间也。其为万化根本，固自素定，其足不足、能不能，岂以人言不言之故耶?”③认为太极这一概念本身就具有本体论的意义，因此不需要再在其上加一个无极概念。

陆九渊本来是要论证仁义礼智等道德规范即是理、道或者太极，但在辩论的开始却在“无极”概念的应当性与否上纠缠，由此引出了朱熹关于儒学发展观问题的论述。朱熹说：

> 伏羲作易，自一画以下；文王演易，自乾元以下，皆未尝言太极也，而孔子言之；孔子赞易，自太极以下，未尝言无极也，而周子言之。先圣后圣，岂不同条而共贯哉?④

就是说，概念的不断提出正说明了儒学发展的必然性，这是朱子在与

---

① (宋)陆九渊:《陆九渊集》卷二。
② (宋)陆九渊:《陆九渊集》卷二。
③ (宋)陆九渊:《陆九渊集》卷二。
④ (宋)朱熹:《太极解义·总论》，转引自《周子全书》，第61页。

陆九渊关于无极太极论争中提出的儒学发展观问题。这对于在道德上坚持传统儒家保守主义立场的陆学是一种深刻的批判，日后的李退溪在进一步发展理学的人性论时，也受到了持理学保守主义立场的学者奇明彦的反对，并引发了朝鲜性理学史上影响深远的四端七情分理气论争，李退溪在辩论中，正是以朱子的儒学发展观为自己在人性论上发展朱子学提供立论依据的。他说："且以性之一字言之，子思所谓天命之性，孟子所谓性善之性，……至于后世程张诸子之出，然后不得已而有气质之论，……然则其于性也，既可以理气分言之，至于情，独不可以理气分言之乎？"①由此说明，退溪心学对朱子学的继承，并不是在具体的哲学问题上，而是在于运用朱子的发展观与辩证思维方式对朱子哲学的理论发展。

2.朱熹理学与象山心学的对立

在进一步的争论中，陆九渊提出了"无极"之争的实质问题，说："'《易》之为道，一阴一阳而已。……是以立天之道曰阴与阳，立地之道曰柔与刚，立人之道，曰仁与义。'……今顾以阴阳为非道，而直谓之形器，其孰为昧于道器之分哉！"②这就直接回到了二程哲学中所潜在的理学与心学的本体论差异问题上来。

程颢在本体论的意义上强调道与器之同等地位的关系，如说："'立天之道曰阴与阳，立地之道曰柔与刚，立人之道曰仁与义。'又曰'一阴一阳之谓道'。阴阳亦形而下者，而曰道者，惟此语截得上下最分明。元来只此是道，要在人默而识之也。"③又说："器亦道，道亦器，但得道在，不系今与后，己与人。"④都是在本体论的意义上，强调道德规范的人生准则与目的意义，陆九渊也正是在此意义上直接继承了程颢的道器理论，并试图通过对"无极"概念的批判来反对朱熹的格物致知之学。

但理学同时也从程颐开始就强调形而上之道与形而下之器的区分，认为"道非阴阳也，所以阴阳者道也"⑤。朱熹之所以注重无极并释"无极而太极"为"无形而有理"，正是为了强调理的形而上之特性。对此，朱熹认为根本没有必要争论，因此，对于陆九渊的道器理论，朱熹只从字义上作了

---

① 〔朝〕李滉：《退溪全书》一，第411页。
② （宋）陆九渊：《陆九渊集》卷二。
③ （宋）陆九渊：《陆九渊集》卷二。
④ （宋）陆九渊：《陆九渊集》卷二。
⑤ （宋）陆九渊：《陆九渊集》卷三。

解释，并在第二书中提出，如果双方不能够就此达成一致，则“我日斯迈，而日月斯征，各尊所闻，各行所知，亦可矣，无复所望于必同也”①，从而意味着朱熹理学与象山心学的彻底对立。

有意思的是，日后的阳明心学却并没有在本体论上继承程颢与陆九渊的道器理论，而是在继承朱熹理学的本体论意义上，通过否定其为学方式而作的发展。而《心经》一系的心学在发展过程中，则继承了程颢与陆九渊的道器理论，从真德秀到吴澄、奇明彦等，都一直以理气不离为基本的本体论观点，直到李退溪才重新回到了朱熹理学的本体论，从而显示出退溪心学与阳明心学的某种内在联系。

3.朱子学心学化发展的理学本体论依据

事实上，朱熹与陆九渊无极太极之争的实质，在于对理的本体论地位与内容的哲学判断不同。从陆九渊一再强调仁义礼智等传统儒家的道德规范就是本心，并在心即理的意义上强调“此理充塞宇宙”的观点来看，陆九渊心学实际上只是道德实践之学。在他看来，根本就不需要提出所谓的本体之理，而缺乏本体论的学说是很难有理论说服力的，这也是日后的阳明心学虽然在道德实践的要求这一心学精神上继承了陆九渊的心即理以及良知等理论，但在本体论上继承的却是朱熹理本体论的根本原因。

而朱子学之所以能够成为阳明心学与退溪心学这两个心学化发展方向的完成者的本体论依据，是因为作为朱熹哲学的核心概念的理，具有丰富的理论内容与现实意义。概括而言，朱熹之理具有以下三个层次，即道德之理、自然之理与本体之理。

道德之理即朱熹在格物穷理说中所谓的“所当然”，亦即人之所以为人的道德依据。这个层次上的理，为包括象山心学、阳明心学与退溪心学在内的所有宋明理学所继承。因此，在这个意义上的朱子学这一概念，相当于冯友兰先生所说的道学。虽然朱熹与陆九渊对“道德之理”在各自学说中的地位的看法不同，但对传统儒家的道德规范作为维护封建专制社会的根本秩序的思想依据这一根本看法并无不同。

不同的是，对朱熹在格物穷理说中所提倡的“自然之理”（所谓事物的所以然）的看法差异。从后来朱子学对朝鲜社会的经济文化影响之历史事实来看，朱熹哲学对于追求“一草一木之理”的要求，不仅是对宋代高度发

---

① （宋）陆九渊：《答朱元晦》，《陆九渊集》卷二。

达的生产力水平的哲学总结,而且在古代哲学融一切知识于一身的意义上讲,也同时具有自然科学的追求意义。

但也正是因为朱熹的“自然之理”不仅成为陆王心学批判朱熹理学为“支离”“析心与理为二”的依据,而且从真德秀开始,基于朱熹理学本身的心学化发展,也不再提对自然之理追求,而是向德性追求的方向发展,所以才会有朱熹之后心学化开始之时首先必须“合会朱陆”的根本原因。因为如果不去掉朱熹“自然之理”的内容,心学化便无法将思想的重心转移到单纯的道德实践与修养上来。

最后,在本体之理的问题上,不仅是导致朱熹理学与象山心学彻底对立的根本原因,而且也是包括阳明心学在内的心学化发展的哲学依据。只不过阳明心学是将“良知”当成了本体之理,而退溪心学则是在保留朱熹理学本体之理的基础上,以道德之理涵盖了自然之理,从而形成一种有体有用、以用代体的圣贤心学的本体论。这一本体论的形成,不仅在理学本土经历了250余年的发展过程,而且在朝鲜性理学的发展中又经历了100余年的发展,才由李退溪穷毕生精力所完成,而《心经附注》正是将圣贤心学这一系的产生、发展与完成联系起来的中心线索。

第二章
从《心经》到《心经附注》:朱子学心学化及其历史展开过程

《心经》是宋末以后朱子学心学化的标志。随着社会历史的发展,朱子学也随着时代的发展而发展,这种思想发展的根本特征,是在坚持朱子学的理学本体论与格物致知为学方式的前提下,在修养论与心性哲学上将朱子学心学化。它开始于宋末真德秀的《心经》,历经元代吴澄、程复心等人的思想努力,进一步朝着心学实践化的方向发展。到了明代,开始沿着程敏政的圣贤心学与王阳明的实践心学两个方向发展。其最终结果,是阳明心学因为适合了明代中叶社会发展的思想要求而成为理学本土的主流思想,而程敏政以《心经附注》为载体提出的圣贤心学思想,虽然未能在理学本土起到重要影响,但却随着性理文化在朝鲜半岛的传播而对李退溪的思想起到了重要影响。

本章主要论述朱子学在南宋末年以后,以真德秀《心经》为标志在理学本土经历的心学化思想发展过程,尤其是在这一心学化发展过程中展现出的王柏、程复心、吴澄等人的心学化思想,是一直被中国性理学发展史研究所忽视的内容。

一、真德秀与《心经》:文本分析

真德秀(1178~1235),字景元,又字希元,福建浦城人。生于宋孝宗淳熙五年戊戌(1178),卒于宗理宗端平二年乙未(1235),谥文忠。因生前曾在家乡筑西山精舍讲学,所以学者也称西山先生。真德秀是南宋末年与魏了翁齐名的朱子学者,著有《大学衍义》《心经》《政经》《文集》《对越甲乙稿》《读书记》等。现有乾隆刻本《真文忠公全集》。

《心经》是真德秀编辑而成的一部有关心性修养的书。据自称为真德秀后学的颜若愚在《心经后序》中说,《心经》乃真德秀“晚再守泉,复辑成是书。”①考《宋史》卷四三七,真德秀初守泉州是在嘉定六年(1213),第二次守泉州是在绍定五年(1232)。因此,真德秀的《心经》应该完成于1232年。②

《心经》的内容主要是辑录传统儒家经典与程朱等性理学家关于心性修养的理论,本身结构比较松散,主要是为了个人修养而用,因此没有目录,后来程敏政在附注《心经》时,根据《心经》的内容整理出一个目录,并将其分为四卷。为了便于分析,作表如下。

卷　数	内　容
1.1《书·大禹谟·人心道心章》	附朱子1条
1.2《诗·鲁颂·上帝临女章》	附朱子、真德秀等3条
1.3《诗·大雅·视尔友君子章》	附朱子、郑氏2条
1.4《易·乾九二·闲邪存诚章》	附程子3条
1.5《易·坤六二·敬以直内章》	附伊川、杨时共4条
1.6《易·损大象·惩忿窒欲章》	附伊川、杨时共2条
1.7《易·益大象·迁善改过章》	附程子、王氏共2条
1.8《易·復初九·不远復章》	附伊川、张载共3条
1.9《论语·子绝四章》	附朱子1条
1.10《论语·颜渊问仁章》	附伊川、杨子等3条
1.11《论语·仲弓问仁章》	附伊川1条

① (宋)真德秀撰:《心经政经合编》,《中国思想要辑丛编》,第42页,台北:广文书局,1975年。

② 对于真德秀《心经》的成书时间并无异议,但笔者注意到,韩国学者在研究退溪与《心经》的关系时,对真德秀《心经》的成书地点有误解。如尹炳泰在《退溪와心经附注》(도서관학존집제5집,한국도서관정보학회,1978)中,就以真德秀弟子王迈所序“西山先生真文忠公《心经》一书,……乃先生再守温陵日所著”,而认为西山《心经》作于温陵;沈龟铉在《退溪李滉의心经附注研究와그의心学의特征》(민족몬화논총제8집)一文中,虽以颜若愚的后序为依据提出了此书乃成于泉州的正确结论,但对于尹炳泰在上文中的看法亦无法解释而认为“可能是王迈的解释有误”。实际上,王迈的记录并没有错误,而是研究者的理解有误。王迈的序本来并不是专门为《心经》而写的,而是为《心经政经合编》所做的序。他所说的“温陵”是指真德秀的《政经》而非《心经》的成书地点,他说“今所谓《政经》者,乃先生再守温陵日所著”,明确指出了《政经》的成书地点。这里涉及的成书地点问题,并不是简单的误解问题,而是关系到《心经》对朝鲜性理学的影响问题。对于该问题,将在第四章中具体论述。

续表

卷　数	内　容
1.12《中庸·天命之谓性章》	附朱子3条
1.13《诗·潜虽伏矣章》	附程子、朱子共3条
2.1《大学·诚意章》	附朱子、郑氏共4条
2.2《大学·正心章》	附朱子2条
2.3《乐记·礼乐不可斯须去身章》	附孔氏、郑氏共4条
2.4《乐记·君子反情以和志章》	附唐孔氏1条
2.5《乐记·君子乐得其道章》	附郑氏、程子共2条
2.6《孟子·人皆有不忍人之心章》	附朱子、程子共4条
2.7《孟子·矢人函人章》	附朱子2条
2.8《孟子·赤子之心章》	附朱子1条
3.1《孟子·牛山之木章》	附朱子、程子等共4条
3.2《孟子·仁人心章》	附程子、朱子共5条
3.3《孟子·无名之指章》	附朱子1条
3.4《孟子·人之于身也兼所爱章》	附朱子1条
3.5《孟子·钧是人也章》	附朱子1条
3.6《孟子·饥者甘食章》	附朱子2条
3.7《孟子·鱼我所欲章》	附朱子1条
4.1《孟子·鸡鸣而起章》	附程子、杨氏共3条
4.2《孟子·养心章》	附朱子、程子、张栻共3条
4.3《周子·养心说》	无附注
4.4《周子·通书·圣可学章》	无附注
4.5《程子·视听言动四箴》	无附注
4.6《范氏心箴》	无附注
4.7《朱子·敬斋箴》	无附注
4.8《程正思·求放心斋铭》	无附注
4.9《朱子·尊德性斋箴铭》	无附注

综合而言，真德秀的《心经》辑录了《尚书》《诗经》《易经》即所谓“三经“的内容共8篇，《论语》《中庸》《大学》《孟子》即所谓“四书”的内容共

19篇,《乐记》3篇,周子的著述2篇,程子的著述1篇,范氏1篇,朱子3篇。共4卷37篇。

从内容上看,《心经》以《尚书》的人心道心说为开端,以孟子的心学理论为主要内容,并辅以周子的养心说与成圣理论,以程子与朱子关于敬的学说为结局。而贯穿于其中的主要注释,均为朱子的心性修养学说。

应该说明的是,真德秀编辑而成的《心经》一书,在当时及后世的影响并不大。这一点,可以从《心经》在历史上的刊行情况中加以证明。

在真德秀《心经》编辑完成的当年,自称为真德秀后学的颜若愚即"手抄此经书,昼诵而夜思之,……复侵版于郡学,与同志勉云",并注明刊行的时间是在"端平改元十月"①,即真德秀去世前一年(1234)。除了颜若愚在郡学的刊本外,该书一直藏于宋内庭。在真德秀去世两个月后,宋理宗曾在经筵上出示《心经》,说"真某此书,朕乙夜览而嘉之"②,并命从臣洪舜俞为之作序,但没有结果。一直到淳祐二年(1242),才由真德秀弟子王迈将之付梓刊行。但王迈所刊行的并不是单纯的《心经》,而是《心政二经合编》。

此后,在明成化四年戊子(1468),又有谢庭桂所刊《心政二经合编》本。陆简在为此本所做的序中说:"西山先生……摭圣贤言心之要旨为《心经》,及其再守温陵日,复纂立政之格言为《政经》。……二经者,千圣传心之正印,学者入道之捷径乎!慨其垂世几三百年,学者靳得而见之。虽见者,弗之习也。山右谢候庭桂……将寿诸梓以广其传,以大明其道于天下。"③明确指出《心经》在问世后300年间无人问津的传播状况。

此后,直至清康熙五十四年(1715),西山后裔真克箕,交遗本于徐枝芳,再度刊印推广,其版本仍是《心政二经合编》本。在该版本的序中,同样指出了这样一个事实,即与真德秀其他著述相比,心经与政经合编的该书在中国历史上流传并不广,作用也不大,如清康熙本的序中就指出,西山的著述中"《衍义》、《文集》以及《西山甲乙稿》、经庭讲义、端平奏议等书,已家喻而户习,独《心政经》一书曾留内庭颁刻,乃年远,版本仅存遗本"④。

---

① (宋)颜若愚:《心经赞后序》,《心经政经合编》,第42页。

② (宋)真德秀:《心经政经合编》,第7页,《中国哲学思想要籍丛编》,台北:广文书局,1975年。

③ (宋)真德秀:《心经政经合编》,第4页。

④ (清)徐枝芳:《心经政经合编序》,《心经政经合编》,第1页。

由此可见，《心经》在中国思想史上的地位并不高，也几乎没有什么影响，但对于300多年后性理学在朝鲜半岛的传播而言，《心经》所开创的朱子学心学化思想，却有着不可忽视的思想影响。因此，问题首先在于，真德秀的《心经》对于朱子学心学化而言，究竟具有怎样的思想意义？

二、《心经》的朱子学心学化意义

据《宋史》卷三九三《詹体仁传》，真德秀曾师事詹体仁，而詹体仁少时曾从学朱熹，因此，从师承关系上讲，真德秀应为朱熹的再传弟子。据《宋元学案·西山真氏学案》，真德秀曾向詹体仁请教居官莅民之法，詹体仁之学以存诚慎独为修养中心，故告之曰："尽心平心而已。尽心则无愧，平心则无偏"，主要是从自我的道德准则上讲心的作用。由此可以看出，在真德秀的师承渊源中，已经有了由朱子理学向心学道德化方向发展的痕迹。

在《心经赞》中，真德秀明确提出了"心学"概念，说："舜禹授受，十有六言。万世心学，此其渊源。"①以《书·大禹谟》所谓"人心惟危，道心惟微，惟精惟一，允执厥中"十六字，作为他所提出的"心学"的依据。颜若愚在西山《心经赞》后序中也说："右《心经》，西山先生摭拾圣贤格言，自为之赞者也。先生之心学，鹞考亭而溯濂洛洙泗之源，存养之功至矣。"②可见，无论是真德秀自己还是当时的学者，都认为《心经》所提出的就是心学。

但这里所说的"心学"，并不是与朱熹理学相对立的陆象山之"心学"，而是直接继承程朱性理学发展而来的心性修养哲学，所以真德秀门人王迈在序中说："用《心经》，可以接伊洛之正传，衍朱张之遗学。"③它主要是从理学所追求的"道"或者"天理"的角度来重新阐释程朱理学，试图将朱子以"道问学"为特征的理性主义哲学精神，转向以个体的道德修养为主的心学化发展方向。在这一发展意义上，真德秀的心学在内容上直接融合了朱子的理学心性论与陆象山的道德心学理论，构成了《心经》心学的发展方向。其主要目的，则是要为学者的修心养性提供一个性理学的准则。

具体而言，真德秀的《心经》对于朱子的心性哲学而言，主要在以下几

① （宋）真德秀：《心经赞》，《心经政经合编》，第38页。
② （宋）真德秀：《心经政经合编》，第41页。
③ （宋）真德秀：《心经政经合编》，第7页。

个方面进行了心学化的试图。

其一，极力提倡由朱子以心求理的格物致知学说，转向心经心学的道德修养学说。

真德秀在《心经》开篇就引用了《书·大禹谟·人心道心章》关于人心道心的论述，并引用朱子的人心道心说来加以性理学的解释，继之以《大学》的正心诚意说，与孟子的求放心说，周子的养心说，终之以朱子的《敬斋箴》《求放心箴铭》与《尊德性箴铭》，构成了一个以道心治理人心的心学修养论框架。

人心道心说在朱子的心性哲学中本来只是针对“格君心之非”的政治心学所提出的理论依据，如朱子在《大禹谟》中解释人心道心说时就明确指出：“盖古之圣人将以天下与人，未尝不以其治之之法并而传之。其可见于经者，不过如此，后之人君其可不深畏而敬守之哉！”①可见其以道心治理人心之贪欲的对象主要是指掌握着绝对政治权力的君王，但在真德秀《心经》中，人心道心说却变成了普通人进行心性修养的理论依据。这一理论转换的真正意义，在于理学的学问精神，由以心求理的知识追求开始走向对个体自我的内在德性的认识与追求。

真德秀在进行这一理论转换时，首先提出了不同于朱子的心性理论。从真德秀开始，朱子学心学化的一个重要特征，就是在人性论上不再强调程朱性理学对人性之恶的哲学承认，而是直接回到了传统儒家人性本善的价值判断，同时又将人的本善之性实体化。真德秀在《孟子要略序》中就说：

> 盖性者，义理之本源，学者必明乎此，而后知天下万善皆由是出，非有假乎外也，故此编之首曰性善焉。性果何物哉？曰五常而已尔。仁义者，五常之纲领也。②

直指性为作为封建专制社会本质特征的“三纲五常”之道德规范，意味着朱子理学在被心学化的同时，不可避免地与陆学发生了思想关系。这种思想联系首先表现在真德秀所说的性为仁义与陆象山的看法几乎没有

---

① （宋）朱熹：《朱熹集》卷六十五。

② （宋）真德秀：《真西山集》，第43页，《真西山先生集》卷三，北京：中华书局，　　年。

差别,象山说:“诚以吾一性之外无余理,能尽其性者,虽欲自异于天地,有不可得也。自夫子告曾子以孝曰:‘事父孝,故事天明,事母孝,故事地察。’举所以事天地者,而必之于事父母之间,盖至此益切而益明,截然无辞说议论之蹊径。”①以理为性而又以性为仁义孝道等儒家的道德规范,实际上就是真德秀所说的五常。

其次,在对心的规定上,也表现出真德秀心学与象山心学的某种内在联系,即都强调心的道德意义。真德秀说:“盖心者,此身之主,而其理则得之于天,仁义礼智皆此心之德,而仁又为五常之本。”②这与象山所说的“仁义者,人之本心也”③,二者并无不同。因此,在道德追求的意义上,真德秀的《心经》心学首先吸收了象山心学的心、性即道德的哲学思想。

但与象山心学不同的是,在具体的道德修养理论上,真德秀的《心经》心学继承的,则是朱子的性理哲学以理气观解释人心道心的理论。

在具体的修养方法上,陆象山主张人只要进行道德实践就可以成圣成贤,如说:“彝伦在人,维天所命。良知之端,形于爱敬,扩而充之,圣哲之所以为圣哲也。先知者,知此而已,先觉者,觉此而已。”④又说:“仁义忠信,乐善不倦,此夫妇之愚不肖可以与知能行。圣贤所以为圣贤,亦不过充此而已。学者之事,当以此为根本。”⑤在此意义上,陆象山反对程朱理学所主张的以持敬为主的修养理论,主张《中庸》与《大学》所说的存诚理论。象山说:

> 存诚持敬二语自不同,岂可合说?存诚字于古有考,持敬字乃后来杜撰。……此理本天所以与我,非由外铄。明得此理,即是主宰。⑥

明确反对程朱理学居敬穷理并重的为学宗旨,认为儒家的仁义礼智道德规范本来就是上天所赋予人的天理,且所有人的心中都自然存在被称为

---

① (宋)陆九渊:《天地之性人为贵论》,《陆九渊集》卷三十。
② (宋)真德秀:《问仁字之义》,《西山文集》卷三十。
③ (宋)陆九渊:《陆九渊集》卷一。
④ (宋)陆九渊:《武陵县学记》,《陆九渊集》卷十九。
⑤ (宋)陆九渊:《与陶赞仲》,《陆九渊集》卷十五。
⑥ (宋)陆九渊:《与曾宅之》,《陆九渊集》卷一。

"良知"的先天道德，人只要诚心去实践这一先天道德即可成圣成贤，根本不需要去做程朱理学所主张的烦琐的主敬功夫。后来的阳明心学在道德实践的目的与方法上，不仅继承了陆象山的存诚理论，而且同样反对程朱理学在修养论上提出的持敬学说。王阳明说：

> 《大学》工夫即是明明德；明明德只是个诚意；诚意的工夫只是格物致知。若以诚意为主，去用格物致知的工夫，即工夫始有下落，即为善去恶无非是诚意的事。如新本先去格事物之理，即茫茫荡荡，都无着落处，须用添个敬字方才牵扯得向身心上来。然终是没根源。若须用添个敬字，缘何孔门倒将一个最紧要的字落了，直待千余年后要人来补出？正谓以诚意为主，即不须添敬字，所以提出个诚意来说，正是学问的大头脑处。于此不察，直所谓毫厘之差，千里之谬。大抵《中庸》工夫只是诚身，诚身至极便是至诚；《大学》工夫只是诚意，诚意之极便是至善。工夫总是一般。今说这里补个敬字，那里补个诚字，未免画蛇添足。①

由此可见，在具体的道德修养方法上，程朱理学坚持的是持敬，并通过对《大学》格物致知章的移经补传来提出自己格物致知的为学方式；陆九渊、王阳明一系的心学坚持的则是《大学》提出的诚意，认为只要诚心诚意去直接实践儒家道德规范即可，因此反对程朱对《大学》经传的修改。

与陆王心学在道德修养上以诚意反对程朱理学的持敬不同，真德秀《心经》心学在道德修养的方法上不仅继承了程朱性理学的持敬学说，而且以朱子的人心道心说来论证道德修养的必要性，如在《心经赞》中就说："人心伊何？生于形气。有好有乐，有忿有恚。唯欲易流，是之谓危。须臾或放，众慝从之。道心伊何？根于性命。曰义曰仁，曰中曰正，惟理无形，是之谓微。毫茫或失，其存幾希。……克治存养，交致其功。"②即是在继承朱子人心道心说的基础上展开心经心学的修养论的。因此，在道德修养论上是坚持程朱理学的持敬学说，还是坚持陆王心学的诚意学说，就成为真德秀《心经》心学与阳明心学的根本差异之一。

---

① （明）王守仁：《语录》一，《王阳明全集》，第39页，上海：上海古籍出版社，1992年。

② （宋）真德秀：《心经政经合编》，第38、39页。

这一方面是因为现实意义上的形气之心不足以完成道德修养的任务,另一方面也是因为真德秀在格物致知为学方式的意义上继承了朱熹的理学特色,主张以朱熹在心为知觉意义上所提示的理性认识之心,来体认儒家道德规范及其所以然的根据。在《西山问答·问格物致知》中,真德秀就说:

> 物,谓事物也。自吾一身以至于万事万物,皆各各有个道理,须要逐件穷究。且如此一身是从何来?须是知天地赋我以此形,与我以此性。形截与禽兽不同,性亦与禽兽绝异。①

主张以理性来认识和考究道德规范,然后才能实行,这一点乃是真德秀心学与陆王心学的根本区别之所在。其原因在于,真德秀继承了朱熹理学的理性主义认识论,认为人应该以自己具有理性认识能力的心,来考察包括儒家道德规范在内的事物之理,否则就不可能真正实践儒家仁义道德规范。真德秀说:"盖缘天下之理能知得方能行得,若知得一分只是行得一分,知得十分方能行得十分,所以用逐事穷竟也。"②即在心的道德意义与目的之下,真德秀继承了朱子格物致知的理性主义为学方式,而陆学由于以心为道德本体而不需要再向外求证,因此反对朱子理学格物致知的为学方式。

但是,与朱子理学主张探求客观事物之理不同,在尽心的道德意义上,真德秀将程朱穷理亦多端的为学方式,发展为以读书为根本方法的学说。如说:

> 今学者穷理之要全在读书。如读此一书须穷此一书道理,一字一句都用考究。如未晓了,即须咨问师友,求其指归。且如读《大学》,自头至尾都穷究过,既晓得此一书了,又读《论语》《孟子》,亦自头至尾都穷究过,理会既多,自然通悟。……虽穷理不止于读书,而其大要却以读书为本。不可不知也。③

---

① (宋)真德秀:《真西山集》,第 43 页。

② (宋)真德秀:《真西山集》,第 43 页。

③ (宋)真德秀:《问答·问格物致知》,《真西山文集》卷三十。

真德秀在试图将朱子学心学化的过程中，抛弃了朱熹心性哲学中认识与道德并存的二元论中的认识论意义，亦即格物致知说中要求探求客观事物之理的认识论部分，但是保留了朱熹以理性认识方式来认识与验证道德规范及其所以然的历史依据的认识论部分。朱熹“穷理亦多端”的认识方法，在真德秀的学说中被简化为“穷理之要全在读书”。这意味着充满理性精神与认识活力的朱子心性哲学，在真德秀的心学化试图中，已经开始走向了认识论上的狭隘与为学方式上辞章之习的弊病。

在朱熹的心性哲学中，心统性情的意义在于人性在生成论的意义上存在着恶（程朱所强调的气禀说与气质之性），并且在心体流行的过程中，性发而为情，而情则很容易被外物所感而流于恶（人欲），因此，只有用人的理性认识之心（心的知觉作用）来控制和反省这种存在于人的生性中的物欲，才能使人免于道德上的堕落。也就是说，朱熹的心性哲学是建立在现实人性存在着恶这一前提下，以理性认识之心来统治性情，其关键点是对现实中的人欲（情）的严格控制。

但在真德秀的心学思想中，性既然直接就是“三纲五常”之道德规范，自然不再需要用心的理性知觉作用来统治性情，而是变成了以心治心的学说，即在朱子人心道心说的层面上，不仅将本善之性在现实中流为不善的原因归之于人心，而且在修养论的层面上，要求以朱熹心性哲学中所讲的理性知觉之心（道心）来治理流于不善的人心。在这个意义上，心在现实的层面上被二分化成了本善之心与形气之心，真德秀说：“心一而已。由义理而发，无以害之，可使与天地参；由形气而发，无以检之，至于违禽兽不远。”①

如此，就由程朱性理哲学心统性情的心性论，走向了真德秀以仁义之心（道心）治理形气之心（人心）的心学。因为朱熹哲学中具有“统性情”之理性认识能力的心，被界定为现实中的恶之根源（人欲），因此，单纯依靠心的理性认识能力（道心）便不足以控制人欲之恶，自然就需要另外一个东西来强化道心，这就是心经一系的心学所赖以成立的根本概念——敬。自真德秀《心经》至程敏政《心经附注》，心经一系的心学正是在这一根本意义上，完全继承了程朱性理哲学关于持敬学说的全部思想。真德秀在解释程朱理学的居敬致知说时就说：

① （清）黄宗羲原著，全祖望补修：《宋元学案·西山真氏学案·附录》。

> 程子曰:“涵养须用敬,进学则在致知。”盖穷理以此心为主,必须以敬自持,使心主宰,无私意邪念之纷扰,然后有以为穷理之基。本心既有所主宰矣,又须事事物物各穷其理,然后能致尽心之功。①

朱子的格物致知要求的本来是探求客观事物(包括道德)之理的为学方式,但在真德秀这里却变成了纯粹道德意义上的尽心学说。朱子学在被心学化的过程中,也由心统性情的心性哲学,走向了以心治心的人格修养学说。由朱子的理性认识之心到真德秀《心经》心学人心道心说之敬,非常明显地展示出朱子学心学化的思想发展趋势。

其二,与程朱性理学所要求的居敬穷理相比,真德秀《心经》心学的第二个特征,是要求个体的、内在的道德修养。在《心经》中,真德秀一再强调“慎独”的概念,并引《论语》“子绝四:勿意、勿必、勿固、勿我”②,都是对个体的道德修养要求。尤其是后来程敏政在附注真德秀《心经·易·復之初九》时,引南轩论心过的说法,曰:“夫习之有断绝者,心过有以害之也。心过尤难防,一萌于中,虽非视听所及而吾时习之功已间断矣。……今日一念之差而不痛以求改,则明日兹念重生矣。……是以君子惧焉。萌于中必觉,觉则痛惩而绝之”③,再附真德秀在其后说曰:“南轩之用力于遏绝心念也如此,可为学者法。”④更加明显地表达了一种个体的、心理学意义上的内在德性修养要求。

具体而言,在心学修养论的意义上,真德秀与朱子的根本差异在于朱子的心学修养是为了以心求理,而敬只是保持心的本然状态的一种手段或者前提,所以朱子说:“自古圣贤教人,也只就这理上用功。所谓放心者,不是走作向别处去,瞬目间便不见,才觉得便又在前面,不是苦难收拾。公且去提撕便见得。”⑤即只要保持心的惊醒状态,就可以达到修养的目的。尽管朱子也在修养论的意义上极力强调敬的重要性,如说“敬乃圣门第一义,

① (清)黄宗羲原著,全祖望补修:《宋元学案·西山真氏学案·西山问答》。
② (宋)真德秀:《心经》卷一,《心经政经合编》,第7页。
③ (明)程敏政附注:《心经附注》,第62页。
④ (明)程敏政附注:《心经附注》,第63页。
⑤ (明)程敏政附注:《心经附注》,第238页。

彻头彻尾，不可顷刻间断”①，“程先生所以有功于后学者，最是敬之一字有力”②。但在心与敬的关系问题上，朱子强调的仍是心的理性认识能力而非敬，如说：“心之至灵，主宰万变而非物所能宰，故才有执持之意，即是此心先自动了。此程夫子每言坐忘即是坐驰，而其指示学者操存之道，虽曰‘敬以直内’，而又有‘以敬直内便不直矣’之云也。”③在这一意义上，朱子理学所强调的持敬，仅仅只是作为一种为学的态度而存在的，如朱子说“敬所以抵敌人欲，人常敬则天理自明，人欲上来不得”，又曰“敬是个扶策人底道理。人当放肆怠惰时，才敬便扶策得此心起。常常恁地，虽有些放辟邪侈意思，也自退听。”④可见，敬在朱熹理学中起到的只是态度上的恭敬而已，并不是其修养论的主要内容。

但在真德秀的心学中，由于修养的目的不再是为了求理，而是为了以义理之心治理形气之心，即在现实的层面上以道德意识对抗非道德意识，因而如何保持道德之心不受外物的诱惑，便成为真德秀心学的主要课题。

也正是因为在现实的层面上，单纯的道德意识不足以对抗非道德意识，必须依靠敬才能保持不失，所以真德秀开始在个体道德修养的意义上强化“敬”，如在阐释《孟子·牛山之木章》的求放心说时，真德秀即说：“秦汉以下诸儒，皆不知敬为学问之本。至程子指以示人而朱子又发明之，极其切至。二先生有功于圣门，此其为最大者也。”⑤又曰：“仁者，心之德也，而孟子直以为人心者，盖有此心即有此仁，心而不仁则非人矣。……故孟子谆谆于放心之求，……求之匪他，以敬自持而一念不敢肆而已。……圣学之要，孰先乎此！”⑥由朱子心学修养的以心求理，到真德秀的以敬求心，朱子以心之理性认识能力追求客观事物之理（包括道德法则）的理性主义理学精神，开始向真德秀《心经》以敬存道德之心的心学化方向转化。换言之，由朱熹理学的以心求理到真德秀心经的以敬存心，清楚地展示出朱子学心学化的发展路径。

其三，道德宗教化倾向。真德秀不仅强调道德实践的重要性，而且将

---

① （明）程敏政附注：《心经附注》，第217页。
② （明）程敏政附注：《心经附注》，第212页。
③ （明）程敏政附注：《心经附注》，第206页。
④ （明）程敏政附注：《心经附注》，第217页。
⑤ （明）程敏政附注：《心经附注》，第218页。
⑥ （明）程敏政附注：《心经附注》，第242页。

道德化的圣人具象化为上帝,使其作为道德监督者来监督人的道德修养。体现在《心经》中,就是一再引用这种道德化的上帝无处不在的神圣性,来强化学者对于道德的畏惧心理。如引《诗经》之言曰"上帝临女,无贰尔心",又曰:"无贰无虞,上帝临女。"又引朱子之言曰:"当知鬼神之妙,无物不体其至,于是有不可得而测者。"又在其后附自己的《读书记》对此的解释说:"此武王伐纣之事。诗意虽主伐纣而言,然学者平居讽咏其辞,凛然如上帝之实临其上,则所以为闲邪存诚之助,顾不大哉。"①又引《大学》:"所谓诚其意者,毋自欺也,如恶恶臭,如好好色,此之谓自谦,故君子必慎其独也。小人闲居为不善,无所不至,见君子而后厌然,掩其不善而著其善。人之视己,如见其肺肝然,则何益矣。此谓诚于中,形于外,故君子必慎其独也。曾子曰'十目所视,十手所指',其严乎!"②

将儒家仁义礼智信之道德规范在道德哲学的层面上虚拟化为上帝,这是中国哲学发展史上一个非常值得注意的理论发展倾向:道德宗教化试图。但宋代的理学文化之所以没有发展成完全的宗教文化,一个根本的原因,是从程朱开始就将这种宗教化的试图引向了现实的心理层面,即程朱以来所说的敬。只不过在真德秀的《心经》中进一步强化了这种心理作用,而将其发展为一种对于道德的敬畏,他引朱熹对《诗经》"相在尔室,不愧于屋漏"的解释,说:"当知鬼神之妙,无物不体,其至于是,有不可得而测者。不显亦临,犹惧有失,况可厌射而不敬乎?此言不但修之于外,又当戒谨恐惧乎其所不睹不闻也。"③又引朱熹释《中庸》之言曰:"君子之心常存敬畏,虽不见闻,亦不敢忽。所以存天理之本然而不使离于须臾之顷也。"④都是在对道德的敬畏的心理强化意义上,试图发展出一种道德宗教哲学。

综上所述,真德秀的《心经》提供了这样一个心学的框架:人之所以能够与天地参三而立,就在于人生来就具有仁心(仁义礼智之道德良心)。只要扩充仁心,就可以修身齐家治国平天下。但现实中的人之所以不能治理好国家,是因为人在物欲中丧失了仁心,因此必须寻找回这种道德本心,即孟子的求放心,也就是养心。养心的方法有两个方面:一是无欲,二是

---

① (宋)真德秀:《心经政经合编》,第2、3页。
② (宋)真德秀:《心经政经合编》,第12页。
③ (宋)真德秀:《心经政经合编》,第4页。
④ (宋)真德秀:《心经政经合编》,第10页。

敬。因此,真德秀在《心经》的结尾引范氏心箴曰:“是身之微,……参为三才,曰惟心尔。往古来今,孰无此心。心为行役,乃兽乃禽。惟口耳目,手足动静。投间抵隙,为厥心病。一心之微,众欲攻之。其与存者,呜呼几希。君子存诚,克念克敬。天君泰然,百体从令。”①在《心经》的结尾,真德秀又引了朱熹的《求放心斋铭》与《尊德性斋铭》,都表达了一个意思,即对个体之心的道德与修养意义的追求。

总之,心性论意义上由心到敬的发展,非常清楚地展示了朱子性理学在真德秀心性学说中走向心学化的思想发展轨迹。与其后的朱子学心学化发展相比,真德秀《心经》的理论贡献主要在于,在由朱子以心求理的学问精神走向个体之心的道德追求的心学发展方向上,论述了心的道德意义,以及人为何必须修心养性的道理,也就是圣贤心学修养论的必要性。与日后程敏政《心经附注》以敬为人生方式相比,敬这一概念在真德秀的《心经》中还主要只是作为一种对道德的敬畏心理而存在的。

问题在于,真德秀为什么会对朱子以心求理的格物致知之学进行心学化发展?或者说,《心经》的朱子学心学化意义何在?笔者认为,真德秀之所以会通过《心经》使朱子理学向心学化的方向发展,主要是因为中世纪中国社会历史发展的要求使然。

如上所述,程朱性理学本身具有强烈的批判精神,这种批判精神导致理学一再遭到禁止。程颐生前曾遭元祐党禁,先后被送涪州、峡州编管,崇宁二年(1103)四月,“言者论其本因奸党论荐得官,虽尝明正罪罚,而叙复过优。今复著书,非毁朝政。于是有旨追毁出身以来文字,其所著书,令监司觉察。(语录云:范致虚言“程某以邪说詖行,惑乱众听,而尹焞、张绎为之羽翼”。事下河南府体究,尽逐学徒,复隶党籍)先生于是迁居龙门之南,止四方学者曰:‘尊所闻,行所知可矣,不必及吾门也。’”②朱熹晚年亦遭庆元党禁,其学被视为伪学。从二程到朱熹,理学在南宋三次遭禁,一禁于蔡京,再禁于秦桧,三禁于韩侂胄,表明理学所具有的现实批判精神直接引起了与统治阶层的冲突,并因此一再受到打击和禁止。

从理学的根本意义上讲,理学又是一种政治哲学,其目的是要为国家培养能够“治国平天下”的士官僚管理队伍,这注定了它首先必须得到统

① (宋)真德秀:《心经政经合编》,第36页。
② (宋)程颢、程颐:《河南程氏遗书·附录·伊川先生年谱》,《二程集》,第345页。

治阶层的认可,但因为二程和朱子本身所具有的理性批判精神而一再遭到统治者的打击,而且其“格君心之非”的政治哲学也导致理学所代表的士权与君权的冲突无可化解。从更为根本的目的上讲,《大学》三纲领要求的是“明明德,亲民,止于至善”,即对符合封建专制社会利益要求的“三纲五常”之道德规范的强化与执行,才是程朱性理哲学追求的最终目的。这意味着程朱性理哲学如果想要实现自己的政治哲学,首先就必须找到能够消融其政治哲学中所包含的士权对王权的批判这一关键点。

朱熹以后的心学化发展,实际上正是找到了理学与封建专制社会的这一思想融合点。真德秀所著《大学衍义》一书,就正是理学与统治阶层融合的有力证据。

《大学衍义》是真德秀在理宗朝任礼部仕郎、直学士院时,因直言敢谏而受当时的权相排挤落职归乡后,用十年时间编辑的一部书。

该书之编辑,以《大学》之格物、致知、诚意、正心、修身、齐家、治国、平天下为经,以经史先贤之形迹言论为纬。每条之中,首之以圣贤训典,次之以古今事迹,以及诸儒释经论史有所发明者录之,真德秀之见亦附录于后。

其具体内容,第一卷述“帝王为治之序”;二至四卷述“帝王为学之本”;五至二十七卷,述“格物致知之要”;二十七至三十四卷,述“诚意正心之本”;三十五至四十三卷,述“齐家之要”。真德秀在《大学衍义序》中也说:“故辍取经文(指大学)二百有五字,载于是编,而先之以尧典皋谟伊训与思齐之诗家人之卦者,见前圣之规不异乎此也;继之以子思、孟子、荀况、董仲舒、扬雄、周敦颐之说者,见后贤之议论,不能外乎此也。”①

问题在于,真德秀为什么要编辑《大学衍义》一书?在《大学衍义序》中,真德秀解释说:

> 臣始读《大学》之书,见其自格物致知诚意正心修身齐家,至于治国平天下,其本末有序,其先后有伦,盖尝抚卷三叹曰:为人君者不可以不知《大学》,为人臣者不可以不知《大学》。为人君而不知《大学》,无以清出治之本;为人臣而不知《大学》,无以尽正君之法。既又考观在昔帝王之治,未有不本之身而达之天下者,然后知此书所陈,实百圣传心之要典,……其为圣学之渊源,

① (宋)真德秀:《真西山文集》卷九十二。

治道之根柢也。……《大学》一书，君天下者之律令格例也，本之则必治，违之则必乱。①

也就是说，真德秀试图通过取消程朱理学中强硬的“格君心之非”的政治态度，而代之以历史上的圣贤治国言论来温和地劝说君王行仁政，故真德秀曾对门人说：“此人君为治之门，如有用我者，执此以往。”②

原本只是《礼记》中之一文的《大学》，经过二程和朱熹的表彰而上升为五经之首，尤其是通过朱熹对《大学》的注释（《大学章句》《或问》），更使其成为性理哲学的经典。因此，真德秀视《大学》为“百圣传心之要典”自是必然。但是，程朱对《大学》的重视在于认识论上的意义，朱熹对《大学》移经补传建立起来的是格物致知的为学方式，而真德秀通过对《大学》的衍义，表达的却是帝王为治之道的历史观。

他试图通过历史上的治乱之迹与儒家经典的内容，为统治者提供治理国家的准则。他认为，历史上尧舜禹汤文武周公（所谓二帝三王）之所以能够治理好社会，是因为他们遵循了《大学》格物、致知、诚意、正心、修身、齐家、治国、平天下的学问，而后世帝王之所以不能治理好国家，也是因为他们没有遵循《大学》的修齐治平之法则。因此，他要通过对《大学》的衍义，为帝王治理国家提供教科书。他说：

人君之学，必知其要，然后有以为用力之地。盖明道述，辨人才，审治体，察民情者，人君格物致知之要也；崇敬畏，戒逸欲者，诚意正心之要也；谨言行，正威仪者，修身之要也；重妃匹，严内治，定国本，教戚属者，齐家之要也。四者之道得，则治国平天下在其中矣。③

在真德秀对《大学》的衍义中，朱熹格物致知的为学方式变成了人君如何治理国家的政治学说。他提出的具体内容是：“明道术之目有四：曰天性人心之善，曰天理人伦之正，曰吾道异端之分，曰王道霸术之异。辨人才

① （宋）真德秀：《真西山文集》卷九十二。

② （宋）真德秀：《大学衍义提要》，《大学衍义》上，中国子学名著集成13。

③ （宋）真德秀：《真西山文集》卷九十二。

之目亦有四:曰圣贤观人之法,曰帝王知人之事,曰奸雄窃国之术,曰奸邪罔上之情。审治体之目有二,曰德刑先后之分,曰义利重轻之则。察民情之目亦有二,曰生灵向背之由,曰田里戚休之实。”①由此可以看出,真德秀由“穷理之要全在读书”的为学方式出发建立起来的政治哲学,也主要是通过阅读和整理历史书籍而得出的传统儒家的仁政王道之说。

这种学说的特点,在于不再要求用程朱理学的“格君心之非”来强迫君王行仁政,而是试图通过对历史上治乱之迹的考察,温和地劝说君王行仁政,并试图为人君提供一套治理国家的方案。因为抽掉了程朱理学的批判精神及因“格君心之非”而导致的士官僚集团与皇权的冲突,因此,《大学衍义》一书受到了当时和后世历代君王的重视。

该书盛行于明清两代,版本甚富。有通行本,康熙间刻本,乾隆间刻本,以及汲古阁本,江宁局本,杭州局本等。明人有“孔子以《大学》衍六经,真德秀则以六经衍《大学》”的说法,可见对其推崇之情。直到明代,王阳明之父还曾经为皇帝讲解过《大学衍义》,深刻说明了理学在真德秀的学说中所作的心学转化之重要社会意义。这也是为什么真德秀的《心经》并没有受到重视,而且总是与《政经》一起被刊印和议论的根本原因。

如果没有程敏政后来的再附注,真德秀在《心经》中所进行的朱子学心学转化,就不会对朝鲜的性理学,尤其是李退溪的哲学产生如此深刻的思想影响。但是,从真德秀的《心经》到程敏政的《心经附注》,不仅在理学本土经历了250余年的思想历史发展过程,而且也在思想上经历了进一步的心学发展。这种发展,就是从宋末的王柏到元代程复心的心学图式化,与吴澄的“合会朱陆”以及对敬的心学论证。

三、从《心经》到《心经附注》:朱子学心学化的历史展开过程

在真德秀之后,朱子学心学化继续随着历史的发展而展开。大体上讲,主要表现为宋元之际王柏与程复心的朱子学心学图式化,与元代程复心与吴澄对心与敬之关系的理论论述。但这种划分并不是绝对的,因为不仅王柏在作图以表达朱子学心学化的同时,也在他的教育实践中对主敬进

① (宋)真德秀:《真西山文集》卷九十二。

行了强化,而且程复心也通过他的心学图式化表达了自己对心与敬关系的思考。正是在这种缓慢的理论发展过程中,吴澄才有可能对朱子学心学化作出比较全面的理论论述。

(一)王柏的《研几图》与主敬实践

图与说一直是中国文化的一个组成部分,但在唐及五代,流传下来的图多是道教徒所作。有学者就认为,作为宋代性理哲学开端的周敦颐的《太极图》,来自于五代末道教大师陈抟所做的《先天太极图》。朱伯昆先生在《易学哲学史》中即认为,陈抟传三图于世,其一是《先天太极图》,其二是《龙图》,其三是《无极图》[①]。在道教经典《道藏》中也记载有道教的《太极先天图》。[②] 在当年朱熹与陆九渊兄弟的无极太极论争中,陆氏兄弟也认为周敦颐的《太极图》来自于道教经典。但无论如何,周敦颐的《太极图》都为朱熹集理学本体论、心性论、认识论于大成,提供了一个宇宙生成模式。因此,朱熹作《太极解义》,对周子的《太极图》给予了高度评价,其后又因为朱熹与陆九渊兄弟对周子"无极而太极"问题的争论而使周敦颐的《太极图》成为当时学术界关心的问题。

此后,在理学的传承中,画图以表示概念、命题或者思想成为一种风潮。有学者即指出,"宋明时代,画图成风,大概创造了一千多图"[③]。朱子学在心学化的过程中,也吸收了当时以图说来表达思想的学术风气,其中比较重要的人物就是王柏与程复心。

王柏(1197~1274),字会之,号鲁斋,金华人。据《宋元学案》记载,王柏从学于北山何基(1188~1268),"北山授以立志居敬之旨,且作《鲁斋箴》以勉之。自是发愤奋励,读书精密,标抹点检,旨趣自见。谓古人左图右书,后世图学几绝,作研几七十余图,又作《敬斋箴图》,以日用从事,夙兴见庙。……聘为丽泽、上蔡两书院师。……咸淳十年卒,年七十有八。……谥文宪。"[④]《四库全书》收录有《鲁斋集》二十卷。

王柏师从北山何基,而何基直接师从朱熹的首弟子勉斋黄榦(1152~

---

① 朱伯昆:《易学哲学史》(中),第10~26页,北京:北京大学出版社,1988年。
② 《道藏》第196册,《洞玄部·上方大洞真元妙经》。
③ 周桂钿:《〈圣学十图〉述评》,韩国退溪学研究院:《退溪学报》,第83辑,1994年。
④ (清)黄宗羲原著,全祖望补修:《北山四先生学案》,《宋元学案》卷八十二。

1221），因此，王柏是朱子的四传弟子。王柏又传于金履详，金履详又传于许谦，是为金华学派。在金华学派的传承中，王柏显然起到了承上启下的作用。

王柏在性理学理论上并没有特别的发明，大体上是继承和发挥朱子的思想，如说："原其继善成性之初，理与气未尝相离也。推其极本穷原之义，理与气不可相杂也。"这是继承朱子理气不离不杂的本体论思想。他也继承了朱子格物致知的为学方式，但只是在读书穷理意义上的继承而已。但是，在朱子学心学化的发展意义上，王柏却在以下两个方面起到了不可忽视的作用。

其一，对朱子学的图式化。他曾作《研几图》，以图的形式来表现抽象复杂的程朱性理哲学理论，其中包括敬斋箴、格物致知、人心道心、西铭、中庸等总共71幅图。对于作图的意义，他在《研几图序》中说：

> 河图出而人文开，八卦画而易道显，九畴锡而洪范著。书固不先于图也。……古人左图右书，未尝偏废，后世书籍浸繁而图学几绝。间有因玩好模写景物以悦目，而有关于理者固鲜。图学之中兴，非神圣不能作，非明智不能传。洪范历千有余年，非箕子孰能陈之？先天图埋没者二千余年，至邵子而始出。濂溪周子再开万世道学之渊源者，太极图也，而通书次之。盖有一图之义，极千万言而不能尽者，图之妙实不在书之后也。……予襄自丽泽归，温习旧书，有不解者，因手画成图，沉潜玩索，万理悠然而辐辏。益知图之为可贵而静中之有真乐也。①

由此可见，王柏作《研几图》，一是因为中国文化本来就有以图寓意的传统，二是在朱子学传承的过程中，利用图画将抽象复杂的性理哲学具体化，加深人们的理解和记忆。对于宋明时代的儒学图式化风潮而言，这种作用更明显。这种习惯日后也随着朱子学的传入而被朝鲜性理学者所继承。从理学传入初期权近的《入学图说》②，到日后李退溪的《圣学十图》，都带有这种思想痕迹，尤其是退溪哲学探索借以发端的《天命图》，就是儒

① （宋）王柏：《研几图》。注：该书现藏北京图书馆，并标明"本馆据金华丛书本影印初编，各丛书仅有此本。"由此也可见王柏的思想在中国理学发展史上默默无闻，几乎被历史所淹没的现状。

② 〔朝〕权近：《入学图说》，首尔：乙酉文化社。

生郑静而为理解性理学而作，这与王柏作《研几图》也是为了“温习旧书，有不解者，因手画成图，沉潜玩索，万理悠然而辐辏”的动机一样。

其二，与将性理学图式化相比，王柏对朱子学心学化的历史过程所作的贡献更主要的还在于在他的教学实践中特别强调了“敬”的道德实践化意义。他不仅将朱子所做的《敬斋箴》画成了图，而且根据李退溪在《圣学十图》中所记，在主教上蔡书院时，专以朱子的《敬斋箴》与南塘陈茂卿所做的《夙兴夜寐箴》①为教，“使学者人人诵习服行”②。

问题在于，王柏是如何在他的教育实践中体认敬的？笔者认为，从朱子学心学化发展的意义上讲，王柏首先是在敬对于心的统摄作用的意义上，强调了敬这一概念的实践意义，从而使真德秀在《心经》中所建立的以存心养性为主的修养论，逐步向以敬存心的修养论方向发展。王柏说：

> 敬者，心之贞也。此彻上彻下之道，圣贤之本也。盖心为活物，乘气机而出入，凝冰焦火，渊沦天飞，亦危矣哉。不有所统摄主宰，其德消亡而天命亦几于息矣。③

强调敬对于心的统摄主宰作用。在敬与心的关系上，王柏提出了“敬者，心之贞也”的命题。贞者，正也。这与其后程复心、吴澄所提出的“敬者，一心之主”的命题虽稍有差别，但从他在上述所强调的敬对心的统摄作用上看，并没有很大的差别。重要的是，王柏不仅在真德秀之后使心学化进一步朝着以敬存心的修养论方向发展，而且对程朱理学中的敬这一性理

---

① 关于南塘陈茂卿的《夙兴夜寐箴》，笔者曾经查遍了国家图书馆与网络资料，均未发现有关陈茂卿此人的具体介绍，只有宋末元初文人陆文圭所著《送陈茂卿赴兴国教授》一诗，及慈溪陈训慈于1935年所著《新刊仙居丛书序》中对陈茂卿的简单介绍，曰：“仙居虽僻处浙东，然设治远始东晋。山川清淑，钟毓人文。自唐项子迁斯以降，代有传人。宋吕原道逢时首倡教化；至南宋吴康肃芾受知朱子，最著仕绩；郭正肃磊卿从朱子游，亦忠直不阿。其尤以理学著者，则有陈茂卿柏、吴谦斋梅卿、吴南轩谅、郑惜堂雄飞四君子。谦斋从考亭门人传其遗绪，而微词奥旨；茂卿所得尤多，盖仙居毗邻金华，与金华学风为近，其宗述朱学为尤笃；而临海徐氏父子中行、庭筠亦见称于朱子。宋文宪所谓‘晦翁传道东南，而台特胜者’是也。”除此之外，陈茂卿（柏）此人在中国理学发展史上没有任何介绍与研究，但其理学思想却通过与其同时代的王柏，以《心经附注》为媒介传入了朝鲜半岛，其所作《夙兴夜寐箴》被李退溪作图收入《圣学十图》中，成为退溪完成的圣贤心学中的重要思想。

② 〔朝〕李滉：《圣学十图》，《退溪全书》（一），第210页。

③ （宋）王柏：《上蔡书院议》，《鲁斋集》卷九。

学概念,作了修养论意义上的整理与陈述,他说:

而其所用工者,诸老先生尝备言之。学者先须识得敬字分明,然后有以持守。曰主一无适者,敬之本体,以存主言也;曰整齐严肃者,敬之气象,以操持言也;曰其心收敛、不容一物者,以贞体此敬也;曰戒谨恐惧者,以畏体此敬也;曰俨若思者,以容貌体此敬也;曰常惺惺者,以不昧体此敬也。①

敬这一概念,从朱子修养论中的保持心的本然状态的手段,逐渐在朱子学心学化过程中被发展成为一种专门的道德修养学问。王柏上述对敬的各种内容及其作用的论述,就是这种专门化的表现。接着,王柏又从朱子的《敬斋箴》中论述了如何实践敬,即持敬的方法。他说:

文公敬斋一箴,正是铺叙持敬工夫节目:第一章言其静之无违也;第二章言其动之无违也;第三章言所以正其表;第四章言所以正其里;第五章言其无适也;第六章言其主一也;第七章以动静无违、表里交正,总括一篇之大意也;第八章虑其工夫之间断也;第九章虑其工夫之差舛也。分明画出一个敬字。四方上下,截断遮拦,更无透漏,工夫益密。学者苟有志于持敬,罔不患其不知用力之方也。②

与真德秀相似的是,王柏在沿着以敬存心的修养论方向发展心学化的同时,仍然保留了朱子格物致知的为学方式,并与真德秀一样,都是在心学化的意义上将其归结为以读书为主,他论述说:

知者,心之神明,妙众理而宰万物者也。物之理有所未明,则心之知有所未尽。大学所以使人穷物之理,极吾之知。程子言格物之道,或读书讲明道义,或论古今人物而别其是非,或应接事物而处其当否,皆穷理也。虽此三言包括已尽,先后之序,又有不可紊者。必以读书居于先,应事接物居于后。……虽事事物物,固

① (宋)王柏:《上蔡书院议》。
② (宋)王柏:《上蔡书院议》。

皆有当然之理，与其所以然之故，不读书，则无以识其事事物物之则也。自尧舜以来，圣贤千言万语，载在方册，皆经世之准度，为学之纲领。若凭虚而暗索，躐等而要求，无由可以致其知。必随章而玩味，必逐句而精考，胸中之权度稍定，是非邪正之大分渐明，然后可以评古今，论人物，参伍而观，错综而证。……无往而非穷格之工也。①

从真德秀到王柏，朱子学心学化的一个典型特征，是在试图将程朱性理学居敬、穷理并重的格物致知为学方式，推向以敬为主的心学道德实践化哲学追求时，不仅由朱子心统性情的心性哲学走向了心学化以敬治心的修养论，而且朱子要求探索客观事物之理的为学方式，也被简化为以读书为主的求知方式。这不仅意味着心学化在走向道德追求的同时，抛弃了朱熹理学建立在心的理性认识能力基础上的较高的认识论水平，而且也使朱子学在被心学化的过程中无可避免地走向了词章之习的弊病。

与真德秀不同的是，王柏在真德秀《心经》存心养性的心学化方向上，进一步强调了主敬的实践意义，从而预示着心学化将沿着持敬的方向发展。王柏最终是在主敬的意义上归结程朱的居敬穷理的。他说：

上蔡先生以为穷理只是寻个是处，朱子又详陈其穷理致知之条目，见于《大学或问》之中，谓极其心之本体无不尽，然后谓之知至。学者苟有志于致知，固不患其不知用力之方矣。程子又曰，入道莫如敬，未有能致知而不在敬者。盖涵养本原之功，所以为格致之本。……上蔡先生谓常惺惺法，正训敬也。敬是常惺惺之法也。敬则此心光明洞彻，动静语默，酬酢万变，无不得其当。其中卓然不与之俱往，此敬之效也。……伊洛以来捻起持敬、致知两下工夫，不可偏废，实为相须。盖不知则不能得持敬之方，不敬则无以为致知之本。……上蔡先生顾以一言举之，明白端的，了无渗漏，是岂非百世学者造道入德之指南乎！②

---

① （宋）王柏：《上蔡书院议》。
② （宋）王柏：《上蔡书院议》。

王柏不仅认为朱子求一草一木之理的格物致知说就是为了求得“持敬之方”，而且认为敬是“致知之本”，尤其是强调谢上蔡的“敬是常惺惺法”为“百世学者造道入德之指南”，更是明确了心学化以敬为主的修养论发展方向。

总之，经过王柏对持敬的强调，真德秀以来的朱子学心学化也在修养论的意义上，由以心治心走向了以敬持心的发展方向。而他在主教上蔡书院时以朱子的《敬斋箴》与陈茂卿（柏）所做的《夙兴夜昧箴》为指南所进行的持敬实践，更是对日后李退溪《圣学十图》的形成起到了不可忽视的影响。

（二）程复心的《心学图》与《心学图说》：主敬心学

王柏之后，另一个对朱子学心学化作出过思想努力的学者，是程复心。

程复心，字子见，婺源人，宋末元初学者。据《程子见先生传略》记载，程复心“性敏悟敦厚，自幼沉潜理学。师朱洪范而友胡炳文。中年益笃志力行。尝取文公《四书集注》，会黄氏众说而折衷之。分章为图，积三十余年始成，名曰《四书章图》。及取语录诸书，辩证同异，增损革略，著纂释二十卷，发明濂洛诸儒旨，有功后学。元至大戊申，浙江儒学提举司言于行省，进于朝。学士赵孟頫请置诸馆阁，阐明大典，而平章李道复难之。乃议于江南诸路教授中擢用。复心年将六十，以亲老固辞。乃授徽州路学教授致仕，给半俸，终其身。名士大夫如方回、程鉅夫、元明善、虞集、杨载、范德机诸公盛称之。学者称林隐先生。”①

除了《四书章图》，程复心还著有《孔子论语年谱》和《孟子年谱》，现存北京图书馆。上述《程子见先生传略》即载于该书首页。《孔子论语年谱》和《孟子年谱》，乃是根据《论语》和《孟子》的内容，将其排列为年谱；而他以朱熹的《四书集注》为基础，又参考黄震、辅广的看法，按四书中的每一章画一幅图，积三十余年才写成的《四书章图》，并没有被《四库全书》所收录。现存北京图书馆的，是程复心的《四书章图隐括总要四卷》（元刻本）。再考察《宋元学案》与《元史》，也不见有关于程复心的学术介绍与评价，后世与现代研究中国哲学史的著作更是罕有及之者。可见程复心的思想在当时和后

① （元）程复心：《周孟子年谱》，第81页，王云五主编：《新编中国名人年谱集成》，台北：商务印书馆，1978年。

世都未能对理学的发展起到过很大的影响,以至于被历史所淹没。

但是,从本书所考察的东亚性理学视野下的朱子学心学化发展过程看,程复心的心学思想却对日后退溪心学思想的形成起到了十分重要的影响,尤其是程复心所作的《心学图》与《心统性情图》,更是对退溪心学思想的形成起到了重要的理论依据作用。

那么,程复心的心学思想究竟对《心经》以来的朱子学心学化发展起到了怎样的思想影响呢?笔者认为,这种影响主要表现在他对心与敬关系的思考与总结上,亦即他的《心学图》所表示的心学思想。

程复心在《心学图》与说中,明确地表达了一个心学的修养论命题:“盖心者一身之主宰,而敬又一心之主宰也。”如前所述,王柏虽然在实践中强调了对敬的重视,但并没有在哲学的意义上明确心与敬的关系问题,程复心不仅在修养论的意义上总结了所有可能的心学概念或范畴,而且直接以《心学图》表达了“心为一身主宰,敬为一心主宰”的哲学命题,从而为朱子学继续沿着心学化由心到敬的方向发展提供了必要的理论依据。同时,程复心的《心学图》与《心统性情图》也成为日后李退溪心学探索的理论依据。因此,程复心的心学图说与心学思想,在朱子学心学化的发展过程中有着不容忽视的思想价值。

但是,程复心的心学思想却并没有在元代的思想发展中起到明显的影响,因而也一直为中国性理学发展史研究所忽视。与程复心的被忽视相反,与其同时代的学者吴澄的心学思想却在当时和后世都受到了重视。①

① 考察程复心的师承渊源,据《程子见传略》,说他是婺源人(今江西婺源),师承朱熹从孙朱洪范,与胡炳文为友,且受到程钜夫、元明善、虞集等著名学者的称赞。再考察《宋元学案》,不仅吴澄与程复心同属江西人(吴澄为抚州崇仁县人,今属江西乐安县),而且吴澄与程钜夫为同学,元明善、虞集则是吴澄弟子。按道理,程复心与吴澄之间应该有学术联系,但或许是因为元代以异族入主中原,知识分子在传统儒家忠孝观念的影响下不愿为元政府尽力,元代实行的民族歧视政策也造成性理文化传播的障碍。因此,从现有资料看,程复心与吴澄之间并没有学术联系。另一方面,程复心在学术上只是以为《论语》和《孟子》做年谱,并为朱子的《四书集注》作图的治学方法,显然对当时或后世的中国性理学发展都没有起到什么思想影响,这也是程复心无法在学术上与学术渊博、在经学上大有造诣的吴澄相比的根本原因。因此,在中国性理学发展史上,吴澄乃元代理学发展史上的重要学者,而程复心则寂寂无闻,其著述在现代中国早已成为图书馆中罕见的古籍而无人问津。但笔者在研究朱子学心学化的过程中却发现,16 世纪中叶的朝鲜大儒李退溪,在其心学形成的过程中,却对吴澄的思想持批判态度,但对理学本土寂寂无闻的程复心的《心学图》与《心统性情图》却极力称赞,并在四端七情辩论中将其作为思想依据,这种情况显然反映了性理文化在东亚传播中的文化选择性与思想适应性的特点。

（三）吴澄心学及其对明代心学的思想影响：尊德性与和会朱陆

吴澄（1249～1333），字幼清，抚州崇仁人。生于宋淳祐九年（1249年）。元英宗时，任翰林学士，进阶太中大夫。泰定元年（1324）为经庭讲官。至治末，请老而归。元统元年（1333）卒，年85。追封临川郡公，谥文正。吴澄一生大部分时间都在讲学著述中度过，生活清贫，不愿为官，所居草屋数间，程钜夫题曰草庐，故学者称为草庐先生。

吴澄一生著述甚富，尤其是在经学上颇多建树，著有《孝经章句》《五经纂言》等。其对于三礼与易学的研究自成一家，所著《礼记纂言》《易纂言》《易纂言外翼》，均被收入《四库全书》中。《四库全书》编纂者评价其《易纂言》曰："其解释经义，词简理明。融贯旧闻，亦颇赅洽。在元人说易诸家，因为巨擘焉。"对《易纂言外翼》评价曰："象数之学，久置不讲。澄为纂言，一决于象，史谓其能尽破传注之穿凿，故言易者多宗之。是编类居区分，以求其理之会通，如'卦统'、'卦对'二篇，言经之所以，厘为上下，乃程朱所未及。象例诸篇，阐明古义，尤非元明诸儒空谈妙语者可比。"所以，黄百家在《宋元学案》中评价吴澄说："幼清从学于程若庸，为朱子之四传。考朱子门人，多习成说，深通经术者甚少。草庐《五经纂言》，有功经术，接武建阳，非北溪诸人可及也。"①可见吴澄在经学上对于朱子学的重要发展。

但是，对于真德秀以来的朱子学心学化而言，吴澄的影响则复杂而深远。这种复杂性首先表现在关于吴澄和会朱陆的问题上，不仅吴澄之学由此而被评为陆学，而且其和会朱陆的观点又直接开启了明代的心学思潮，对程敏政与王阳明心学的产生与形成都有着直接的思想影响，因此首述关于吴澄和会朱陆的问题。

1.和会朱陆探源

长期以来，认为吴澄是陆学或者是朱陆兼有之学一直是学术界比较普遍的看法，如全祖望在《宋元学案》中说："草庐出于双峰，固朱学也。其后亦兼主陆学，盖草庐又师程氏绍开，程氏尝筑道一书院，思和会两家。然草

① （清）黄宗羲原著，全祖望补修：《草庐学案》，《宋元学案》卷九十二，北京：中华书局，1986年。

庐之著书，则终近乎朱。”①而李退溪在《心经后论》中则直接评价吴草庐为陆学，说“草庐之为陆学，当时已有其议。后世公论亦多”，并因程敏政在《心经附注》末条引吴草庐之说而“致疑于其间，以为吴氏之为此说，何见？篁墩之取此条，何意？其无乃有欲率天下归陆氏之意欤”②，明确将吴澄之学视为陆学。

但笔者认为，仅仅从朱陆之争的意义上评价吴澄是陆学还是朱学并无多大意义，因为一个最基本的事实是，吴澄的确在为学方式上主张和会朱陆。对于本书所研究的朱子学心学化发展过程而言，需要探讨的是吴澄为什么要和会朱陆，他又是如何和会朱陆的，以及和会朱陆的实质及其对明代心学的影响问题。

第一，和会朱陆的学术渊源。吴澄和会朱陆，首先可以从他的师承上找到根源。如《宋元学案》所言，吴澄既受学于程若庸，又受学于程绍开，并因程绍开思和会朱陆而亦主张陆学。但具体考察程绍开的思想渊源，似乎吴澄和会朱陆的思想并不是只受到程绍开的影响，而是与鄱阳汤氏有很大关系。为了清楚地揭示吴澄和会朱陆的思想来源，笔者将其师承关系列表如下：

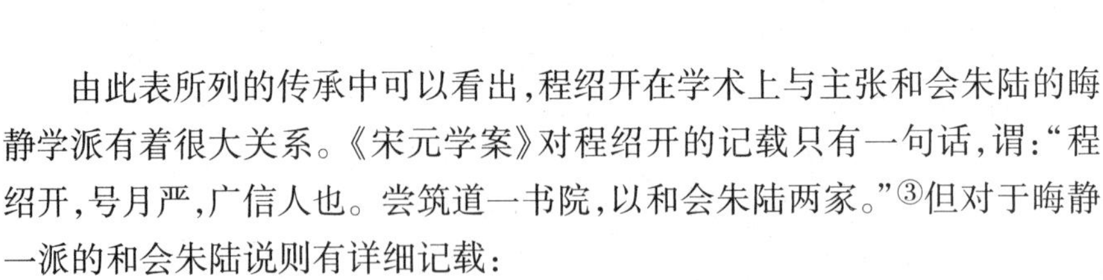

由此表所列的传承中可以看出，程绍开在学术上与主张和会朱陆的晦静学派有着很大关系。《宋元学案》对程绍开的记载只有一句话，谓：“程绍开，号月严，广信人也。尝筑道一书院，以和会朱陆两家。”③但对于晦静一派的和会朱陆说则有详细记载：

① （清）黄宗羲原著，全祖望补修：《宋元学案·草庐学案》。

② 〔朝〕李滉：《心经后论》，《陶山全书》三，第236页。

③ （清）黄宗羲原著，全祖望补修：《存斋晦静息斋学案》，《宋元学案》卷八十四。

全谢山《答临川序三汤学统源流札子》曰:“三汤子之学并出于柴宪敏公中行,固朱学也。其后又并事真文忠公,亦朱学。乃晚年则息、存二老仍主朱学,称大小汤,而晦静别主陆学。东涧之学,肩随三从父而出,师友皆同,而晚亦独得于晦静。是时朱陆二家之学并行,而汤氏一门四魁儒,中分朱陆,各得其二。……案:《袁清容集》亦言晦静始会同朱陆之说,至东涧而益阐同之。”①

梓材在其后又补充说:

谢山奉临川帖子引袁清容云,陆子与朱子生同时、仕同朝,其辩争者,朋友丽泽之益,书椟具在。不百余年,异党之说兴,深文巧辟。淳祐中,鄱阳汤中(应为“巾”)氏合朱陆之说,至其幼子端明文清公汉益阐同之,足以补两家之未备,是和会朱陆之最先者。②

由上述师承关系,程绍开与晦静弟子径畈徐霖的门人徐直方为学术同调,可见,程绍开筑道一书院以和会朱陆两家的思想,与当时鄱阳汤氏和会朱陆的思想有着密切关系,而吴澄受学于程绍开,自然也接受了汤氏以来的和会朱陆思想。

第二,所谓吴澄和会朱陆思想究竟是指什么?据《宋元学案·草庐学案》,吴澄于“至大元年,召为国子监丞,……为学者言:朱子于道问学之功居多,而陆子以尊德性为主。问学不本于德性,则其弊必偏于语言训释之末。故学必以德性为本,庶几得之。议者遂以先生为陆氏之学,非许氏崇信朱子本意。……先生一日谢去”③。这就是学术史上所说的吴澄和会朱陆之事。吴澄自己在《纲常明鉴序》中也说:“学者来此讲问,每先令其主一持敬,以尊德性;然后令其读书穷理,以道问学;有数条自警省之语,又拣择数件书,以开学者格致之端,是盖欲先反之吾心,而后求之五经也。”④

可见,所谓吴澄和会朱陆之说,主要是指在为学方式的意义上,他主张

① (清)黄宗羲原著,全祖望补修:《存斋晦静息斋学案》。
② (清)黄宗羲原著,全祖望补修:《存斋晦静息斋学案》。
③ (清)黄宗羲原著,全祖望补修:《宋元学案》卷九十二。
④ (清)黄宗羲原著,全祖望补修:《草庐学案》,《宋元学案》卷九十二。

以陆子的尊德性来矫正朱子后学在道问学的意义上流于辞章之习的弊病。问题在于,吴澄为什么要和会朱陆？这主要是由以下两个原因造成的。

13 世纪初,蒙古以游牧民族崛起于北方草原,在不到一个世纪的时间里灭金亡宋,统一了中国,由于元代实行民族歧视政策,因而在元朝统治的 90 年间造成中国文化的倒退,同时却又在文化同化的过程中造成了朱子学的发达。其根本原因,乃是因为中国传统的科举入仕制度。据史料记载,元仁宗皇庆二年(1313)正式开始议定科举程序,并规定从第二年开始实施。据《元史・选举志》记载,每三年开试一次,考试的程序如下:

蒙古、色目人第一场经问五条,《大学》《论语》《孟子》《中庸》内设问,用朱氏《章句集注》。……汉人、南人第一场明经、经疑二问,《大学》《论语》《孟子》《中庸》内出题,并用朱氏《章句集注》,复以己意结之,限三百字以上。经义一道,各治一经,诗以朱氏为主,尚书以蔡氏为主,周易以程氏、朱氏为主,以上三经兼用古之注疏。

由此,元代将朱子的《四书章句集注》定为国家科举考试的标准,不仅促使了朱子学的广泛传播,也使朱子学摆脱了宋代以来因党争带来的学术禁锢,正式成为官方统治哲学。

其二,为了矫正朱子后学流于辞章之习的弊病之理论要求。朱熹和陆九渊在鹅湖之会就为学方式问题发生的激烈争论,不仅在朱、陆之间被认为是尊德性与道问学之争,而且被两家门人发展为学术派别之争。

但实际上,问题的根源却不在于尊德性和道问学二者的选择或者对立,而在于在如何尊德性的问题(所谓尊德性的方式)上朱陆之间存在的差异。换言之,陆九渊以儒家仁义礼智信之道德规范、“三纲五常”为心为理,以践履儒家道德规范为人生唯一的目的与价值,而朱熹理学却以性为理,以心为理性知觉能力,以格物致知为为学方式,要求利用人心所具有的理性认识能力来探求包括儒家道德规范在内的客观事物之理,然后再去进行道德实践,因此程朱理学有《小学》《大学》之分,这是朱熹和陆九渊在为学方式上的根本差异。

问题在于,当真德秀于宋代末年将朱子以心求理的认识论转向个体的道德修养论之心学时,同时也将程朱“穷理亦多端”的认识方式规定为以读书为唯一的方式,这就不可避免地会导致认识上的狭隘。后来的王柏也同样强调以读书为主要的认识方式,从而预示了理学在被心学化的同时也走向了脱离社会、脱离实践的认识方式。因此,当元代统治者将朱子的《四书集注》定为科举考试的标准以后,在仕途利禄的驱使下,元代学者便将朱子探求客观事物之理与管理国家所需要的所有知识的格物致知为学方式,发展成了词章之学与口耳之习。

吴澄之所以主张在为学方式上合会朱陆,正是为了校正朱子后学在科举入仕的利禄诱惑下,将朱子的《四书集注》当作教条死记硬背的恶习。吴澄批评说:

> 程氏四传而至朱,文义之精密,句谈而字议,……其学徒往往滞于此而溺其心。夫既以世儒记诵词章为俗学矣,而其为学亦未离乎言语文字之末,甚至专守一艺而不复旁通它书,掇拾腐说而不能自遣一辞,反记诵之徒嗤其陋,词章之徒议其拙。此则嘉定以后朱门末学之弊,而未有能救之者也。①

正是在矫正朱门末学词章之弊的意义上,吴澄强调陆学对道德本心的认识与道德实践的追求之重要,并对朱子重于道学问的特点有所批评,说:“陆先生之学不在乎言语文字也。故《朱子语类》累百余卷,奚啻千万亿言,而陆之语录仅仅一帙,其一帙者亦可无也。盖先生平日教人,专于心身上切实用工,一时精神之感发,旨意之恳到,……而可笔录乎?”②

进一步,吴澄又直接在朱陆之争的尊德性与道问学问题上,提出了对陆学尊德性的肯定,说:“朱子道学问工夫多,陆子静以尊德性为主。问学不本于德性,则其弊必偏于训释之末。果如所言矣,今学者当以尊德性为本。”③

吴澄正是在肯定陆学的尊德性前提下,继承了陆象山关于道德本心的学说,并由此提出了自己的心学理论。他说:“夫学,孰为要?孰为至?心是已。天之所予我,我之所为人者在是。不是之求而他求焉,所学何学哉?……孟子始直指而言先立乎其大者。噫!其要矣乎!其至矣乎!”④

吴澄又说:

---

① (元)吴澄:《尊德性道问学斋记》,《吴文正集》卷四十四,影印文渊阁四库全书本,台北:台湾商务印书馆,1986年。

② (元)吴澄:《金溪传先生语录序》,《吴文正集》卷四十。

③ 《吴文正行状》,《吴文正集·附录》。

④ (清)黄宗羲原著,全祖望补修:《草庐学案》,《宋元学案》卷九十二。

> 孟子传孔子之道，而患学者之失其本心也，于是始明指本心以教人。其言曰：“仁，人心也。放其心而不知求，哀哉！”又曰：“学问之道无他，求其放心而已矣。”曰：“耳目之官不思而弊于物。心之官则思。先立乎其大者，则其小者不能索也。”呜呼至矣！此陆子之学所以出也。①

与真德秀在《心经》中对陆学道德主张的继承相似，吴澄也同样在心学的意义上继承了陆学的道德本心主张，只不过吴澄直接在学问上提出了合会朱陆的要求，而真德秀则只是在《心经》中，在道德修养的内容上吸收了陆学而已。

要之，从陆象山到真德秀，再到吴澄，心学的一个根本特征，是在道德修养与实践的意义上对孟子四端说与求放心理论的继承。它要求的是对已经成为维护封建社会等级秩序的伦理道德的尊重与维护。吴澄即明确重申了汉代以来的封建道德规范，说：

> 三纲二纪，人之大伦也，五常之道也。君为臣之纲，其有分者义也；父为子之纲，其有亲者仁也；夫为妻之纲，其有别者智也。长幼之纪，其序为礼，朋友之纪，其任为信，之二纪者，亦不出乎三纲之外。②

这就是近代以来遭到了猛烈批判的封建道德“三纲五常”。传统文化之所以在近代以后受到强烈的批判和怀疑，问题的症结也在于此。但事实上，“三纲五常”并不是中国传统文化的本来面目，而只是历史发展的结果。

众所周知，中国传统文化起源于周代的礼乐文化。实际上，在更早的、记载上古历史的文献《尚书》中，就已经提出了关于人伦的五种道德要求，即“五典”：父义、母慈、兄友、弟恭、子孝。③ 由此可以看出，古代中国文化

---

① (元)吴澄：《仙城楼本心记》，《吴文正集》卷二十六。

② (清)黄宗羲原著，全祖望补修：《纲常明鉴序》，《宋元学案·草庐学案》。

③ 《尚书·尧典》。

表现的是一种充满人情关怀的人伦关系。

到了周代,当国家权力演变为父子相传、众子分封而建的宗法关系以后,在原始文化的平等友爱精神中逐渐加入了宗法等级观念与忠君观念,但还没有绝对的等级观念,孔孟原始儒学更多强调的是民生与民本精神,如孟子提出的五伦是:"父子有亲,君臣有义,夫妇有别,长幼有序,朋友有信。"①

实际上,儒家文化与封建专制体制的结合始于汉代的董仲舒,正是他在孔孟原始儒学中加入了"三纲"思想,当他的"罢黜百家,独尊儒术"建议得到了汉武帝的承认以后,儒学便从此开始走上了与封建专制体制相结合的道路。至汉章帝大会儒臣于白虎观,经过学术与文化观念上的探索,正式在伦理上提出了"君为臣纲,父为子纲,夫为妻纲"的严格等级规范②。儒家文化从此开始在封建专制体制的利用下走向了礼教的发展方向。

但是,一个极为重要的理论发展现象是,在中国文化达到鼎盛时期的唐代,国家在文化上实行儒、释、道三教并行的开放文化政策,因而缓解了中国文化的礼教化。一直到了宋代,在国家的士官僚政策促使下,才重新开始在哲学上向礼教化发展,但由于程朱性理哲学的价值倾向在于批判现实社会的腐败与道德的堕落,因而并没有被统治阶层所接受。只有到了南宋末年以后,在真德秀等人的朱子学心学化的思想努力下,新儒学才重新走向礼教的发展方向。换言之,真德秀以来朱子学心学化的一个根本发展方向,就是以"三纲五常"为核心的封建专制道德规范的实践化与礼教化。吴澄说:

> 人之伦有五,其二曰二纪,其三曰三纲。君为臣纲,父为子纲,夫为妻纲也。为之纲者,为之天也。臣所天者君,子所天者父,妻所天者夫也。天一而已。世无二天。③

这一点为多数研究者所忽视,而清代戴震"以理杀人"的评价则使朱子学蒙上了永久的阴影。但是,从本文的分析则可以揭示出,朱子学本身

① 《孟子·滕文公上》。

② (汉)班固撰、(清)陈立疏证:《白虎通疏证》,中国子学名著集成86,清光绪元年淮南书局刊本。

③ (元)吴澄:《纲常明鉴序》。

与其在历史上的心学化过程是有着很大区别的。

当然,笔者并不是说程朱反对“三纲五常”之封建道德,那是不可能的。笔者的意思是说,二者的价值重心不同。程朱性理哲学的价值重心在于《大学》之格物致知说,它要求的是道德修养与探求客观事物之理并重的内外双修,其最终目的是要为国家培养既具道德人格,又有管理国家的知识与才能的人才。但在此后的心学化过程中,价值重心逐渐转向了个体的道德修养本身,并且开始在元代成为国家统治理念以后逐渐走向了礼教的强化。

总之,由上述过程可以发现,中国传统文化的人文精神,一变于汉代,再变于元代。董仲舒在汉代儒学与封建专制制度的结合中起到了关键性作用,其思想标志就是在孔孟原始儒学中加入了“三纲五常”;真德秀与吴澄则在元代程朱性理哲学走向宗教性的礼教化过程中起到了不可忽视的思想影响,其思想标志就是在和会朱陆的前提下,将朱熹理学格物致知的为学方式发展为陆学的道德修养与道德实践。

但是,仅就维护封建社会的道德秩序这一目的而言,理学与心学并不构成对立。即如朱子所言,陆学所要求的尽心,在朱子理学中是以存心的形式存在的,因此,不同的只是道德实践在理学与心学中的地位,以及如何实现道德修养的方式而已。这也正是吴澄可以在学问方式上提出合会朱陆的内在理论依据。

因此,吴澄并没有由合会朱陆走向后来的阳明心学,而是进一步在合会朱陆中强调二者的共同性与融合,他说:

> 朱子之教人也,必先之读书讲学。陆子之教人也,必使之真知实践。读书讲学者,固以为真知实践之地;真知实践者,亦必自读书讲学而入。二师之为教,一也,而二家之庸劣之门人,各立标榜,互相诋訾,至于今学者犹惑。①

这就是所谓吴澄的和会朱陆问题。对于吴澄的学说而言,陆学实际上只是在作为矫正朱门末学词章之弊的意义上存在的。在心性论、本体论等理学根本问题上,吴澄则继承了程朱性理哲学的思想。

---

① (元)吴澄:《送陈洪范序》,《吴文正集》卷十五。

2.吴澄心学及其对阳明心学的影响

如上所述,吴澄的和会朱陆主要是针对朱门末学词章之弊的一种为学方式的矫正,但在心性论上,他继承的则是程朱理学及真德秀以来的心学化发展。

在心性哲学中,吴澄首先强调的是程朱理学的“性即理”而非陆学的“心即理”,这是他与陆学最根本的区别。他说:“所谓性理之学,既知得吾之性皆是天地之理,即当用功以知其性,以养其性。能认得四端之发见谓之知;既认得日用之间随其所发见,保护持守、不可戕贼之谓养。仁之发见,莫切于爱其父母、爱其兄弟,于此扩充则为能孝能弟之人,是谓不戕贼其仁,义、礼、智皆然。”①但对程朱理学的发展也体现在他对元代朱子后学空谈心性的弊端之批判,他说:“今不就身上实学,却就文字上钻刺,言某人言性如何,某人言性如何,非善学者也。孔孟教人之法不如此。”②表明其要求在道德实践上继承程朱理学,批判元代学者在科举利禄诱惑下将理学发展为空谈的弊病。

其次,从他的心性哲学中也可以看出某些真德秀以来的朱子学心学化思想的影响。这种影响首先表现在吴澄在人性论上对传统儒家尤其是孟子的人性本善论的强调。如吴澄说:“人得天地之性而成形,有此气即有此理,所有之理谓之性。此理在天地,则元、亨、利、贞是也。其在人而为性,则仁、义、礼、智是也。性即天理,岂有不善?”③再如:

> 夫五方之人,言语有不通也,嗜欲有不同也,而其仁义忠孝之心则一而已,岂以东西南北之地而间哉!何也?人之生于两间也,地之所以成其质者异,而天之所以成其性者不异也。仁义忠孝,根乎性者也。④

坚持人性本善,是真德秀以来的朱子学心学化与程朱理学在人性论问题上的根本差别,即程朱理学出于批判社会恶现象的需要而在人性论上提出了“善为性也,恶亦不可不谓之性”(二程语)的人性二元论,但在真德秀

---

① (元)吴澄:《送陈洪范序》。
② (元)吴澄:《送陈洪范序》。
③ (元)吴澄:《送陈洪范序》。
④ (元)吴澄:《送崔兵部序》,《吴文正集》卷一四。

以后的朱子学心学化过程中，因为将学问的重心放在了个体的道德人格修养上，因而去掉了程朱理学对人性之恶的承认与哲学探索内容，重新回归到孟子的人性本善论，并在此基础上吸收了陆学重道德践履的学问倾向。在性即天理的意义上，吴澄强调对性的道德实践，他说：

> 仁义礼智，人人有之。不为则已，为则人人能之。有所慈爱而扩之则仁也，有所羞恶而扩之则义也，有所辞让、有所辨别而扩之则礼也、智也。婉顺父母谓之孝，雍睦兄弟谓之弟，尽心为人谓之忠，推己待人谓之恕。仁也，义也，礼也，智也，孝也，弟也，忠也，恕也，岂人所不能哉？其有不能，非不能也，不为也。为之而能，能之而熟，熟之而极，则虽尧舜之道，亦不过孝弟而已，虽夫子之道，亦不过忠恕而已。人而能孝能弟能忠能恕，则人人可尧可舜可夫子也。①

也就是说，在人性本善论的前提下，吴澄主张只要具有仁义礼智的个人能够尽力去实践仁义礼智孝悌忠信之德，就能够成为现实中的圣人。此后的阳明心学正是在这一心学主张上吸收继承了吴澄的心学思想。王阳明在为吴澄的《礼记纂言》所做的序中，曾对吴澄的人性即天理说加以肯定，说：

> 如《纂言》者，固学礼者之箕裘筌蹄也。……礼者，理也；理也者，性也；性也者，命也。唯天之命，于穆不已，而其在于人也谓之性，其灿然而条理也谓之礼，其截然而裁制也谓之义，其昭然而明觉也谓之知，其浑然于其性也，则理一而已矣。故仁也者，礼之体也；义也者，礼之宜也；知也者，礼之通也。经礼三百，曲礼三千，无一而非仁也，无一而非性也。天叙天秩，圣人何心焉。②

这表明，阳明不仅对吴澄的思想有一定了解，而且在追求道德本心的意义上，也继承了吴澄在"性即天理"的人性论前提下所提出的心学。

---

① (元)吴澄：《安福州安田里塾壁记》，《吴文正集》卷四十一。
② (明)王守仁：《礼记纂言序》，文渊阁四库全书经部二五，礼类，《礼记纂言》卷首。

由此看来，吴澄在道德实践的意义上所提出的良知良能说，对阳明心学的致良知说也应该有着潜移默化的思想影响。吴澄说："生而爱其亲，长而敬其兄，出而行之于朋友，娶而行之于夫妇，仕而行之于君臣。此良知良能之得于天而人人所同也。"①这与后来阳明也是在道德及其实践的意义上论致良知，具有同样的哲学意义。

不同的是，吴澄并没有将良知上升为世界本体。他所说的心学与道德实践之学，都是在为学方式的意义上而言的。在性理学的根本观点上，他不仅坚持了朱子以理为本的理学本体论，说"自未有天地以前，至既有天地之后，只是阴阳二气而已。本只是一气，分而言之则曰阴阳，又就阴阳中细分之，则曰五行。五气即二气，二气即一气。气之所以能如此者，何也？以理为之主宰也"②，同时，他也继承了程朱性理学关于气质之性与气禀说的观点，他说：

> 人之生也，受气于父之时，既有或清或浊之不同；成质于母之时，又有或美或恶之不同。气之极清、成之极美者，为上圣。盖此理在清气美质之中，本然之真，无所污坏，此尧舜之性，所以为至善。而孟子之道性善，所以必称尧舜以实之也。其气之至浊、质之至恶者，为下愚。上圣以下，下愚以上，或清或浊，或美或恶，分数多寡，有万不同。惟其气浊而质恶，则理在其中者被其拘泥沦染，而非复其本然矣。此性之所以不能皆善，而有万不同也。③

尽管吴澄承认程朱理学用以论证人性之恶的生成论根源的气禀说，但其重点已不在于程朱理学基于气禀说而提出的对人性之恶的强烈批判上，而是转向了道德修养的必要性上。如吴澄说：

> 盖天地之性、气质之性，两性字只是一般，非有两等性也。故曰"二之则不是。"言人之性本是得天地之理，因有人之形，则所得天地之性局在本人气质中，所谓"形而后有气质之性"也。气

---

① （元）吴澄：《送南城教谕黄世弼序》，《吴文正集》卷二十七。
② （元）吴澄：《送南城教谕黄世弼序》。
③ （元）吴澄：《送南城教谕黄世弼序》。

质虽有不同,而本性之善则一,但气质不清不美者,其本性不免有所污坏,故学者当用反之之功。反之如汤、武反之也,反之谓反之于身而学焉。以至变化其不清不美之气质,则天地之性,浑然全备,具存于气质之中。故曰"善反之,则天地之性存焉。"气质之用小,学问之攻大,能学者,气质可变,而不能污坏吾天地本然之性,而吾性非复如前污坏于气质者矣,故曰"气质之性,君子有弗性者焉。"①

由此可以清楚地看出,吴澄虽然在人性论上依然承认程朱理学的天地之性与气质之性的性二元论说法,但最终却将其归结于人性修养的必要性意义上的人性本善论。

在进一步讲究如何进行道德修养的意义上,也显示出吴澄学说与陆学的根本差异。吴澄认为:"天地之所以为天地,吾之之所以为心也。苟不能充其心体之大以与天地同,是于心体之全有未尽也。心体之全有未尽,则吾心所具之理其未能知未能行者众矣。"②即在吴澄的心性哲学中,强调的是程朱理学的"心具理"而非陆学的"心即理"。换言之,我们之所以说吴澄是在真德秀朱子学心学化的基础上进一步发展程朱性理学(而非陆学),是因为吴澄所说的心并不仅仅是道德,同时也是程朱理学所说的理性知觉能力。也只有在这个意义上,才有可能发展出朱子学心学化意义上的道德修养理论。所以吴澄说:

目之视,耳之听,见面之色,举动之貌,出口之言,应接之事,皆属于身者。视而思,听而思,色、貌、言、事,莫不有思。思者,心之官也。身之职统于心之官,内有所主而外从其令。……六者之思,其圣学之根基。③

吴澄又说:

① (元)吴澄:《草庐精语》,《宋元学案》卷九十二。
② (元)吴澄:《弘斋记》,《吴文正集》卷二十七。
③ (元)吴澄:《吴文正集·外集·杂识》。

思者,作圣之基也。夫子生知安行之圣,未尝不思。思而弗得弗措者,子思所以继圣统也。子思传之孟子,以心之官能思而先立乎其大,实发前圣不传之秘。至汝南周氏,直指思为圣功之本,有以上接孟氏之传,而关西之张、河南之程,其学不约而同,可见其真得孔圣传心之印。①

主张对儒家仁义礼智之道德规范进行理性的思考与论证,是程朱理学与陆学在为学上的根本差异。因为陆学始终在坚持孟子人性本善、尽心知性的意义上强调"心即理",因而主张直接实践儒家道德规范而无须再去进行烦琐的哲学论证与理性思考。从上述吴澄之言中可以看出,尽管他也主张道德实践的必要性与重要性,但仍然坚持了程朱理学的理性主义精神,即思考的必要性。正是在这一根本意义上,吴澄提出了自己的心学,说:

心学之妙,自周子程子发其秘,学者始有所悟,以至其存存之功。周子云"无欲故静",程子云"有主则虚。"此二言者,万世心学之纲要也。不为外物所动之谓静,不为外物所实之谓虚。静者其本,虚者其效也。②

也正是在道德修养论的意义上,才使吴澄心学不仅与陆学区别开来,而且对程敏政的圣贤心学思想也产生了很大影响。吴澄说:"仁,人心也。然体事而无不在,专求于心而不务周于事,则无所执著而或流于空虚。圣贤教人,使之随时用力,及其至也,无一事而非仁,而本心之全德在是矣。"③将道德实践直接归之于人心之仁,不仅避免了朱子后学流于词章之习的弊病,也将道德修养的方法指向了朱子学心学化的重要概念,说:"仁,人心也。敬则存,不敬则亡。"④"欲下工夫,惟敬之一字为要法。"⑤这就是心学化道德修养理论中极为重要的方法论"持敬"。吴澄心学对程敏政圣

① (元)吴澄:《孔得之字说》,《吴文正集》卷八。
② (元)吴澄:《静虚精舍记》,《吴文正集》卷四十五。
③ (元)吴澄:《四书言仁录序》,《吴文正集》卷十。
④ (元)吴澄:《草庐精语》,《宋元学案》卷九十二。
⑤ (元)吴澄:《草庐精语》。

贤心学的影响，正是表现在他对心与敬的理论发展上。

3.吴澄心学对程敏政圣贤心学的影响

如果说在心的道德判断意义上很难分清真德秀以来朱子学心学化与陆学之间的区别的话，那么在如何进行道德修养（修养工夫）的问题上，则使二者十分清楚地区分开来。

因为陆学从根本上反对朱子格物致知的为学方式，因而也反对以心的理性认识能力来认识乃至反省仁义礼智信、“三纲五常”之道德规范的修养方式。而从真德秀到吴澄，都继承了程朱性理学格物致知的为学方式，不仅要求以心的理性认识能力探求道德规范及其存在的根据，而且在如何进行道德实践的方法上，也开始向如何进行个体道德修养的工夫论方向发展，并在程朱关于居敬学说的基础上，发展出了由心到敬的道德修养发展方向。

能够说明吴澄是在真德秀心学化的基础上进一步发展心学化理论的，是他对敬的功用的评价，吴澄说：“修己治人之道，一言而撮其要，曰‘敬’而已。”①又说：“夫修己以敬，吾圣门之教也。然自孟子之后失其传，至程子乃复得之，遂以敬之一字为圣传心印。”②又说：“敬者，圣学之要。……敬之用甚大，异端者之成仙成佛，而吾儒之为贤为圣，以至于参天地，莫不由此。……贤而圣，圣而天，一皆敬之功。”③

直接将敬作为心学化道德修养的根本原则，并将其视为“圣传心印”，表明吴澄在修养论上继承的是真德秀以来的朱子学心学化之心学，而非陆九渊心即理之心学。

如前所述，陆九渊与之后的王阳明心学，在道德修养工夫上主张的是《大学》之“诚意”而非程朱理学所主张的“敬”，真德秀与吴澄一系的朱子学心学化始终是沿着程朱理学的“敬”之修养工夫来发展朱子学的。

问题首先是程朱以来所说的敬究竟是指什么？吴澄将其定义为“近于畏者”，说：“敬字之义，近于畏者，最切于己。凡一念之发，一事之动，必思之曰：此天理欤？亦人欲欤？苟人欲而非天理，则不敢为。惴惴敬慎，无或有慢忽之心，其为敬也已。尚勉之哉！”④吴澄释“敬”为“畏”，实际上是指

① （元）吴澄：《俨斋记》，《吴文正集》卷二十二。

② （元）吴澄：《宝敬斋铭》，《吴文正集》卷二十七。

③ （元）吴澄：《敬斋说》，《吴文正集》卷四。

④ （元）吴澄：《朱肃字说》，《吴文正集》卷六。

对于儒家道德的一种宗教式信仰。对于所崇拜的宗教的敬畏心理,是宗教产生与存在的前提。吴澄的解释也正符合了朱子学在心学化的过程中同时走向了宗教性礼教的思想发展这一思想现象。

其次是如何主敬?在这个问题上,吴澄主要继承了程朱理学的持敬理论。综合而言,有以下两个方面的内容。

其一,时刻保持心理上的清醒与警觉,使心始终处于道德理性的控制之下,也就是程朱理学家所说的"此心收敛而常惺惺"与"主一无适"。吴澄说:"《易》《书》《诗》《礼》四经中言敬者非一,训释家不过以敬为功肃严庄、抵慄戒慎之义,至尹洛大儒,始有主一无适之说,其高弟子又谓敬者,此心收敛而常惺惺也。"①吴澄又说:

> 欲下实工夫,惟敬之一字是要法。然《中庸》先言戒慎所不睹,恐惧所不闻,而后言慎其独,此是顺体用先后之序而言。学者工夫,则当先于用处著力。凡所应接,皆当主于一心。主于一则此心有主,而暗室屋漏之处,自无非僻。使所行皆由乎天理,如是积久,无一事而不主于一,则应接之处,心专无二。能如此,则事物未接之时把捉得住,心能无适矣。②

其二,是要保持容貌举止的严肃与庄重。吴澄说:"学之道无它,主于中者,'敬'是也;敬之道无它,形于外者,'俨'是也。外肃则内安,貌庄则心一。俨所以为敬之第一义也。"③要做到"外肃"与"貌庄",则有一系列具体的行为规范。如说:"修己以敬者如之何?坐如尸,坐之敬也;立如斋,立之敬也;张拱徐趋者,手足之敬也;听必恭,视勿回者,耳目之敬也。如执玉,如奉盈,如见大宾,如承大祭,无一时一处而不如斯,则事不二三,心无它适,内之直将有不期望而然者焉。"④又说:"衣冠瞻视,足容手容之间,出门承事,守口防意之际,皆一身用功之实地。"⑤要求的都是通过容貌辞气上的外在修养功夫来达到敬。

---

① (元)吴澄:《敬斋箴》,《吴文正集》卷四。
② (元)吴澄:《答王参政仪伯书》,《吴文正集》。
③ (元)吴澄:《俨斋记》,《吴文正集》卷二十二。
④ (元)吴澄:《戈直伯敬字说》,《吴文正集》。
⑤ (元)吴澄:《主敬堂说》,《吴文正集》卷四。

这就是真德秀以来的圣贤心学所强调的修养工夫论，也是朱子学在心学化的同时走向道德实践化的实现方式。

在具体的工夫论上，吴澄与真德秀都将敬的规则归结于朱子的《敬斋箴》。真德秀不仅在《心经》的最后一章辑录了《敬斋箴》全文，而且说："敬之为义，至是无复余蕴。有志于圣学者，宜熟复之。"①吴澄也说："和靖先生，程门高弟子也。其所传于师，专以敬为务，学之得其本者，未闻或之先也。……欲学尹先生之敬者，如之何？曰：朱子之箴尽矣。"②这也表明真德秀与吴澄都是在朱子理学的基础上作心学化的发展，并因此而与陆学区别开来。

与真德秀相比，吴澄在这一心学化过程中的突出思想贡献，在于他不仅在理论上论证了道德实践的重要性，试图挽救朱子末学在科举入仕的名利诱惑下走向词章之习的弊病，对作为道德修养方式乃至原则的敬给予了特别的重视，并对心与敬的关系做出了理论上的判断，他说：

> 伊洛大儒嗣圣传于已绝，提敬之一字为作圣之阶梯。汉唐诸儒所不得而闻也。新安大儒继之，直指此为一心之主宰，万事之本根。其示学者切矣。夫人之一身，心为之主；人之一心，敬为之主。主于敬则心常虚，虚则物不入也；主于敬则心常实，实则物不出也。③

正是在吴澄关于"心为身主，敬为心主"的思想引导下，明代的程敏政通过对《心经》的再附注，进一步构筑了圣贤心学关于修养理论的思想框架。同时，蕴涵在真德秀与吴澄学说中的对陆学在道德实践意义上的肯定，在明代正式演变为和会朱陆的思潮，并在解决社会问题的时代要求下，发展出了阳明心学与程敏政以心经为载体的圣贤心学理论框架。从这个意义上讲，阳明心学也是朱子学心学化的思想发展结果。

---

① 〔朝〕李滉：《退溪全书》一，第209页。

② （元）吴澄：《赠绍兴路和靖书院吴季渊序》，《吴文正集》卷十七。

③ （元）吴澄：《主敬堂说》，《吴文正集》卷四。

第三章
程敏政《心经附注》心学与阳明心学比较

如笔者在导论中所述，中国自《元史》至今的宋明理学研究确立的是由程朱理学到阳明心学的思想发展史路径，但当我们从性理学在朝鲜半岛的传播，尤其是李退溪在《心经附注》的基础上发展、完成了心经一系的圣贤心学这一东亚研究视野下，来反观由朱熹理学到明代心学的思想发展过程时，可以发现，由朱子理学到明代心学，实际上并不仅仅只有陆九渊→陈献章→王守仁这一条心学发展线索，而是还存在着朱熹→真德秀→程敏政→李滉（朝）这一条建立在程朱理学基础上的心学化思想发展过程。

这条心学化过程表现出两大特征：一是以真德秀所编《心经》文本为载体，中间经历了王柏、程复心、吴澄的心学思想发展，至明代程敏政再注《心经》而成的《心经附注》文本，建构了一个“心为身主，敬为心主”的个体道德修养工夫论与主敬成圣的圣贤心学理论框架。二是这一心学理论在明代的理学本土并未产生实质性的思想影响，反而因为程敏政的《道一编》提倡和会朱陆而受到当时理学者陈建与气学者罗钦顺的批判，阳明心学则独步天下，成为16世纪中叶理学本土的主流思想。但程敏政《心经附注》所提供的圣贤心学理论框架却在传入朝鲜半岛后，对李退溪的心学思想产生了不可替代的影响，并最终由李退溪以《圣学十图》完成了心经一系的圣贤心学，对朝鲜李朝后半期产生了重要的思想影响。同时，作为16世纪朝鲜李朝的儒林领袖，李退溪在发展心经心学的同时，也对同时代理学本土的理学、气学、阳明心学等各种思潮进行了有选择的批判、拒斥、接受，形成理学文化传播中的思想反馈。

为了彻底厘清心经心学对退溪心学形成的思想影响，本章站在性理文化在韩半岛的传播这一历史视野下，对程敏政的《心经附注》文本进行心学化分析，并在此基础上对16世纪中叶明代的两大心学思潮——程敏政的心经心学与王阳明的心即理心学进行比较分析。

一、程敏政与《心经附注》：为何附注《心经》

程敏政(1444~1499)，字克勤，号篁墩，安徽休宁人，明代中叶性理学者。据《明史·列传·文苑》①，程敏政为南京兵部尚书程信之子，成化二年进士及第，授编修。历左谕德，直讲东宫。孝宗嗣位，以官僚恩擢少詹事兼侍讲学士，直经庭。弘治五年，改太常卿兼侍读学士等院事，进礼部右仕郎，寻专典内阁诰敕。弘治十二年，主会试，因被怀疑出卖试题而下狱，并因受此打击而卒。

程敏政著有《宋季受终考》3 卷，《宋遗民录》15 卷，《新安程氏统宗世谱》20 卷，《程氏贻范集》30 卷，《道一编》5 卷，《心经附注》4 卷等，并编纂有《皇明文衡》100 卷，《新安文献志》100 卷等。在其卒后 7 年(正德元年丙寅，1506)有《篁墩先生文粹》25 卷刊刻问世，正德二年(1507)有其生前自订的《篁墩文集》93 卷、拾遗 1 卷刊刻成书。《四库全书》收录有《篁墩文集》93 卷。

程敏政出身名门，《明史·列传》说他"才高负文学"，与李东阳齐名，又因著述颇多，时人有"天下文章程敏政"之称。但无论在当时还是后世，程敏政都被视为文学家而非哲学家，其理学思想唯一引起关注的是《道一编》所主张的"朱陆早异而晚同"的和会朱陆说，甚至连他自己非常重视的《心经附注》也被当时的学者视为与《道一编》相同，并因此被视为陆学。程敏政曾在《答汪佥宪书》中对此做过叙述，说"近得寄示书，谓仆所葺心经附注大意与道一编同，且谓尊德性道问学修德凝道之大端，乃朱先生定论，其改道问学斋为尊德性，所以警学者支离耳。……仆性迂僻而独喜诵朱子之书，……至于道一编所葺，则皆据朱子成说。书之观者不审，殆以仆为陆氏之学。"②

程敏政对此进行了反驳并阐述了自己对尊德性与道问学关系的看法。他首先认为，尊德性与道问学都是对人得之于天的先天道德进行实践体验的过程，他解释说："夫所谓尊德性者，知吾身之所得皆出于天，则无毫发食

① 《钦定四库全书荟要》，《钦定明史》卷二八六，列传第一七四，文苑二。长春：吉林出版集团有限责任公司，2005 年。

② (明)程敏政：《答汪佥宪书》，《篁墩文集》卷五十五，景印文渊阁四库全书第 1253 册，第 1253 页。台湾商务印书馆印行。

息之不当谨，如中庸之戒慎、玉藻之九容是也；所谓道问学者，知天下无一事而非分内，则无一事而非学，如大学之格致、论语之博约是也。”①明确将尊德性与道问学都规定为对“得之于天”的“分内之事”（儒家道德规范）进行实践的过程；进一步，程敏政又将尊德性视为本，道问学视为辅，说：“惟朱子深见古人立教之意，……又以注中庸第二十七章曰：‘非存心无以致知。’玩‘非无’二字，则有以见尊德性者其本也；‘存心者又不可以不致知’，玩‘又’之一字，则有以见道问学者其辅也。”②最后，程敏政又将尊德性道问学的内容规定为“只是一事”，说：“大抵尊德性道问学只是一事，如尊德性者制外养中，而道问学则求其制外养中之详；尊德性者由中应外，而道问学则求其由中应外之节，即大学所谓求至其极者，实非两种也。”③而这样规定的最终目的，是将程朱理学格物致知所追求的尊德性与道问学（道德实践与客观事物之理的追求），改变为单一的道德实践追求，所以程敏政说：“日用之间，每有所学即体之于身，验之于心，而无性外之学，事外之理，是乃朱子继往开来之业，而后学有罔极之恩者也。”④

值得注意的是，程敏政之所以坚持将程朱理学尊德性道问学的为学内容发展为单一的尊德性，即单纯强调道德实践，是为了批判明代中期朱子学在成为科举考试标准之后流为词章之习的弊病。程敏政在论辩中说：“孟子曰：‘学问之道无他焉，求其放心而已矣。’圣贤立言垂教，无非欲学者于身心用功，而学朱子之学者渐失其本意，……其在宋末元盛之时，学者于六经四书纂订编缀，曰集义，曰附录，……不可数计，六经注脚抑又倍之。……今去朱子三百年，人诵其书，家传其业，顾未有小学追补之功，而又以记诵词章之工拙为学问之浅深，视晚宋盛元诸儒更出其下，此仆所以大惧而不敢苟为异同者也。”⑤这也是程敏政坚持将程朱理学尊德性道问学并重转向尊德性并为之著《道一编》以和会朱陆的根本原因。

与王阳明继承陆九渊心即理心学不同的是，程敏政只是在尊德性的意义上吸收了陆学的道德实践主张，因此无论是在和会朱陆问题上，还是在孟子求放心的道德目的上，程敏政与王阳明都有着共同的主张。但在如何

① （明）程敏政：《答汪佥宪书》。
② （明）程敏政：《答汪佥宪书》。
③ （明）程敏政：《答汪佥宪书》。
④ （明）程敏政：《答汪佥宪书》。
⑤ （明）程敏政：《答汪佥宪书》。

实践道德规范即修养工夫问题上，程敏政则仍然继承了程朱理学的理性主义精神，并不认为陆王心学一派所主张的仅有孟子“先立乎其大者，则其小者不能夺也”（当下的道德实践）即可，而是主张要做持敬的功夫才可进行自我人格的道德修养，这是程敏政心学与阳明心学的根本区别所在。

也正是在这一意义上，真德秀《心经》所提供的个体道德修养工夫论与追求成圣成贤的人心道心说，为程敏政提供了一个朱子学心学化的思想框架与文本。

程敏政之所以再注《心经》，首先，是因为他对真德秀在《心经》中所提出的心性修养哲学的尊崇，他说：“西山先生真文忠公尝摭拾圣贤格言为《心经》一编，首危微精一，十有六言，而以子朱子尊德性之铭终焉。走每敬诵之。盖俨乎若上帝之下临，圣师之在目也。”①其次，是因为他认为真德秀《心经》中有关注释有问题。他说：“其注中或称西山读书记，而凡程朱大儒开示警切之言多不在卷，意此经本出于先生而注则后人杂入之故耶？”②即认为他所见到的《心经》并不全是真德秀所编辑，因为如果是西山自己所编，不会在注中直接称自己为“西山”，因而认为经文部分为真德秀所编，而注则为后人所加入。有研究者据此认为：“颜若愚在刊行西山的《心经》时，为了理解原文而在西山的原文37章以外，插入了以程朱为首的13家、72节注释。”③

笔者认为这是不可能的。因为对于古人而言，对先贤的著作是不可以随便改动的，即使因为思想发展需要改动原文，也必须在序中说明改动的理由与目的，如程朱改动《大学》，朱子移经补传，都有详细的交代，而且即使如此也被王阳明认为是改经而加以否定。即使是程敏政自己再注《心经》，也在序中详细交代了补注的必要性，更何况颜若愚刊行《心经》是在真德秀生前，如果颜若愚在刊行西山的《心经》时真的加入了13家、72节注释，必定会在序中加以说明。但考察颜若愚在书后所作序，无一语及之，因此可以断定颜若愚刊行的《心经》就是真德秀编著的原书。

第二个依据是，考察《心经》全文，通篇以朱子的注为中心而附以程子的注，如果从以下我们将要分析的真德秀心学与程朱理学的思想继承关系

---

① （明）程敏政：《心经附注序》，〔韩〕宋熹準编：《心经注解丛编》一，第1页。

② （明）程敏政：《心经附注序》。

③ 〔韩〕沈龟铉：《退溪李滉 의〈心经附注〉研究 와그의心学 의特征》，민족문화눈총제8집，영남대，1987年。

来看,真德秀在《心经》中所提出的"万世心学"之理论基础,本来就是以朱子的人心道心说为个体道德修养之必要性的理论依据的,因此颜若愚在序中才说"西山之心学,鹞考亭而溯濂洛洙泗之源"。王迈在序中也说:"用《心经》可以接伊洛之正传,衍朱张之遗学。"①这都说明,《心经》从始至终以朱子为中心的注,必定是真德秀所亲自编辑。至于程敏政所提出的《心经》注释中出现的"西山读书记"问题,考察《心经》全书,只有第一章所引《诗·曾颂·上帝临女章》下有一条为"西山读书记曰",这或许是原文中真德秀在引用自己的《读书记》时有自谦之辞,所以颜若愚在刊行《心经》时将其自谦之辞换成了"西山",这是有可能的。

但无论如何,以一条注释中的一个称呼问题否定所有的注释均不是西山所编辑,是不能令人信服的。实际上,程敏政之所以提出真德秀《心经》的注释问题,并不是因为他有确切的证据能证明其中的注释不是真德秀所编辑,也不是因为要改正《心经》的注释,而是为通过自己注释真德秀《心经》提出自己的心学理论寻找借口。这一点,我们从他在序中的进一步说明就可以断定。他说:

> 人之得名为人,可以参三才而出万化者,以能不失其本心而已,顾其操纵得失于一念俄顷之间,圣狂舜跖于是焉分,其可畏如此。古之人所以为涵养本原之计者,至不敢撤琴瑟而废箴铭于左右,使体立用宏,显微不二,用底于希圣希天之极功有以也。②

这说明他从一开始继承的,就是真德秀在《心经》中提出的以仁义道德为本心的心学理论。而他之所以要再注《心经》,是因为"性学不明,人心陷溺,寄命于耳目,胜理于口舌",所以提出要以"敬"为治理人心的准则,故以"敬之一字"为中心再注《心经》。③

我们也可以从程敏政在《心经附注》后记中对真德秀之心、政二经的取舍中,证明程敏政再注《心经》的确是为了从思想上发展心学。他说:"西山心、政二经梓行已久,然尝谛观之,《心经》有先生所自赞,其出于手

① (宋)真德秀:《心经政经合编》,第7页,中国哲学思想要籍丛编,台北:广文书局,1975年。

② (明)程敏政:《心经附注序》。

③ (明)程敏政:《心经附注序》。

订无可疑者。若《政经》，则虽首以经训而附以汉、晋、隋、唐守令之事，凡先生所历州郡榜示谕告之文亦杂附之，乃自名为经，窃恐未然。岂先生尝手录经史牧民之要备省览，而后人附会以成之，欲与《心经》相比故邪？”①由此可见，程敏政为了以《心经》为依据发展朱子学意义上之心学，对《政经》则疑为“后人附会以成之”，对《心经》则疑经为西山所辑，注则为“后人杂入之”，而且他自己也说是“窃恐”，并没有事实上的依据。实际上，《心经》在真德秀生前就已经出版，《心经》《政经》二经的合编本是由真德秀弟子所刊行，不可能有如程敏政所怀疑的那样随便改动原文的情况出现。

如果说改变，程敏政才是为了发展真德秀《心经》之心学而作了取舍和改变。他不仅在真德秀《心经》的原注之下增加了 40 家、329 节的内容，而且提出了注释的目的是要“以敬之一字”来治理“性学不明，人心陷溺”的现实问题。因此，首先分析与比较真德秀《心经》与程敏政《心经附注》之文本异同，是理清朱子学以心经为载体心学化过程的前提。

二、《心经附注》与《心经》文本比较：圣贤心学构建试图

据程敏政在《心经附注后序》中所记，《心经附注》一书完成于弘治五年壬子（1492）八月，同年十二月，即由程敏政弟子汪祚刻版刊行。程敏政的《心经附注》不仅提出了对真德秀《心经》心学的继承，而且通过大量的附注，整理了从真德秀到王柏、程复心、吴澄乃至黄榦、张栻、陆象山等人的心学思想，并在此基础上提出了以敬为修养工夫论之核心，以主敬成圣为目的之圣贤心学思想，从而为《心经附注》东传朝鲜并影响李退溪哲学提供了必要的理论基础。

如前所述，完成于南宋理宗绍定五年（1232）的真德秀之《心经》，只是为了个人修养所用而简单辑录诗、书、易以及《孟子》中论心性的思想，再简单附以程朱等理学家的注，不分卷，显得有些粗疏，而且在南宋末年以至明代中叶的 250 多年间没有起到任何影响。与此相比，程敏政再注《心经》，不仅增加了包括陆象山在内的大量性理学家的注释并将其分为四卷，而且通过序、按语以及选择思想重点注释的编纂方式，试图构建起一个以

---

① （明）程敏政：《心经附注》，〔韩〕宋熹準编：《心经注解丛编》一，第 341 页。

《心经附注》为文本的心学思想体系。

这个继承了真德秀在《心经》文本中提出的“舜禹授受，十有六言，万世心学，此其渊源”①之心学试图的思想体系，包括了心学修养的目的、核心、休养中遇到的难题及解决方法，以及与明代心学思潮相关联的和会朱陆等思想内容，与以个体人格的成圣成贤为最终目的心学框架。

1.《心经附注》文本结构分析：心学修养论框架的建立

如前所述，真德秀辑录的《心经》不分章节，也不分卷，内容只是简单地将书经、诗经、易经、论语、中庸、大学、乐记、孟子、周子、程子、范氏、朱子等有关论心性修养的章句辑录在一起，其下所附注的程朱理学家的解释也很简单，而程敏政在260多年后附注《心经》，则不仅加入了40家、392节共480条程朱等理学家的注释，而且在结构上也做了调整，首先是将原来不分卷的《心经》分为四卷，其次是在原来《心经》的条目下附注了大量程朱理学家及其后学的思想格言。为了清楚地做一个对比，列表如下②：

卷数	真德秀《心经》内容	程敏政《心经附注》内容
1.1《书·大禹谟·人心道心章》	附朱子1条	卷首附注程复心《心学图》与说1条，《人心道心章》附注朱子、真德秀、王柏等10条
1.2《诗·鲁颂·上帝临女章》	附朱子、真德秀等3条	附注程子、杨时2条
1.3《诗·大雅·视尔友君子章》	附朱子、郑氏2条	附注朱子、真德秀等3条
1.4《易·干九二·闲邪存诚章》	附程子3条	附注程子、朱子、吴澄共5条
1.5《易·坤六二·敬以直内章》	附伊川、杨时共4条	附注程子、朱子、真德秀等36条，程敏政按语2条
1.6《易·损大象·惩忿窒欲章》	附伊川、杨时共2条	附注二程、朱子、胡五峯等共7条
1.7《易·益大象·迁善改过章》	附程子、王氏共2条	附注二程、朱子、谢上蔡、黄榦等共8条

① (宋)真德秀：《心经赞》，《心经政经合编》，第38页。

② 真德秀《心经》不分卷，为了对比清楚，笔者在表中按照程敏政《心经附注》中所分四卷加以标示。

续表

卷数	真德秀《心经》内容	程敏政《心经附注》内容
1.8《易·复初九·不远复章》	附伊川、张载共3条	附注程子、朱子、张栻、真德秀等共6条
1.9《论语·子绝四章》	附朱子1条	附注程子、朱子、真德秀等共6条
1.10《论语·颜渊问仁章》	附伊川、杨子等3条	附注二程、张载、朱子、真德秀等共19条
1.11《论语·仲弓问仁章》	附伊川1条	附注程子、朱子等共5条
1.12《中庸·天命之谓性章》	附朱子3条	附注二程、朱子、真德秀等23条,程敏政按语1条
1.13《诗·潜虽伏矣章》	附程子、朱子共3条	附注朱子、真德秀、吴澄等共4条,程敏政按语1条
2.1《大学·诚意章》	附朱子、郑氏共4条	附注二程、朱子、张栻、真德秀等共17条,诚幾图1个,程敏政按语3条
2.2《大学·正心章》	附朱子2条	附注二程、张载、朱子、真德秀等共37条,程敏政按语5条
2.3《乐记·礼乐不可斯须去身章》	附孔氏、郑氏共4条	附注二程、张载、朱子、张栻、谢上蔡等共38条,程敏政按语3条
2.4《乐记·君子反情以和志章》	附唐孔氏1条	附注张载、朱子、真德秀、谢上蔡等共11条,程敏政按语2条
2.5《乐记·君子乐得其道章》	附郑氏、程子共2条	附注二程、张载、朱子等共8条,程敏政按语2条
2.6《孟子·人皆有不忍人之心章》	附朱子、程子共4条	附注朱子、杨时、真德秀、黄榦等共10条
2.7《孟子·矢人函人章》	附朱子2条	附注朱子、张栻等共3条
2.8《孟子·赤子之心章》	附朱子1条	附注程子、朱子、饶双峯共4条
3.1《孟子·牛山之木章》	附朱子、程子等共4条	附注二程、朱子、张载、真德秀、许鲁斋等共71条,程敏政按语10条
3.2《孟子·仁人心章》	附程子、朱子共5条	附注程子、朱子、真德秀等共20条
3.3《孟子·无名之指章》	附朱子1条	附注程子、永嘉郑氏、真德秀共3条
3.4《孟子·人之于身也兼所爱章》	附朱子1条	附注张载、朱子、武夷胡氏、张栻共6条
3.5《孟子·钧是人也章》	附朱子1条	附注荀子、新安倪氏、朱子共6条

续表

卷数	真德秀《心经》内容	程敏政《心经附注》内容
3.6《孟子·饥者甘食章》	附朱子2条	附注朱子1条
3.7《孟子·鱼我所欲章》	附朱子1条	附注朱子、张栻、定宇陈氏等共5条
4.1《孟子·鸡鸣而起章》	附程子、杨氏共3条	附注程子、谢上蔡、朱子、张栻、真德秀、陆象山、兰溪范氏等共16条，舜跖图1个，程敏政按语1条
4.2《孟子·养心章》	附朱子、程子、张栻共3条	附注程子、张载、吕氏、谢上蔡、真德秀、黄榦等共11条
4.3《周子·养心说》	无附注	附注朱子3条
4.4《周子·通书·圣可学章》	无附注	附注朱子、伊川、杨时、徽庵程氏共8条，程敏政按语2条
4.5《程子·视听言动四箴》	无附注	附注朱子、庆源辅氏、白云许氏、程复心共10条
4.6《范氏心箴》	无附注	附注朱子、云峰胡氏共4条，程敏政按语1条
4.7《朱子·敬斋箴》	无附注	附注朱子、真德秀、吴澄共6条
4.8《程正思·求放心斋铭》	无附注	附注朱子、黄榦共5条，程敏政按语1条
4.9《朱子·尊德性斋箴铭》	无附注	附注朱子书信35条、陈北溪、黄榦、慈溪黄氏、吴澄等7条，共42条，程敏政按语按语6条

从以上统计可以看出，程敏政附注的重点依次是：《孟子·牛山之木章》附注71条，程敏政按语10条；《朱子·尊德性斋铭》附注42条，按语6条；《易·坤六二·敬以直内章》附注36条，按语2条；《乐记·礼乐不可斯须去身章》附注38条，按语3条；《大学·正心章》附注37条，按语5条；《中庸·天命之谓性章》附注23条，按语1条；《孟子·仁人心章》附注20条；《论语·颜渊问仁章》附注19条；《大学·诚意章》附注17条，按语3条；《孟子·鸡鸣而起章》附注16条，按语1条。

从内容上看，程敏政附注的重点大致可以分为两个部分：一是通过程朱等理学家之言论述修心养性的重要性，如《孟子·牛山之木章》的71条附注和10条按语，《朱子·尊德性斋铭》42条附注和6条按语，《大学·正心章》的37条附注和5条按语,《孟子·仁人心章》的20条附注,都是论述养心的重要性的,尤其是《朱子·尊德性斋铭》最后附注的吴澄尊德性之说,更是明确表明心经心学向道德修养与实践方向发展的试图。

二是论述具体的修养方法的,如《易·坤六二·敬以直内章》的36条附注和2条按语,是具体论述敬与主敬的;《乐记·礼乐不可斯须去身章》的38条附注和3条按语、《论语·颜渊问仁章》的19条附注,是讲道德人格修养方式中的外在规矩的;《中庸·天命之谓性章》的23条附注和1条按语,是讲修养方式中的慎独;《大学·诚意章》的17条附注和3条按语、《孟子·鸡鸣而起章》的16条附注和1条按语,是讲修养方式中判别义与利的重要性的。

值得注意的是,在程敏政的附注内容中,无论是论述修心养性的重要性,还是论述具体的修养方法,其中贯穿着的一个核心思想是敬。如在《孟子·牛山之木章》的附注中,程敏政先后引朱子"敬乃圣门第一义。彻头彻尾,不可顷刻间断",真西山"秦汉以下诸儒皆不知敬为学问之本。至程子指以示人而朱子又发明之,极其切至。二先生有功于圣学,此其最大者也"①;在《孟子·鸡鸣而起章》的附注中引程子"只主于敬便是为善"②等,均指示出《心经附注》以敬为修养核心的特点。从整个《心经附注》文本的内容看,程敏政通过对敬的重要性、如何主敬以及主敬成圣的心学目的的论述,试图构建起一个建立在程朱理学心性论基础上的圣贤心学思想体系。

2.程敏政心学修养的目的:圣贤心学的提出

真德秀的《心经赞》提出"舜禹授受,十有六言,万世心学,此其渊源"的心学概念,其弟子颜若愚在后序中也说"先生之心学,繇考亭而溯濂洛洙泗之源,存养之功至矣"。可见,真氏编辑《心经》,以《书经》之"人心惟危,道心惟微,惟精惟一,允执厥中"十六字为其心学之渊源,目的只是为了个人的道德修养只用,并没有提出要成为圣贤的目标。程敏政在《心经附注序》中,则首先提出了建立在真德秀《心经》心学基础上的"圣学"概念,说:

> 呜呼,人之得名为人,可以参三才而出万化者,以能不失其本

① (明)程敏政:《心经附注》,〔韩〕宋熹準编:《心经注解丛编》一,第217、218页。

② (明)程敏政:《心经附注》,〔韩〕宋熹準编:《心经注解丛编》一,第262页。

心而已，顾其操纵得失于一念俄顷之间，圣狂舜跖于是焉分，其可畏如此。古之人所以为涵养本原之计者，至不敢撤琴瑟而废箴儆于左右，使体立用宏，显微不二，用底于希圣希天之极功有以也。”①“敬者，圣学始终之要也。②

这里涉及的一个理论问题是，普通人是否可以通过道德修养工夫成为圣人？如果可以，又需要如何做才能成为圣人？孔子最早将人分为生知和学知，认为只有圣人才能不学而能，并坚称自己并非圣人，而程敏政在《心经附注序》中，一开始就表明自己的心学是希望通过道德修养成为圣人。那么，又该如何修养才能成为圣人呢？程敏政是通过附注真德秀《心经》中所辑录的周敦颐《通书》中的一段话来解决这个问题的。周子曰：

圣可学乎？曰：可。有要乎？曰：有。请问焉。曰：一为要。一者，无欲也。无欲则静虚动直。静虚则明，明则通；动直则公，公则溥。明通公溥，庶矣乎。③

真德秀在《心经》文本中虽然辑录了周子《通书》中的这段话，但并没有加以注释，也没有引用任何理学家的话来做注释，程敏政则在这段文本下，附注了二程、朱熹、杨时以及徽庵程氏等大儒的8条语录来阐释学者成圣的必要性、可能性，以及具体的修养方法。

对于成圣的可能性，周子在上述文本中已经给出了肯定的答案，并指出了成为圣人的方法：无欲。问题是，自孔子、孟子以至于二程、朱熹，都认为人的饥食渴饮等生理欲望是合理的，是天理而非人欲，如果连这些都要无的话，似乎是不可能做到的。程敏政在附注此前一条周子的《养心说》时，通过附注叶氏与或者的问答解决了这个问题：

或问：孟子与周子之言有以异乎？叶氏曰：孟子所谓欲者，以耳目口鼻四体之欲，人所不能无，然多而无节则为心害。周子则

① （明）程敏政：《心经附注序》，〔韩〕宋熹準编：《心经注解丛编》一，第1、2页。
② （明）程敏政：《心经附注序》，〔韩〕宋熹準编：《心经注解丛编》一，第3页。
③ （明）程敏政：《心经附注》卷四，《周子·通书·圣可学章》，〔韩〕宋熹準编：《心经注解丛编》一，第281页。

> 指心之流于欲者,是则不可有也。所指有浅深之不同。然由孟子之寡欲,则可以尽周子之无欲矣。①

程敏政所引叶氏说,虽然解释了孟子与周子在寡欲和无欲问题上的区别,认为孟子所说的寡欲是指人的生理需求,而周子所说的无欲则是指人的心里欲求,二者并无矛盾,但在成圣的问题上,二程和朱熹仍然不同于周敦颐。周敦颐认为,只要能做到无欲,就可以成圣贤,《养心亭说》提出:

> 孟子曰养心莫善于寡欲,……予谓养心不止于寡而存耳,盖寡焉以至于无,无则诚立明通。诚立,贤也;明通,圣也。是圣贤非性生,必养心而至之。养心之善,有大焉如此,存乎其人而已。②

孔子认为圣人是生而知之者,在现实中很少有这样的人,就连孔子自己都认为自己不是圣人,而周敦颐则认为,圣贤并非生而知之者,而是通过养心而成为圣贤的,普通人只要善于养心,一样可以成为圣贤。对此,二程和朱熹显然觉得不太现实,朱熹说:

> 然无底工夫则由于能寡欲到无欲,非圣人不能也③。又曰:周先生说"一者,无欲也。"然这话头高,卒急难凑泊,寻常人如何便得无欲?故伊川只说个敬字,教人只就这敬字上崖去,庶几执捉得定,有个下手处,纵不得,亦不至失。要之,只要人于此心上见得分明,自然有得耳。④

可见,孔子和孟子并不认为普通人可以成为圣人,孟子只要求寡欲,唯有周敦颐认为普通人只要能够养心以至于无欲,就可以成为圣贤。二程和朱熹则认为,无欲不容易做到,因此在休养方法上用敬代替了周子的无欲。

对此,程敏政显然更倾向于周敦颐的人可以成圣的观点,因此在附注

① (明)程敏政:《心经附注序》,〔韩〕宋熹準编:《心经注解丛编》一,第280、281页。
② (宋)周敦颐:《养心亭说》,《周敦颐集》卷三,第52页,北京:中华书局,1990年。
③ (明)程敏政:《心经附注序》,〔韩〕宋熹準编:《心经注解丛编》一,第280页。
④ (明)程敏政:《心经附注序》,〔韩〕宋熹準编:《心经注解丛编》一,第282页。

中，他首先引用了伊川的话，说："言学便以道为志，言人便以圣为志。"①接着又集中引用了杨时（2条）、朱子（1条）、徽庵程氏（1条）的话，借以表达自己的看法。

程敏政引朱熹语："凡人须以圣贤为己任。"②又引杨时语："古之学者以圣人为师，其学有不至，故其德有差焉。人见圣人之难为也，故凡学者以圣人为可至，则必以为狂而窃笑之。夫圣人固未易至，若舍圣人而学，是将何所取则乎？以圣人为师，犹学射而立的然。的立于彼，然后射者可视之而求中。"③"夫学者，学圣贤之所为也。欲为圣贤之所为，须是闻圣贤所得之道"④，都表明程敏政所主张的心学，其根本目的是为了成为圣贤，因此程敏政在所引四条之上加了按语，说："以下所摭四条，皆论学者当以圣人为师，以闻道为要，不可恬于小成而群于自画。盖所谓心学者，如此而已。"⑤

可见，程敏政所主张的心学，其根本目的就是通过心性修养成为圣贤。为了与同时代之阳明心学相区别，笔者在本书中将程敏政以《心经附注》文本为载体所构建的心学称为圣贤心学。

值得关注的是，程敏政以《心经附注》为文本所构建的圣贤心学，与程朱性理学在心性论上最大的不同点，在于程朱理学所强调的始终是如何用心的理性认知能力来消除物欲对人的本善之性的诱惑问题，如程敏政所引朱子语曰："今世学者，往往有物而不能有其则。中庸尊德性而道问学数句，乃是彻首彻尾。人性本善，只为嗜欲所迷，利害所逐，一齐昏了。"⑥因此，对于程朱理学而言，敬并不是最主要的，心的理性认识才是最关键的，如朱子即曰："或问：明性须以敬为先。曰：固是，但敬亦不可混论说，须是每事上检点，论其大要，只是不放过耳。大抵为己之学，与他人无一毫干预，圣贤千言万语，只是使人反其固有而复其性耳。"⑦

但是，自南宋末年的真德秀开始，便试图以《心经》为载体，用编辑理

① （明）程敏政：《心经附注序》，〔韩〕宋熹準编：《心经注解丛编》一，第283页。
② （明）程敏政：《心经附注序》，〔韩〕宋熹準编：《心经注解丛编》一，第286页。
③ （明）程敏政：《心经附注序》，〔韩〕宋熹準编：《心经注解丛编》一，第284页。
④ （明）程敏政：《心经附注序》，〔韩〕宋熹準编：《心经注解丛编》一，第285页。
⑤ （明）程敏政：《心经附注序》，〔韩〕宋熹準编：《心经注解丛编》一，第283、284页。
⑥ （明）程敏政：《心经附注序》，〔韩〕宋熹準编：《心经注解丛编》一，第287页。
⑦ （明）程敏政：《心经附注序》，〔韩〕宋熹準编：《心经注解丛编》一，第287页。

学家语录的方式，将朱熹理学的理性精神引向儒家的道德践履本身。显然，单纯的实践儒家道德规范并不需要朱子格物致知为学方式所强调的“须是每事上检点”，而只需要一种类似于宗教信仰的尊敬，就像程敏政所引徽庵程氏语所言：

学圣贤所知之道，无他，主敬以立其本，穷理以致其知，反躬以践其实而已。其反躬也，必以无欲为敬，以无息为诚，以日新为德，以富有为业，以一民一物不被其泽为己任，以天下后世不传此道为己忧，而此心此道之全体妙用皆在其中矣。①

因此，由程朱理学之心性论，到真德秀、程敏政以《心经》文本为载体所试图构建的圣贤心学之主敬论，便成为朱子学心学化发展的核心线索，强调敬也成为圣贤心学的基本特征。

3.圣贤心学的修养方式：主敬

如上所述，程敏政附注《心经》，并不是随心所欲地随手辑录理学格言，而是围绕着一个敬字展开的。他在《心经附注序》中说：

性学不明，人心陷溺，寄命于耳目，胜理于口舌，此先生之所深悲而心经之所由述也。然则学者宜何所用力而后无忝于人之名哉？盖尝反复紬绎，得程子之说曰：天德王道，其要只在谨独。又曰，学者须是将敬以直内涵养，直内是本。朱子亦曰：程先生有功于后学，最是敬之一字。敬者，圣学始终之要也。盖是经所训，不出敬之一言。”“晚生末学，何所知识，辄手录成帙以告同志者，而于言敬之说特加详焉。岂敢以是求多于先生之书哉？图置心于圣经贤传之中，为检防熟复之地云尔。②

程敏政在这里说得非常清楚，《心经附注》所训“不出敬之一言”，“敬者，圣学始终之要也”。从程朱性理学所强调的心的理性认知能力，走向程敏政《心经附注》之主敬成圣，理学修养论的重心也从程朱甚至陆学所强

① （明）程敏政：《心经附注序》，〔韩〕宋熹準编：《心经注解丛编》一，第287、288页。

② （明）程敏政：《心经附注序》，〔韩〕宋熹準编：《心经注解丛编》一，第2、3页。

调的外在“存天理,灭人欲”,走向了内在的意识防范,持敬也成为圣贤心学唯一的为学方式。

与真德秀《心经》相比,《心经附注》在继承《心经》心学思想的基础上,具有几个显著的思想发展特征。

第一,篇首所引元代学者程复心的《心学图》(见下图)与说的思想意义。

如前所述,程复心为宋末元初性理学者,早年以道学为志,私淑朱熹,后师从朱熹从孙朱洪范,又与新安学派另一重要人物胡炳文为学友,由此登朱子之学堂奥。中年后笃学践行,用力更深。曾授徽州路儒学教授。其学以治《四书》为长,终生致力于阐释朱熹《四书》为旨,积 30 年之功著《四书章图》发扬朱子之微言,间以自己的心得体会,阐扬朱熹学说的未尽之处,被誉为是一部有功后学的理学名著。又取《纂疏》、《语录》等书,参订异同,增损详略,编为《纂释》20 卷。程复心认为,《大学》言心不言性,《中庸》言性而不言心,《论语》专言仁,《孟子》专言义。时人称其能发理学先儒未尽之旨,有补朱子之学。

程复心所著《心学图》,分为上、下两部分。上半部分的中心是一个用圆圈圈起来的心字,圆圈中“心”字的上边有“虚灵、知觉、神明”六字,下边有“一身主宰”四字;在圆圈外边,围绕着六个长方块圈着的字,左边是“大人心”,右边是“赤子心”,上左是“本心”,上右是“良心”,下左是“道心”,下右是“人心”;下半部分以“敬”字为核心,周围围绕着用长方块圈起来的“戒惧”“操存”“心思”“养心”“尽心”“七十而从心”“四十不动心”“正心”“求放心”“心在”“克复”“慎独”等,“敬”字下有“一心主宰”四字。上下两部分之间,是用长方块圈起来的“惟精”“惟一”,在“惟精”的下边还有“择善”二字,“惟一”的下边有“固执”二字。图如下。

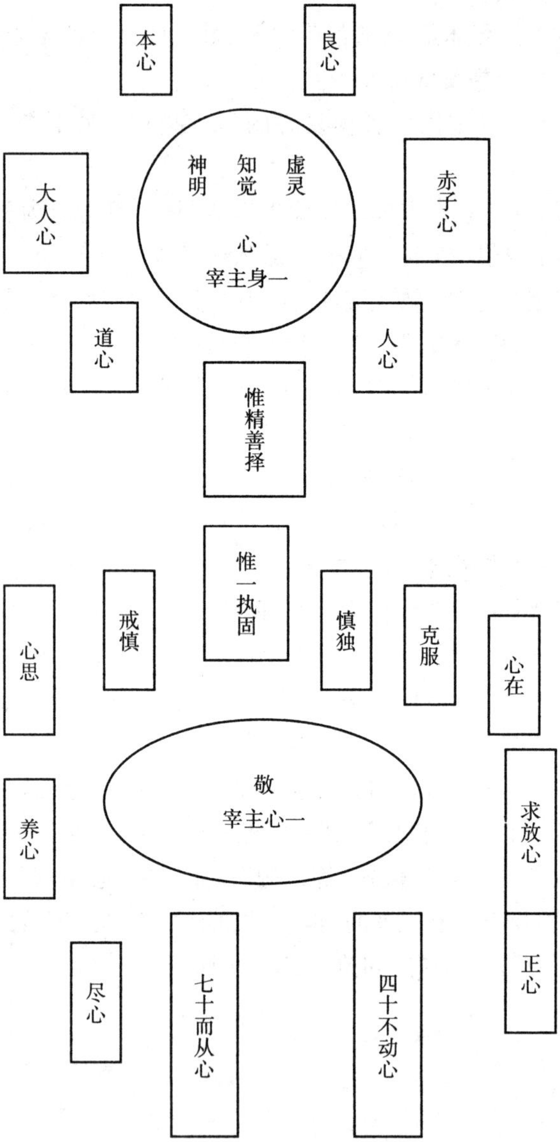
本心
良心
神明
知觉
虚灵
心
宰主身一
大人心
赤子心
道心
人心
惟精善择
惟一执固
心思
戒慎
慎独
克服
心在
敬
宰主心一
养心
求放心
正心
尽心
七十而从心
四十不动心

《心学图》

程敏政在《心学图》后还辑录了程复心的《心学图说》来解释《心学图》的意义。对于上图的意义，称复心说：

> 赤子心是人欲未汩之良心，人心是觉于欲者，大人心是义理具足之本心，道心即觉于义理者。此非有两样心，实以生于形气则不能无人心，原于性命则所以为道心。①

程复心认为，心有人心、道心、赤子心、大人心、本心、良心等分别，但这并不是指物理学意义上人会具有不同的心，而是从渊源于二程和朱熹性理哲学的气质之性与天命之性的哲学理论演化而来的关于心的学说。

程朱性理学的"气禀说"认为，人本来具有善良的本性，也就是二程所谓的"天命之性"，实际上也就是传统儒学所说的仁义礼智之道德本性，这种善良的道德本性，本来可以保证现实中不会出现恶的现象，但因为每个人在降生时所禀受的先天之气不同而导致性恶的产生。如果遇到的是清明之气，那么这个人就会更多地具有善良的本性；反之，如果遇到的是污浊之气，那么这个人就会更多地具有恶劣的本性。从总体上讲，因为每个人在降生的时候都会禀受或多或少的气质之性，因此在现实的层面上，除了极个别的天生圣人外，每个人的人性中都会同时具有完全善良的天命之性与善恶兼具的气质之性。②

程复心将程朱理学论证人性善恶的"气禀说"，借用到论证心有善恶的理论中，意味着宋代以后性理学开始由论性向论心的心学方向转化。这种心学转化，又建立在心为一身主宰的理论基础之上。

对于下图的意义，程复心说：

> 自精一执择以下，无非所以遏人欲而存天理之工夫也。慎独以下是遏人欲处，工夫必至于不动心，则富贵不能淫，贫贱不能

① （明）程敏政：《心经附注序》，〔韩〕宋熹準编：《心经注解丛编》一，第3页。

② "气禀说"来自于二程和张载，被朱熹所继承。如二程说："人受天地之中，其生也，具有天地之德，柔强昏明之质虽异，其心之所同者皆然。特弊有浅深，故别而为昏明；禀有多寡，故分而为强柔；至于理之所固然，虽圣愚有所不异。……弊有浅深，故为昏明；弊有开塞，故为人物。"（《二程集》第1159页）张载也说："人之刚柔、缓急、有才与不才，气之偏也。天本参和不偏，养其气，反之本而不偏，则尽性而天矣。"（《张载集》第7页）朱熹则说："人之性皆善，然而有生下来善底，有生下来便恶底，此是气禀不同。"（《朱文公文集》第69页）

> 移，威武不能屈，可以见其道明德立矣；戒惧以下存天理处，工夫必至于从心，则心即体，欲即用，体即道，用即义，声为律而身为度，可以见不思而得，不勉而中矣。①

也就是说，以敬为核心的下图主要讲的是休养工夫论。这种道德修养论分为两个方面，以慎独、克复、心在、求放心、正心、四十不动心为一方面，目的是为了“遏人欲”，也就是遏制乃至消灭人生来就具有的欲望；以戒惧、操存、心思、养心、尽心、七十而从心为另一方面，目的是为了“存天理”，也就是保存和发扬传统儒家所提倡的仁义礼智之道德本性。而这种修养工夫论又建立在“敬为一心之主”的理论基础之上。因此，程复心在《心学图说》的结尾强调说：“要之，用工之要俱不离乎敬。盖心者一身之主宰，而敬又一心之主宰也。”②

由心到敬，已经显示出朱熹理学在向心学转化的过程中一个最主要的思想差异，即朱子学心学化试图将朱熹追求万事万物之理的格物致知为学方式，转向追求个体的内在道德修养的以读书为主的为学方式。这意味着朱熹理学在转向心学化的同时，也会不可避免地走向思想视野上的狭隘化及政治上的中庸化。真德秀的历史评价问题之所以成为跨时空争论的焦点，实际上根源即在于此。也就是说，当心经心学试图将学者的注意力由程朱理学内含的为天地立心、为生民立命、为万世开太平的历史使命感，引向个体内在的道德修养及人格上的成圣时，自然会在政治态度上失去激烈的现实批判与抗争精神，而转向温和无力的读书说教。这一点，从真德秀晚年的政治表现与程敏政始终是馆阁文人的政治经历上即可见一斑。

第二，在程复心的《心学图说》中还提出了一个值得注意的理论，即如何主敬及主敬修养的最终目的问题。他说：“学者熟究于主一无适之说，整齐严肃之说，与夫其心收敛、常惺惺之说，则其为工夫也尽，而优入于圣域亦不难矣。”③也就是说，所谓的心学修养工夫，主要是指“主一无适”“整齐严肃”与“其心收敛、常惺惺”这三种，只要学者能完全做到这三种主敬工夫，就完全能够达到心学的最终目的——成为圣贤。

① （明）程敏政：《心经附注序》，〔韩〕宋熹準编：《心经附注丛编》一，第14页。
② （明）程敏政：《心经附注序》，〔韩〕宋熹準编：《心经附注丛编》一，第14页。
③ （明）程敏政：《心经附注序》，〔韩〕宋熹準编：《心经附注丛编》一，第14页。

可以看出，在程复心的心学图与说中，已经建立起了心学的基本理论框架，即论心与论敬为其主要的理论内容，而“心为一身之主宰，敬又一心之主宰也”乃是其理论基础。以“主一无适”“整齐严肃”与“其心收敛、常惺惺”为主要的主敬工夫，以存天理、遏人欲为辅助功夫，最终的修养目的则是成为圣贤。

正是因为看到了程复心所建立起来的这个心学理论框架的重要性，所以程敏政才在附注真德秀《心经》时将其放在《心经附注》的篇首，并加了按语说：“程氏此图尽心学之妙，而所论亦足以发心学之要。故揭之编首，使学者知所向往而为求端用功之地云。”①

也是因为如此，程敏政所编辑的《心经附注》，在真德秀《心经》的 37 章原文之下增加了大量的附注，附注的内容主要就是围绕着“心”和“敬”这两个方面摘录的二程、朱熹、黄榦、胡五峰等人的言论。

如在《心经》开篇所录《书经 · 大禹谟》“人心惟危，道心惟微，惟精惟一，允执厥中”之后，真德秀辑录的只有朱熹论心一段，内容是说心从本性的虚灵知觉上讲本来只有一个，但之所以要分为人心和道心，是因为“以其或生于形气之私，或原于性命之正，而所以为知觉者不同”②，而朱熹论心之不同的目的，是“必使道心常为一身之主而人心每听命焉，则危者安，微者著，而动静云为自无过不及之差矣”③。程朱理学的核心在于论证人性之恶的根源及所以遏制人性之恶的思想对策，因此重点放在以道心遏制人心，也就是用传统儒家的道德思想来遏制人天生就具有的物质欲望，这与程敏政所追求的以主敬成圣为目的的心学要求显然很不相同。

因此，他才在真德秀辑录的朱熹论心之下，附录了朱熹、程颐、陈五峯、黄榦、真德秀、王鲁斋等人论述心性的说法，比如所引朱熹的话，就是为了说明《书经 · 大禹谟》所论人心惟危，道心惟微等十六字，是“尧舜以来未有议论时先有此言，圣人心法，无以易此”④。点出的是心学所追求的“圣人心法”。而所辑录的潜室陈氏之言，则主要是为了说明天理与人欲的区别，即“饮食男女之欲，尧舜与桀纣同，但中理中节即为天理，无理无节即为

① （明）程敏政：《心经附注序》，〔韩〕宋熹準编：《心经附注丛编》一，第 14 页。
② （明）程敏政：《心经附注序》，〔韩〕宋熹準编：《心经附注丛编》一，第 15 页。
③ （明）程敏政：《心经附注序》，〔韩〕宋熹準编：《心经附注丛编》一，第 16 页。
④ （明）程敏政：《心经附注序》，〔韩〕宋熹準编：《心经附注丛编》一，第 16 页。

人欲”①。强调人心道心说就是《心经附注》所追求的心学渊源。

但是,在这一心学渊源之下,程敏政所要强调的不再是程朱性理哲学所追求的人性恶的根源,而是如何用敬来进行个体的道德修养问题。换言之,从真德秀到程敏政,以《心经》及其附注为载体,在社会层面上追求的不再是程朱理学的治理国家与社会中的丑恶现象问题,而是转向了如何用敬来治理个体自我的人性中所存在的欲望问题。也就是说,程朱理学在走向心学化的同时,也使得其学问精神由天下国家的社会使命感,走向了个体自我的道德追求感。

也正是在这个意义上,程敏政的《心经附注》不仅继承了真德秀《心经》之心学,而且以程复心的心学图与说所构建的心学修养论框架为蓝本,试图通过对程朱及其后学如黄榦、胡五峰等人的心学思想加以整理和编辑,建立起一个独立的心学思想体系。

程敏政试图以程子和朱子关于心有体有用的观点,发展出一种独立的心学体系,即以心为涵盖内外的某种道德实体概念,并通过对心的道德修养与体认完成道德人格的确立。认为学者只要能够具有完美的道德人格,就可以齐家治国平天下,因而不再需要去关注外部的客观世界。

程敏政的心学主张,典型地反映了明代中叶的思想特色,即以道德之心治理思想界的非道德化的哲学试图。在这一根本要求之下,程敏政的《心经附注》不仅直接以真德秀《心经》为依据,而且通过附注整理、继承了真德秀以来的心学发展成果,对真德秀、王柏、程复心、吴澄、甚至陆象山、张栻、黄榦等人的心学思想,都有大量附注。如在《心经附注》首页即附上了程复心的《心学图》与《心学图说》,又在文中引程复心对程子视、听、言、动四箴的解释说:“言有不顺理处,即是心有不顺理处,故不得于言,须求于心”②;在第一卷中,引真德秀论人心道心说作为自己心学的理论依据,说:

> 人心惟危以下十六字,乃尧舜传授心法,万世圣学之渊源。……夫声色臭味之欲皆发于气,所谓人心也;仁义礼智之理皆根于性,所谓道心也。人心之发如栝锋如悍马,有未易制驭者,故曰危;道心之发如火始燃,如泉始达,有未易扩充者,故曰微。

---

① (明)程敏政:《心经附注序》,〔韩〕宋熹準编:《心经附注丛编》一,第16页。
② (明)程敏政:《心经附注序》,〔韩〕宋熹準编:《心经附注丛编》一,第228页。

惟平居庄敬自持，察一念之所从起，知其为声色臭味而发，则用力克治，不使之滋长；知其为仁义礼智而发，则一意持守，不使之变迁。夫如是则礼仪常存而物欲退听，以之酬酢万变，无往而非中矣。①

又引王柏的《人心道心图》来说明人心与人欲的区别；引吴澄论“思无邪”之诚与私欲的区别，以及论慎独的说法，尤其是在卷末所引吴澄对朱子后学口耳之习的批评与对尊德性的提倡，不仅证明了程敏政的《心经附注》在学问目的上对真德秀以来心学化发展的思想继承，也是其合会朱陆的依据之一。在卷四中，对陆象山应朱子之邀在白鹿洞书院演讲义利之辩的全文引用，更说明心学化发展到明代已经呈现出一种心学化思潮，因而不仅在合会朱陆问题上出现了程敏政与王阳明的共同主张，而且在心学内容上也表现出这两种心学对陆学在道德追求上的共同继承。如程敏政所引吴澄之言：“天之所以生人，人之所以为人，以此德行也。”②就表明了真德秀、吴澄以来的心学发展对陆象山心学思想的继承。

程敏政《心经附注》在对真德秀以来的心学化发展的思想继承上表现出来的第二个心学特色，是对南轩张栻修养学说的继承，以及对黄榦心学思想的继承。

张栻不仅是朱子的讲友，而且是湖南学派的主要代表人物，而湖南学派的主要学问特征，就是在人性本善的前提下要求进行以敬为主的心性修养，即所谓的先察识，后涵养。被真德秀以后的圣贤心学视为主敬理论的性理学主要依据的《敬斋箴》，就是朱子根据张栻的思想所做的。程敏政引南轩论敬，即是在张栻对敬的本来意义上讲敬的。张栻说：“程子教人以敬，即周子主静之意。又曰，一二年来颇专于敬字上勉力，愈觉周子主静之意为有味，程子谓于喜怒哀乐未发之前更怎生求，只平日涵养便是。此意当深体之也。”③而其后所引真德秀的解释，谓“南轩此言盖是合静敬为一，学者当深体之”④，则是体现了心学化将敬发展为一种全面的行为方式的心学特征。

---

① （明）程敏政：《心经附注序》，〔韩〕宋熹準编：《心经附注丛编》一，第 23 页。
② （明）程敏政：《心经附注序》，〔韩〕宋熹準编：《心经附注丛编》一，第 262 页。
③ （明）程敏政：《心经附注序》，〔韩〕宋熹準编：《心经附注丛编》一，第 175 页。
④ （明）程敏政：《心经附注序》，〔韩〕宋熹準编：《心经附注丛编》一，第 175 页。

同时,程敏政在《心经附注》中,一再引黄榦的心学理论,又表明了一个朱子学心学化发展中的思想细节,即程敏政已经注意到,朱子学其实早在其首弟子黄榦那里就已经开始出现了心学化的倾向。如程敏政引黄榦论正心曰"正心修身者,学问之大端,而齐家治国平天下之本也"①,已经表现出与朱子《大学章句》对齐家治国平天下之本乃在于格物致知说的不同,即由朱子的以心求理、内外并重的学问精神,走向对人类自身的内在德性的思想发展方向。再引黄榦论格物致知曰:"孟子发明操存之说,而又以为莫善于寡欲也。虽然,寡欲固善矣。然非真知天理人欲之分,则何以施其克治存养之功哉。故格物致知,又所以为寡欲之要也"②,就更加明显地表现出了这一特征。

而程敏政再引黄榦论心与敬,说:"心者,神明之舍,虚灵洞彻,具众理而应万物者也。然耳目口鼻之欲、喜怒哀乐之私,皆足以为吾心之累也。此心一为物欲所累,则奔逸流荡,失其至理而无所不至矣。是以古之圣贤战战兢兢,静存动察,……不使此心少有所放,则成性存存而道义行矣。此孟子求放心一语,所以警学者之意切矣。……及周程倡明圣学,……所以诲门人者,尤先于持敬。敬则此心自存而所以求放心之要旨欤!"③就不仅表现出了心学化的特征,也提示了心学化发展的方向,即在程复心、吴澄等在理论上对"心为身主、敬为心主"的理论论证下,程敏政在《心经附注》中开始融合二程与朱子关于敬的学说,试图从思想上提出一种新的心学理论,即以主敬为主要方式、以成圣为根本目的的圣贤心学。

因此,在《心经附注》中,程敏政大量辑录了程朱及其后学论述如何主敬的思想,如所录二程语:"或曰,敬何以用功?程子曰,莫如主一。""问主一无适。朱子曰,只是莫走作。如今人一事未了,又要做一事,心下千头万绪。又曰:学问只要专一。"④"上蔡谢氏曰,敬是常惺惺法。朱子曰,惺惺乃心不昏昧之谓,只此便是敬。"⑤

如前所述,修养论意义上的朱子心学,不仅是为了以心求理这一理学的根本目的,而且以主一、常惺惺以及容貌辞气的恭敬等为主要内容的敬,

---

① (明)程敏政:《心经附注序》,〔韩〕宋熹準编:《心经附注丛编》一,第49页。
② (明)程敏政:《心经附注序》,〔韩〕宋熹準编:《心经附注丛编》一,第215页。
③ (明)程敏政:《心经附注序》,〔韩〕宋熹準编:《心经附注丛编》一,第241页。
④ (明)程敏政:《心经附注序》,〔韩〕宋熹準编:《心经附注丛编》一,第40页。
⑤ (明)程敏政:《心经附注序》,〔韩〕宋熹準编:《心经附注丛编》一,第44页。

其主要作用也只是为了保持心的虚明灵觉的本然状态,为以心求理提供心理前提。但心学化发展到程敏政,敬已经成为修养的原则。程敏政在《心经附注序》中说:

> 性学不明,人心陷溺。寄命于耳目,胜理于口舍。此先生之所深悲而《心经》之所由述也。然则学者宜何所用力而后无忝于小人之名哉?盖尝反复紬绎,得程子之说曰:天德王道,其要只在谨独。又曰:学者须是将敬以直内涵养。直内是本。朱子熹曰:程先生有功于后学,最是敬之一字。敬者,圣学始终之要也。盖是经所训,不出敬之一言。①

程敏政不仅在《心经附注序》中提出了"敬者,圣学始终之要也。盖是经所训,不出敬之一言"②的主题,而且在《心经附注》中着力搜集了从二程、朱子,到真德秀、王柏、程复心、吴澄等人对于敬的论述,表明心学化发展到程敏政,已经开始对性理学有关敬的理论进行总结和整理。

在敬的基本内容上,从真德秀到程敏政,都主要是以二程对容貌辞气的外在行为要求,与"心要主一"的内在要求(即程敏政所引程子"闲邪更著甚工夫。惟是动容貌,整思虑,则自然生敬。敬只是主一"③)为基本内容,再加上谢上蔡对程子主一的强调(所谓"敬是常惺惺法"④),与朱子对程子言敬的强调(如"敬者,圣学之所以成始成终者也"⑤),形成了心经心学言敬的基本准则:内外交养。程敏政引真德秀对敬的解释说:"西山真氏曰:持敬之道,当合三先生之言而用力焉,然后内外交相养之功始备。"⑥

程敏政在《心经附注》中收集了大量性理学关于敬的格言和思想,对真德秀《心经》的简略框架加以补充,如对外在的行为要求,就增加了程子的视、听、言、动四箴,强化心学对学者的行为规范要求;对内在的心理层面的要求更是补充了大量内容,如对于"慎独",就补充了张南轩对"心过"的

① (明)程敏政:《心经附注序》,〔韩〕宋熹準编:《心经附注丛编》一,第5、6页。
② (明)程敏政:《心经附注序》,〔韩〕宋熹準编:《心经附注丛编》一,第6页。
③ (明)程敏政:《心经附注序》,〔韩〕宋熹準编:《心经附注丛编》一,第27页。
④ (明)程敏政:《心经附注序》,〔韩〕宋熹準编:《心经附注丛编》一,第44页。
⑤ (明)程敏政:《心经附注序》,〔韩〕宋熹準编:《心经附注丛编》一,第46页。
⑥ (明)程敏政:《心经附注序》,〔韩〕宋熹準编:《心经附注丛编》一,第47页。

论述，以及二程、朱子、真德秀等对孔子“子绝四：毋意、毋必、毋固、毋我”的解释，及对诚意的要求等。

第三，除了关于心和敬这两个方面的内容以外，程敏政的《心经附注》还有一个不同于真德秀乃至朱熹理学的方面，就是试图把程朱理学内外兼修、学问与政治皆追求的方向，转向单纯的个体内在道德修养而放弃对现实政治的道德诉求。

这一点，非常明显地表现在程敏政对真德秀《心经》第一章所引《易·坤之六二》“君子敬以直内，义以方外。敬义立而德不孤，直方大，不习无不利，则不疑其所行也”①一条的辑录上。

真德秀《心经》本来在这一条后边只是简单辑录了二程和杨时关于“敬义”的说法，主要是解释如何才能“敬内”和“直义”。如程颐说“敬立而内直，义形而外方”，又说：“主一之谓敬，直内乃是主一之义。至于不敢欺、不敢慢、尚不愧于屋漏，皆是敬之事也，但存此涵养，久之自然天理明。”②程敏政在这一条下，辑录了二程、朱熹、尹和靖等人关于《易·坤之六二》关于“君子敬以直内，义以方外”条的大量论述。重要的是，朱熹论述的是敬、义并重，其弟子曾记载，朱子堂旁有两夹室，朱子平时在那里读书默坐，并将左边那间命名为“敬斋”，右边那间命名为“义斋”，而且还为此专门写了记，说：

> 尝读《易》而得其两言曰：敬以直内，义以方外。以为为学之要，无以易此，而未知所以用力之方也。及读《中庸》，见所论修道之教而必以戒慎恐惧为始，然后得所以持敬之本；又读《大学》，见所论明德之序而必以格物致知为先，然后得所以明义之端。既而观夫二者之功，一动一静，交相为用，又合乎周子太极之论，然后知天下之理，幽明巨细，远近浅深，无不贯乎一者。乐而玩之，足以终吾身而不厌，又何暇夫外慕哉！③

朱熹说得很明白，学问之道就是《易经》所说的“敬以直内，义以方

---

① （明）程敏政：《心经附注序》，〔韩〕宋熹準编：《心经附注丛编》一，第30页。

② （明）程敏政：《心经附注序》，〔韩〕宋熹準编：《心经附注丛编》一，第31页。

③ （明）程敏政：《心经附注序》，〔韩〕宋熹準编：《心经附注丛编》一，第37、38页。

外”，而且以《中庸》所论戒慎恐惧为持敬之本，以《大学》所论格物致知为明义之端，并强调这二者之功，一动一静，交相为用，缺一不可。就是说，朱熹的性理哲学所追求的不仅是个体内在的道德修养，同时也要有外在的行为要求。具体而言，不仅表现在个体对万事万物之理的客观探求上，而且还有程朱理学在政治上试图以传统儒家的道德思想治理天下的诉求，尤其是“格君心之非”的政治追求，更是为程朱理学带来了不断地政治迫害。

但是，程敏政却在辑录中特别强调了二程和尹和靖单独强调“敬以直内”的说法，如：“程子曰，切要之道，无如敬以直内。”①“尹和靖尝言，先生教人，只是专令敬以直内。若用此理，则百事不敢妄作，不愧屋漏矣。习之既久，自然有所得也。”②程敏政还专门加了按语，说：“《易》言敬以直内，义以方外，诚学者希圣之枢要。然敬以直内，其本也。若以上四条，皆程子平日但言之以教学者，而其发明敬字之义尤详。今摭拾如左。”③

由朱熹的敬义兼具到程敏政的只重持敬，表达的是朱子学在宋末以后的心学化过程中，试图摆脱因为自身的政治诉求所带来的不断打击与迫害而转向单纯的内在的道德修养的企图。相应地，在哲学的为学方式意义上，也必然由程朱理学所强调的格物致知转向单纯的读书为学。这种心学思想的继承与发展，也表现在程敏政对真德秀《心经》与《政经》的不同取舍上。

如前所述，真德秀《心经》的意义，主要在于在学问方向上试图由朱子理学居敬穷理、内外并重的学问追求，转向以个体的道德修养为主的心学方向，以避免理学所具有的批判精神所引起的一再遭禁的命运。但在格物致知为学方式的意义上，真德秀仍然继承了朱子理学关注国家治理的特色，因此，他不仅作《大学衍义》为帝王提供治理之道，而且著有《政经》，为官僚阶层提供治理之术，并因此而受到历代帝王的赏识和重视。

真德秀弟子王迈在《心政二经合编序》中曾说：“惟《心经》所以为开天理、迪民彝之大本；惟《政经》所以为续天命、救民穷之实。用《心经》可以接伊洛之正传，衍朱张之道学；《政经》则自体以达用，……国步斯贫，民亦劳止，有民社者，当于心政二经佩服而力行之，则民瘼庶其有瘳乎，国脉庶

① （明）程敏政：《心经附注序》，〔韩〕宋熹準编：《心经附注丛编》一，第38页。
② （明）程敏政：《心经附注序》，〔韩〕宋熹準编：《心经附注丛编》一，第39页。
③ （明）程敏政：《心经附注序》，〔韩〕宋熹準编：《心经附注丛编》一，第39页。

其有永乎！”①可见宋代学术仍然继承了程朱理学重格物致知以为治国之本的学问精神，因此直到程敏政为止，一直是心政二经合编出版。

但是，当程敏政通过再注《心经》继承真德秀修养论心学时，几乎从一开始就表现出了有别于真德秀修养论心学的特征，他不仅要求个体的道德修养实践，而且试图将这种修养论心学发展成为一种独立的心学思想体系。所以在《心经附注》后记中，他明确反对从宋末以来一直以《心经》为本、以《政经》为用的看法，说：

> 此尤不然。程子曰：心一也，有指体而言者，有指用而言者。朱子《大学章句》亦以心之全体大用为言。兹乃独指心以为体，岂非舛之甚邪？况圣人之政，必由身而家而国而天下，……故今独取《心经》为附注而《政经》未暇及焉，以为诚有得于心学，则举而措之，无施不宜，其体备，其用周，有不俟乎他求者矣。②

由此可见，程敏政明确地放弃了真德秀《政经》所代表的政治要求，只要求学者通过《心经》进行个体的内在道德修养，认为学者只要具有了良好的道德修养，就能够治国救民。

最后，程敏政在《心经附注》中还表达了一个根本的心学目的，即学者进行主敬修养的主要目的并不是为了治国救民，而是为了在人格上成为圣贤。

与真德秀主要是为了在学问方向上由朱子的以心求理走向心学化的人心道心之心学修养论相比，程敏政在《心经附注》中明确提出了心学的目的是为了成圣。他辑录了杨时、朱子等人关于成圣的可能性的论述，如引杨时的话说：“古之学者以圣人为师。其学有不至，故其德有差焉。人见圣人之难为也，故凡学者以圣人为可至，则必以为狂而窃笑之。夫圣人固未易至，若舍圣人而学，是将何所取则乎？”“夫学者，学圣贤之所为也。欲为圣贤之所为，须是闻圣贤所得之道”。③ 又引朱子的话说：“凡人须以圣贤为己任”④；再引徽安程氏的话说：“学圣贤所知之道，无他，主敬以立其

① （宋）真德秀：《心经政经合编》，第7页。
② （明）程敏政：《心经附注》，〔韩〕宋熹準编：《心经附注丛编》一，第266页。
③ （明）程敏政：《心经附注》，〔韩〕宋熹準编：《心经附注丛编》一，第220页。
④ （明）程敏政：《心经附注》，〔韩〕宋熹準编：《心经附注丛编》一，第222页。

本，穷理以致其知，反躬以践其实。”①都是为了说明学者修养身心的目的就是为了成为圣贤。因此，程敏政在所引性理学成圣贤的主张以前明确说：“以下所摭四条，皆论学者当以圣人为师，而以闻道为要。不可恬于小成而群于自画。盖所谓心学者，如此而已。”②因此，主敬成圣就成为程敏政《心经附注》之心学所追求的根本目的。

总之，与真德秀简单辑录程朱性理学者的言论而成的《心经》文本相比，程敏政的《心经附注》不仅在内容上增加了以程朱为首的40家、392节注释，整理了从二程、朱熹、黄榦、张栻、陆象山，到真德秀、王柏、程复心、吴澄等人的心学思想，而且以程复心的心学图与说为起点，建立起了以“心为一身主宰，敬又为一心主宰”的心学修养论框架，并且通过辑录大量程朱及其后学的言论，构筑了一个主敬成圣的圣贤心学思想框架。如果说真德秀《心经》实现了由朱熹之性到心学之心的转化的话，那么，程敏政的《心经附注》则完成了由《心经》之心到圣贤心学之敬的思想发展。

程敏政试图以程子和朱子关于心有体有用的观点，发展出一种独立的圣贤心学思想体系，即以心为涵盖内外的某种道德实体概念，并通过对心的道德修养与体认完成道德人格的确立。他认为，只要能够具有完美的道德人格，就可以齐家治国平天下。程敏政的心学主张，典型地反映了明代中叶的思想特色，即以道德之心治理思想界的非道德化的哲学试图。

如此，由朱了的以心求理，到真德秀的以道心治理人心，再到程复心、吴澄之心为身主、敬为心主，终于程敏政之主敬成圣，朱子学在250余年间，走过了一个明确的性理学基础上的心学化思想发展过程。

三、程敏政《心经附注》心学与程朱理学心性论比较：矛盾与问题

由于程敏政的《心经附注》只是在真德秀《心经》文本基础上所作的性理学关于敬与持敬的总结，而缺乏哲学理论的论证，因此，在表达主敬这一心学化的主要修养原则所不可避免的心学意义时，程敏政并没有意识到，他所总结整理的主敬学说中，存在着朱子的以敬为主的修养方式与《心经

① （明）程敏政：《心经附注》，〔韩〕宋熹準编：《心经附注丛编》一，第223页。
② （明）程敏政：《心经附注》，〔韩〕宋熹準编：《心经附注丛编》一，第220页。

附注》在程复心、吴澄“心为身主、敬为心主”思想基础上建立起来的主敬成圣心学中，关于心和敬的作用与意义的矛盾与冲突。从某种意义上讲，也可以说这一矛盾与冲突仍然根源于朱子理学与象山心学在尊德性问题上的矛盾于分歧。

如前所述，真德秀《心经》吸收陆学的道德本心以为修养的内容，试图将程朱理学格物致知、主敬穷理的学问方向，转向个体的内在人格之道德修养为主的心学方向，从而开朱子学心学化的先河。但由于真德秀所编《心经》非常简略，既缺乏对朱陆之争的理论总结，也缺乏对其心学道德修养主张的哲学理论论证，只是以朱子的人心道心说提出了一个道德修养依据的“万世心学”之渊源。尤其是因为真德秀在哲学的基本精神上，仍然是以程朱理学格物致知为根本而致力于国家治理，因而尽管事实上在《心经》中吸收了陆学的德性要求，但在理论上提出的却是《大学》的慎独与《孟子》的四端与求放心等内容作为个体人格修养的内容，这就避开了朱陆之争的问题。

当吴澄在学问上直接提出合会朱陆的观点，并要求以陆学的尊德性作为心学的学问目的以后，如何解释朱子的格物致知学问精神与陆学的尊德性精神的矛盾，就成为主要的问题。吴澄并没有能够解决这一理论难题，因此，当程敏政继承程复心、吴澄等的“心为身主、敬为心主”思想，以敬之一字再注《心经》，并试图构建一个圣贤心学体系时，也不得不以吴澄的和会朱陆说作为理论发端，在学问精神上继承陆学的道德心学主张。

问题在于，在具体的道德修养方式上，程敏政与吴澄等却又继承了程朱理学的主敬学说，并以之作为圣贤心学的根本道德实现方式，这就造成了圣贤心学与程朱心学和陆九渊心学的双重矛盾。

对于陆学而言，圣贤心学虽然继承了其道德本心的学问精神，但在具体的道德实践方式上，却采用了陆象山所反对的主敬学说，而且在论证道德修养的必要性时，也不得不采用朱子理学的气禀说与理气观，因此在学问的继承上也不得不以朱子作为其心学的渊源，如程敏政弟子汪祚在刊行后记中就说：“我文公朱子廓而著之，由是心学粲然，复明于世矣。西山出数君子之后，实嗣其传，摭为此经，大有功于学者。……先生（指程敏政）……附注其间，然后操存省察之功，全体大用之学，如指诸掌”①，明确将

① （明）程敏政：《心经附注》，〔韩〕宋熹準编：《心经附注丛编》一，第268页。

《心经附注》一系的心学宗主定为朱子而非陆象山。

但是,对于程朱理学而言,圣贤心学虽然继承了其主敬学说,但在关于敬的修养论意义问题上却与理学的认识有根本的差异。事实上,《心经附注》一系的心学,只是在敬的内容上完全继承了程朱理学的学说,但在关于主敬的意义与地位问题上,却作了完全不同于程朱理学的发展。

简单讲,在程朱理学中,主敬与穷理是相并列的两个范畴。在程朱格物致知的为学方式中,代表道德修养的主敬与代表知识追求的穷理,不仅是并重的关系,而且在朱子理学的最终目的上讲,主敬又是为了致知而存在的。更重要的是,主敬与穷理的实现都必须依靠心的理性认识能力来完成。因此,心这一概念在朱子理学中是最高的概念,所以朱子说“惟心无对”①。但当真德秀、程敏政《心经》一系的心学将敬看成是心的主宰,并以此为基础建立起主敬成圣的心学体系时,如何解释圣贤心学之敬与朱子理学之心的矛盾与冲突,就成为必须解决的理论难题。

具体而言,程敏政的主敬成圣之心学与朱子的修养论存在着两个方面的理论矛盾。

其一,敬与心的哲学地位之冲突问题。朱子心性哲学的典型特征,是以心求理。在心所具有的虚明灵觉的认识能力之下,无论是“敬义夹持”的修养论,还是格物致知的认识论,其所赖以进行的都是心。因此,朱熹极力强调心的唯一性与主宰作用,如说“惟心无对”②,“心官至灵,藏往知来”③,又说:“心者人之所以主乎身者也,一而不二者也,为主而不为客者也,命物而不命于物者也。故以心观物,则物之理得。”④都是强调心因其所具有的理性认识能力的独特性而成为其心性哲学中最高的、唯一的概念。

在心的唯一性与主宰作用的意义上,朱熹明确反对在心这一概念之上再加上任何概念。关键在于,朱子所说的敬就是指心的警醒状态,而不是另外有一个心或者敬,因此朱子一再强调心只有一个。在批评范氏《心箴》时,朱子就说:“心则一也,以正不正而异其名耳。惟精惟一,则居其正而审其差者也,绌其异而反其同也。能如是,则心执其中而无过不及之偏

---

① (宋)黎靖德编:《朱子语类》卷五。
② (宋)黎靖德编:《朱子语类》卷五。
③ (宋)黎靖德编:《朱子语类》卷五。
④ (宋)黎靖德编:《朱子语类》卷五。

矣。非以道为一心、人为一心，而又有一心以精之也。夫谓操而存者，非以彼操而存之也；舍而亡者，非以彼舍此而亡之也。心而自操则亡者存，舍而不操则存者亡耳。然其操之也，亦曰不使旦昼之所为得以梏亡其良心云尔。”①明确反对以心存心的说法。

但是，当后来心学化以心为身主、敬为心主建立起圣贤心学的修养方法论时，敬作为心的警醒状态来主宰心时，就正变成了朱子所反对的以心存心。程敏政在《心经附注》首页所录程复心的《心学图》就明确揭示了“心为身主，敬为心主”的命题，尤其是所引真德秀对心与事关系的论述“人徒知为事之累心，不知乃心之累事也”②，与朱子“人心至灵，主宰万变”的观点相矛盾。

第二，敬的修养方式与意义之差异。在内在的修养方法上，朱子也继承了二程关于“敬为主一”的思想，要求学者首先要将心思集中到圣学上来，但在此基础上，朱子强调的是心的重要性。他的内外修养，都是为了保持心的虚明灵觉的本体状态，而不是为了持敬本身。所以朱子说：

> 学者常用提省此心，使如日之升，则群邪自息。他本自光明广大，自家只着些子力去提省照管他，便了，不要苦着力，着力则反不是。③

在此意义上，敬只是保持心的明觉状态的一种手段或者说前提。朱子解释谢上蔡“敬是常惺惺法”时说：“惺惺乃心不昏昧之谓。只此便是敬。今人说敬，以整齐严肃言之固是，然心若昏昧，烛理不明，虽强把捉，岂得为敬？”④又说：“学问只要专一。……得此心有个存主处，然后为学便有归著。若此心杂然昏乱，自无头当，却学从那处去？又何处是收功处？故程先生须令于敬上做工夫，正为此也。”⑤又说：“敬是个扶策人底道理。人当放肆殆惰时，才敬便扶策得此心起。常常恁地，虽有些放僻邪侈意思，也自

① （宋）朱熹：《观心说》，《朱熹集》卷六十七。
② （明）程敏政：《心经附注》，〔韩〕宋熹準编：《心经附注丛编》一，第164页。
③ （宋）黎靖德编：《朱子语类》卷第十二。
④ （明）程敏政：《心经附注》，〔韩〕宋熹準编：《心经附注丛编》一，第44页。
⑤ （明）程敏政：《心经附注》，〔韩〕宋熹準编：《心经附注丛编》一，第40、42页。

退听。”①

朱子认为，敬不仅可以使心保持在虚明灵觉的本体状态上，而且还可以抵抗人欲，他说：“敬所以抵敌人欲。人常敬则天理自明，人欲上来不得。”②朱子正是在这样的意义上，强调“敬乃圣门第一义，彻头彻尾，不可顷刻间断”③的。在此意义上，朱子并不主张仅仅以主敬为唯一的修养方式，如说：“人心至灵，主宰万变而非物所能宰，故才有执持之意，即是此心先自动了。此程夫子每言坐忘即是坐弛，而其指示学者操存之道，虽曰敬以直内，而又有以敬直内便不直矣之云也。”④

因此，在具体的修养方式上，朱子强调的是敬以直内，义以方外。朱子说：“敬以直内是无纤毫私意，胸中洞然，彻上彻下，表里如一。义以方外是见得是处，决定恁底，不是处，决定不恁底。截然方方正正。须是自将去做工夫。”⑤又说：“尝读易而得其两言，曰敬以直内，义以方外，以为为学之要，无以易此，而未知所以用力之方也。及读《中庸》，见所论修道之教而必以戒慎恐惧为始，然后得所以持敬之本；又读《大学》，见所论明德之序而必以格物致知为先，然后得所以明义之端。既而观夫二者之功，一动一静，交相为用，又有合乎周子太极之论，然后知天下之理，幽明巨细，远近浅深，无不贯乎一者。”⑥由此可见，在具体的修养方法上，朱子主张的是“敬义夹持”，即主敬与穷理二者不可缺一，这是一种内外兼修（道德修养与追求治理国家的知识并存）的修养方法。

但是，当心学化发展到程敏政以后，敬在修养方式的意义上成为治理人心陷溺的唯一手段。他不仅以敬之一字再注《心经》，而且极力强调主敬的重要性与修养方式意义上的唯一性，如引真德秀之言曰：“西山真氏曰：秦汉以下诸儒皆不知敬为学问之本，至程子指以示人而朱子又发明之，极其切至。二先生有功于圣门，此其最大者。”⑦又引鲁斋许衡之言曰：“为学之初，先要持敬，敬则身心收敛，……静而敬，常念天地鬼神临之，不敢少

① （明）程敏政：《心经附注》，〔韩〕宋熹準编：《心经附注丛编》一，第217页。
② （明）程敏政：《心经附注》，〔韩〕宋熹準编：《心经附注丛编》一，第217页。
③ （明）程敏政：《心经附注》，〔韩〕宋熹準编：《心经附注丛编》一，第217页。
④ （明）程敏政：《心经附注》，〔韩〕宋熹準编：《心经附注丛编》一，第205、206页。
⑤ （明）程敏政：《心经附注》，〔韩〕宋熹準编：《心经附注丛编》一，第36页。
⑥ （明）程敏政：《心经附注》，〔韩〕宋熹準编：《心经附注丛编》一，第37、38页。
⑦ （明）程敏政：《心经附注》，〔韩〕宋熹準编：《心经附注丛编》一，第218页。

忽；动而敬，自视听色貌言事凝忿得一一省察，不要逐物去了。虽在千万人中，常知有己，此持敬之大略也。……天下古今之善，皆从敬字上起；天下古今之恶，皆从不敬上生。在小学便索要敬，在大学也索要敬，为子为臣为君为父皆索要敬，以至当小事、当大事都索要敬。"①

在强调敬的修养方式意义上，《心经》一系心学的思考重心实际上已经转移到了如何以敬治心的内在道德人格修养问题上，而不再强调外在的集义问题，从而在修养方式问题上表现出与朱子心学修养论的差异。日后在朝鲜性理学的展开过程中，这一差异被明确表现出来，即李退溪以《心经附注》为主而重持敬，曹南冥以《大学》为宗而强调朱子修养论主张的敬义夹持，并因此而发生过直接争论。后来当李退溪以《天命图》为发端开始性理哲学基础上的心性哲学探索时，也与坚持朱熹理学的李栗谷就此发生过争论，从而显示出朱子学心学化在理学本土的发展过程中即已经产生了与朱子学本身的修养方法论上的矛盾。

但心学化与朱子修养论最根本的矛盾还在于，朱子心学修养的根本目的是为了以心求理，程敏政圣贤心学的修养目的却是主敬成圣。如此，无论是在心与敬的关系上，还是在主敬穷理的学问目的上，以及具体的修养方式上，都显示出程敏政的圣贤心学与朱子理学本身的矛盾与差异。

这种差异当然并不仅仅是表现在理论上，而是表现在具体的修养实践中所学者提出的心虑纷扰问题。从《心经附注》所提到的问题来看，这种心虑纷扰既可以是思维活动中的念头纷乱，也可以是现实生活中的各种事物纷扰，尤其是人生而具有的对物质的欲望与追求所形成的心、物（事）关系问题。这一问题本来在朱子的哲学中并不构成不可解决的难题，因为朱子哲学中的心是虚明灵觉的理性认识之心，心不仅可以在道德修养上使人以道德意识控制非道德意识，而且是为了以心穷理，所以朱子说"大抵圣人之学，本心以穷理而顺理以应物，如身使臂，如臂使指。其道夷而通，其居广而安，其理实而其行自然"②，即在心的理性认识能力的基础上，理学穷理的目的本来就是为了"顺理以应物"，不会出现物对心的损害问题。

但是，当《心经附注》提出学问的目的是为了个体在道德人格上的成圣并以主敬作为唯一的修养方式时，就不仅在心性论上陷入了朱子所批判

① （明）程敏政：《心经附注》，〔韩〕宋熹準编：《心经附注丛编》一，第218、219、220页。

② （明）程敏政：《心经附注》，〔韩〕宋熹準编：《心经附注丛编》一，第299页。

的“以心求心，以心使心”的困境，而且在失去了理学“本心以穷理”的外在目的以后，就只能在形气之心与义理之心的对立中寻求道德修养的价值与意义，因而在实践中也必然面临如何以道德意识对抗非道德意识的难题，从而不仅使这一问题成为圣贤心学一系的修养论难题，也在主敬的问题上形成越来越严格、越来越烦琐的修养规则。

最后，程敏政的《心经附注》虽然提出了主敬成圣的心学体系，但由于缺乏理论的论证，因而不仅未能解决真德秀《心经》在融合朱陆之学时所带来的矛盾，而且在试图突出主敬成圣的心学目的时，又在方法论上留下了心与敬的关系问题上与朱子修养论的矛盾。因此，程敏政在继承程复心、吴澄的“心为身主，敬为心主”理论时，也不得不借用了吴澄的和会朱陆说，并由此而开明代中叶以“和会朱陆”为标志的心学思潮的先河。

具体而言，程敏政在《心经附注》最后一卷中，不仅引用了陆象山关于义利之辩的主张，而且在朱子《尊德性斋铭》之后的附注中，也一再提到了所谓朱陆早异而晚同的说法，如说：“朱子中岁恐学者交修之功不逮而或至于不振，日择善之未精而或流于异学之空虚也，故于道问学为重。”①又说：“朱子晚岁以学者专讲说而废涵养，将流于言语文字之陋而不自觉，故又于尊德性为重。既为程允夫作铭，且屡有惩千从游者，盖定论也，故《心经》以是终焉。后之学者诚力于斯而知所归宿，则德可修、道可凝，而作圣之功可几矣。”②

如此，程敏政不仅表明了朱子关于道问学的主张只是中年之论，只有关于尊德性的学说才是晚年定论，而且批评北溪陈淳（1159～1223）在朱子尊德性与道问学并重的意义上强调“大段着力处，却多在道问学上，江西一派，却只是厌烦就简，偏在尊德性上去”③的说法是对朱子学说的“失真”，并引吴澄之言批评“嘉定以后朱门末学之弊”，“以世儒记诵辞章之学为俗学矣”，“其为学亦未离乎言语文字之末”，并提出学问的目的在于“所贵乎圣人之学，以能全天之所以与我者尔。天之与我，德性是也”④的心学道德化主张。

在《心经附注》的结尾，程敏政明确表达了自己在尊德性为主的意义

① （明）程敏政：《心经附注》，〔韩〕宋熹準编：《心经附注丛编》一，第312页。
② （明）程敏政：《心经附注》，〔韩〕宋熹準编：《心经附注丛编》一，第317页。
③ （明）程敏政：《心经附注》，〔韩〕宋熹準编：《心经附注丛编》一，第328页。
④ （明）程敏政：《心经附注》，〔韩〕宋熹準编：《心经附注丛编》一，第337页。

上的主敬成圣之心学主张，说："学者之弊，非驰心简捷，荡而为异学之空处，则极意钻研，流而为俗学之卑陋。在先哲之时已然，而况后此三百年之久哉！……学者于此，痛心刻骨，以朱子为师，以敬为入道之要，求放心、尊德性而辅之以学问，先之以力行，坚之以持守，俾空虚者反就乎平实，卑近者上达于高明，则圣门全体大用之学，或庶几焉。"①

程敏政虽然在心学化的发展中提出了主敬成圣这一重要的心学发展方向和目的，但由于缺乏哲学理论的论证而不得不借用陆象山尊德性的学问主张，并将朱子尊德性与道问学并重的学问强行说成是尊德性，引起当时理学者陈建与气学者罗钦顺以及其他学者的激烈批判，从而留下了心学化的又一个难题。

从根本意义上讲，他是希望通过强调个体的道德体认与实践修养来克服当时的社会弊病。从这个意义上讲，真德秀、吴澄与程敏政所提出和发展的圣贤心学，事实上仍然需要通过道问学（对心的体认）来实现尊德性。所不同的只是取消了朱子哲学在格物致知为学方式意义上对探求客观事物之理的强调而代之以以敬为主的治心之学。这不仅是取消了朱熹哲学中的积极的认识论，而且在继续着力于道问学的意义上，圣贤心学也不足以矫正明代中叶口耳之习的社会弊病。这与后来王阳明通过对社会矛盾的深刻体察而强调社会群体放弃烦琐的哲学理论，以直接的道德实践行为来实现社会安定的心即理之心学，有着显著的差别。

四、程敏政《心经附注》心学与阳明心学之比较：思想联系与差异

如笔者在绪论中所指出的，在迄今为止的宋明理学研究中，不仅已经对由陆象山→陈献章→王阳明这一系的心学化过程作了详细的研究，而且对明代前期理学向心学的演变也有深刻的研究。

其主要发展过程，从宋濂（1310～1381）对心的强调开始，到曹端（1376～1434）对理不离乎阴阳、太极自会动静的论述，以及薛瑄（1389～1464）的复性论，吴与弼（1391～1469）对涵养此心的强调，尤其是吴与弼弟子娄谅、陈献章、胡居仁等人对心学的研究，对阳明心学的形成都给予了直

① （明）程敏政：《心经附注》，〔韩〕宋熹準编：《心经附注丛编》一，第339、340页。

接的思想影响。其中，王阳明曾问学于娄谅①，“语宋儒格物之学，谓圣人必可学而至，遂深契之”②。而对于被认为是阳明心学前提的陈献章（1428~1500）心学，王阳明则是通过与陈献章高足湛若水（1466~1506）的交往③而尽得其心学思想的。对于明代初期在理学本土所演变与形成的这一系心学化过程，本书不再作具体的论述。

但是，对于本书所探究的朱子学心学化发展过程而言，却不能因为王阳明在哲学上对朱子格物之学的否定，或者因李退溪对王阳明及其心学的拒斥而将其排除在外。因为从明代心学思潮兴起的意义上讲，阳明心学事实上与心学化有着更直接的思想发展关系。这种发展就表现在王阳明对程敏政《心经附注》观点的继承上。

如上所述，程敏政在明代思想史上受到关注的原因不是因为《心经附注》的圣贤心学思想，而是因为他的和会朱陆观点。他不仅著有《道一编》，而且在《心经附注》中也直接提出了朱子晚年定论的观点，说：“朱子晚岁以学者专讲说而废涵养，将流于言语文字之陋而不自觉，故又于尊德性为重。既为程允夫作铭，且屡有惩千从游者，盖定论也。”④这一观点为王阳明直接继承。

王阳明刻《朱子晚年定论》，并在《与安之书》中说：“近年篁墩诸公尝有道一等编”⑤，可见其对程敏政所谓朱子晚岁定论观点的熟知。更为重要的是，与程敏政一样，王阳明刻《朱子晚年定论》的目的并不在于争朱、陆二者的学术地位，而是为了从心学上发展朱子学。因此，王阳明在其所刻《朱子晚年定论》后，特别指出：“朱子之后，如真西山、许鲁斋、吴草庐亦皆有见于此，而草庐见之尤真，悔之尤切。今不能备录，取草庐一说附于后。”⑥

王阳明所取草庐说，正是程敏政在《心经附注》末条中所辑录的吴澄之说。不仅再次显示出吴澄心学对明代心学的直接思想影响，而且当后来

① 据《阳明年谱》记载，王阳明18岁时，“始慕圣学，……以诸夫人归舟至广信，谒一斋娄谅，语宋儒格物之学，谓圣人必可学而至，遂深契之。”（《阳明全书》卷三十二）

② （明）王守仁：《王阳明全集》卷三十二。

③ 据《阳明年谱》记载，王阳明34岁时，与湛若水“一见定交，共以倡明圣学为事。”

④ （明）程敏政：《心经附注》，〔韩〕宋熹準编：《心经附注丛编》一，第248页。

⑤ （明）王守仁：《王阳明全集》卷三十二，《年谱》。

⑥ （明）王守仁：《王阳明全集》卷三。

李退溪的《心经后论》也直接对"吴草庐之说"产生怀疑、分析、批判并最终从思想上接受时,表明从程敏政到王阳明、李退溪,的确是在吴澄的心学思想中继承了某种统一的东西,也正是这种东西说明了本书所提出的朱子学心学化论点的正确性。

因此,为了分析在程敏政、李退溪的圣贤心学与王阳明的心学中所隐含的这种统一的思想特质,就需要明确分析所谓"吴草庐之说"中究竟隐含了怎样的心学意义?

被程敏政的《心经附注》与王阳明的《朱子晚年定论》所共同引用的"吴草庐之说",因为其对明代程敏政心学与王阳明心学、甚至日后的李退溪心学都产生了不可忽视的思想影响,因此在这里全文引出:

> 临川吴氏曰:天之所以生人,人之所以为人,以此德性也。然自圣传不嗣,士学靡宗,汉唐千余年间,董韩二子依稀数语近之,而原本竟昧昧也。逮夫周程张邵兴,始能上通孟氏而为一。程氏四传而至朱,文义之精密,又孟氏以来所未有者。其学徒往往滞于此而溺其心,夫既以世儒记诵词章为俗学矣,而其为学亦未离乎言语文字之末,此则嘉定以后朱门末学之弊,而未有能救之者也。
>
> 夫所贵乎圣人之学,以能全天之所以与我者尔。天之与我,德性是也。是为仁义礼智之根株,是为形质血气之主宰。舍此而他求,所学何学哉?假而行如司马文正公,才如诸葛忠武侯,亦不免为习不著行不察,亦不过为资器之超于人,而谓有得于圣学,则未也。况止于训诂之精,讲说之密,如北溪之陈,双峯之饶,则与彼记诵词章之俗学,相去何能以寸哉?圣学大明于宋代,而踵其后者如此,可叹已。澄也钻研于文义,毫分缕析,每犹以陈为未精,饶为未密也。堕此科臼中垂四十年而始觉其非。自今以往,一日之内子而亥,一月之内朔而晦,一岁之内春而冬,常见吾德性之昭昭,如天之运转,如日月之往来,不使有须臾之间断,则于尊之之道,殆庶几乎。于此有未能,则问于人,学于己,而必欲其至。若其用力之方,非言之可喻,亦味于《中庸》首章、《订顽》终篇而

自悟可也。”①

在吴澄这篇先后被程敏政的《心经附注》与王阳明的《朱子晚年定论》所共同引用、并被李退溪所批判并接受的“吴草庐之说”中,包含了对于明代朱子学心学化而言最为重要的两个观点。

首先,是对朱子后学在科举利禄的诱惑下,将朱子的道问学发展为“言语文字之末”、训诂讲说之学的批判。作为明代朱子学心学化发展的思想缘起,这一前提同样为李退溪的心学所继承。其次,是吴澄对德性的一再强调与提倡,也同时为程敏政、李退溪的圣贤心学与王阳明的心学所继承。而吴澄所谓的“德性”,是指“仁义礼智之根株”,亦即陆学与朱学共同倡导的道德本心。这一点,成为明代心学的共同特征。

李退溪既继承了程敏政《心经附注》所主张的陆学对道德的提倡,自然也在心学最为本质的意义上继承了陆学。这两个基本特征不仅决定了李退溪哲学的心学性质,也决定了李退溪的心学在哲学发展的意义上也是对阳明心学的某种发展,正如阳明心学也是对朱子学的哲学发展一样。

在这个问题上,一般研究者往往着眼于王阳明对朱子哲学的批判,以及李退溪对阳明心学的严厉批判与拒斥而将批判的双方对立起来,从而忽视批判者与被批判者之间所存在的内在思想联系。实际上,批判正是为了发展,没有批判的继承往往意味着哲学的死亡,这也是为什么陆象山的道德心学虽被杨简所极力维护,而阳明心学亦被王畿发挥到极致,但不仅未能发展师说,反而令陆学被视为佛学,阳明心学亦在王几那里流为狂禅的根本原因。黄宗羲因此而谓“象山不差,差在慈湖;阳明不差,差在龙溪”,确为的论。与此形成直接对照的,是王阳明对朱子哲学的批判与心学发展,使朱子学避免了在后学的空谈中走向覆亡的厄运。

阳明心学虽同样是在批判地继承朱子理学的基础上形成的,但并没有接受程敏政《心经附注》一系以个人道德人格修养为特征的圣贤心学思想,而是在陆象山尊德性之学的意义上,以致良知之直截了当的道德实践作为对社会群体的行为规范,这对当时的社会思想与道德的堕落是一种直接的拯救。

① (明)程敏政:《心经附注》卷四,〔韩〕宋熹準编:《心经附注丛编》一,第336、337、338、339页。

王阳明以陆象山心即理之本体论为基础建立起来的致良知之心学，不仅成为明代中叶的主要社会思潮，而且从他的思想不仅是在批判朱子格物致知说基础上开始发端，以及他在和会朱陆以及道德实践化的追求等问题上对吴澄思想的继承来看，阳明心学显然也是朱子学心学化的思想完成。正是在这个意义上，王阳明心即理心学获得了社会与思想界的承认并很快成为社会思潮的主流，而程敏政的《心经附注》之心学却因不适合社会发展的要求而被后来的性理学思想发展所忽视。

但是，程敏政以敬为主的圣贤心学思想，却因适合于同时代朝鲜社会的思想需求而被李退溪继承和吸收，并在解决社会难题的使命要求下，在其哲学思想的探索过程中，最终将其发展为正统朱子性理学意义上的心学。当然，这种心学化的思想发展过程是十分缓慢的，尤其是因为朝代的更替所带来的战乱，更造成了性理学传播的时断时续，再加上程复心、王柏、程敏政等人的思想并没有在理学本土起到太大的思想影响，因而这条朱子学心学化的思想发展线索也始终没有被后来的研究者所重视。笔者也是因为在长期研究李退溪哲学思想的过程中，逐渐发现了《心经附注》对退溪心学思想形成的重要影响，并反过来追溯由朱熹理学到明代心学化思潮，才发现了一直为中国性理学发展史研究所忽视的心经一系的朱子学心学化思想发展过程的。

换言之，朱子学心学化并不是在某一位学者或者思想家那里完成的，而是在300多年的历史时期里，经历了自真德秀、王柏、程复心、吴澄以至程敏政等长期的思想发展、补充和积累，才在16世纪中叶由王阳明和李退溪分别完成了朱子学心学化的两个思想发展方向，从而在国际性理学发展史上形成了阳明心学和圣贤心学这两个思想成果。从这个意义上讲，对阳明思想实质的分析，也是为了在朱子学心学化这一宏观的性理文化发展史视野上，确定退溪心学在朱子学中的思想地位。如果用图表示，即：

朱子学→真德秀《心经》：宋末朱子学心学化的开始→宋末元初：王柏、程复心的心图式化→元代：吴澄对朱子学心学化的展开→明代：朱子学心学化的理论分化与完成：程敏政《心经附注》所代表的圣贤心学与王阳明的心即理之心学→李退溪：对阳明心学的批判，对圣贤心学的理论完成：朱子学心学化的历史完成。

第四章
《心经附注》对退溪心学形成的思想影响

正如笔者在导论中所述，当李退溪于16世纪中叶开始在性理学上进行哲学探索时，明代已经由王阳明完成了由理学到心学的思想发展，同时站在理学立场上的心经一系的朱子学心学化也由程敏政以《心经附注》为载体完成了圣贤心学理论框架的构建，距朱熹去世也已经走过了300多年的历史。而李退溪在他的思想探索过程中，无论是对阳明心学的严厉拒斥，还是对程敏政《心经附注》所总结的圣贤心学思想的继承，都意味着他并不是在直接的意义上继承程朱性理哲学，而是在接受朱子学心学化的思想发展成果的意义上，来重新认识、探讨和发展朱子性理学的。这种发展既表现为《心经附注》对李退溪的思想探索及理论体系形成的思想影响，又表现为李退溪在《心经附注》思想影响下所完成的圣贤心学在朱子学的东亚文化传播过程中心学化的最终哲学完成。

一、《心经附注》对朝鲜性理学的思想影响

（一）《心经附注》的朝鲜传入

对于朝鲜《心经附注》的研究而言，同样表现出文化传播的特征，即从真德秀的《心经》（1234）到程敏政的《心经附注》（1492），在中国性理学发展史上，伴随着朱子学心学化的发展走过了250多年的历史。但在朱子学传入朝鲜半岛的过程中，却通过书籍这一文化载体，以文化积累所形成的

《心经附注》的文化形式①,同时传入了朝鲜的性理学界。因此,所谓朝鲜的心经研究,就是指朝鲜性理学界对程敏政《心经附注》中所包含的圣贤心学思想的接受、传播、研究与发展。李退溪在这一发展过程中则起到了思想完成者的作用。

程敏政在《心经附注》后所写的跋文中,明确记有"弘治五年壬子八月朔旦敏政再书",而据程敏政的弟子汪祚所述,《心经附注》亦刻于弘治五年壬子(1492)。也就是说,《心经附注》的完成与刊刻都是在1492年。据韩国史料记载,至晚是在正德十四年己卯(1519)以前,即程敏政的《心经附注》完成和刊刻20多年后,《心经附注》就已经传入了朝鲜。这一记载,就是朴世采(1631~1695)在《心经标题》中所提到的朝鲜《心经附注》的传播情况,他说:

> 听松成先生尝藏《心经》二卷……世采谨按:篁墩《附注》作于弘治壬子,距正德己卯间阅二纪,迄未闻为中国学者所重,而独我静庵先生,一时诸贤,亟读而好之,仍得表出锓梓,盛行于东方。不幸旋遭神武之祸,于是鷃先生以及晦斋、退溪、南冥诸贤,辄各抱持是书,退隐于山海之间,诵习紬绎,以成其学,称引传授,殆与《近思录》班,此盖当时所行一本也。②

朴世采在上文中还说:"此书本非中国所重,惟我静庵先生表章之,退溪先生笃好之。"③说明《心经附注》所包含的圣贤心学思想在朝鲜李朝受

---

① 笔者在这里所说的心经文化,主要是指以真德秀所编辑的《心经》文本为文化载体,通过不断地思想解释而形成的圣贤心学这一思想文化。如真德秀通过《心经赞》,首先将朱子性理学居敬穷理并重的修养方式,引向了以追求自身的德行修养为主的心学修养论方向,程敏政则通过再注《心经》,在《心经附注序》中提出"敬者,圣学始终之要也",从而在真德秀《心经》所主张的道德人格修养的学问基础上,进一步表达了由心到敬、主敬成圣的圣贤心学发展方向。在《心经附注》随着程朱性理学传入朝鲜半岛之后,又通过李退溪对《心经附注》心学思想的继承,在《心经后论》中表达了主敬成圣的圣贤人格修养方式,从而完成了真德秀《心经》对朱子学心学化以来由心→敬→圣贤人格的朱子学心学化的思想发展。这种发展表现在文化积累上,就是以《心经》为载体的心经文化。因此,在日本和刻本《心经附注》中,不仅在卷首有日本学者荒木见悟所写的《心经附注解题》介绍心经这一思想文化发展的历史,而且全面收录了从真德秀《心经赞》到程敏政《心经附注序》,再到李退溪《心经后论》这一完整的心经文化的思想发展史。

② 〔朝〕朴世采:《心经标题》,转引自〔韩〕宋喜准编:《心经注解丛编》第一册,第68页。

③ 〔朝〕朴世采:《心经标题》,转引自〔韩〕宋喜准编:《心经注解丛编》第一册,第68页。

到的重视。同时,在退溪以前的岭南学派发展中,李彦迪与周世鹏也都很重视《心经附注》的心学思想,尤其是周世鹏,曾著有《心经心学图》一卷,并曾接受国王明宗的命令进《心学图》《人心道心图》等 20 余图。可惜今不存。

但是,李退溪以前的朝鲜性理学界对《心经附注》的重视还只是一般的研究与认识,并没有特别的思想发展,一直到李退溪在其哲学探索过程中认识、接受、发展与完成了《心经附注》中所包含的圣贤心学思想以后,《心经附注》才对朝鲜性理学的发展起到了不可忽视的思想影响。

据韩国学者考证,在李退溪及其学派对《心经附注》的注释、讲论并刊刻了有关《心经附注》批注的书籍以后,才引起朝鲜性理学者大规模地《心经附注》研究,这种研究一直持续到当代。据韩国学者统计,在朝鲜性理学发展史上,共出版了 102 种关于《心经附注》的研究书目,可见《心经附注》对 16 世纪以后的朝鲜性理学发展史的重要意义。而这种影响首先基于李退溪对《心经附注》的注释、讲论,尤其是对《心经附注》所包含的圣贤心学思想的发展与完成,因此,对李退溪《心经附注》心学思想的研究就具有了重要意义。

(二)《心经附注》对李退溪一生的思想影响及意义

《心经附注》对李退溪的思想影响始于其青年时代。据《心经后论》记载，退溪自述少时游学汉中而得此书[①]，并说"其初感发兴起于此事者，此书之力也"。退溪门人著《言行录》载："先生尝访上舍黄姓人，始见《心经附注》。其为注皆程朱语录，人见之或不分句读。先生闭门数月，沈潜反复，自然心会。如有不得者，亦不强力探索，姑置一隅，时复捻出，虚心玩味，未有不洞然处。"[②]由此可见，《心经附注》在朝鲜李朝的传播虽非始于李退溪，但真正开始认识、阅读、研究《心经附注》则始于李退溪。此后终其一生，李退溪都将《心经附注》视为圣贤经典而穷研体认。《言行录》记载："先生自言，吾得心经[③]，而后始知心学之渊源，心法之精微，故吾平生信此书如神明，敬此书如严父。"[④]他在53岁时《答琴闻远兰秀》中说："心经苟能潜心积功，入道之门不外于此。仆启发于是经非一。"[⑤]65岁时《答赵士敬》中亦说："滉鄙钝无闻，幸于此经此注中略似有窥寻路脉处。年来随分用工多在这里。只默念声诵其经文，已觉一生知得不能尽，行得不可

---

① 韩国研究者认为，李退溪初次读到《心经附注》是33岁时，如韩国学者宋熹準在《우리 나라에 있어서〈心经〉注释书의史的展开》一文中，就说："退溪第一次接触到《心经》(指《心经附注》)，是在1533年，他33岁的时候。"(《心经注解丛编》-第9页)沈龟铉在《退溪李滉의〈心经附注〉研究와 그의心学의特征》一文中也认为："退溪33岁游学泮宫时，在旅馆第一次看到《心经附注》并求得该书。"但笔者认为，上述看法是一种误解。实际上，李退溪初次接触到《心经附注》，是在其23岁第一次游学汉城时。研究者之所以会出现误解，是因为《退溪年谱》中有李退溪两次游学汉城的记载。第一次是在嘉靖二年(1523，时退溪23岁)，记载曰："是岁始游大学。时初经己卯之祸，士习浮薄，见先生举止有法，人多笑之，所与从者，惟金河西麟厚一人而已。"第二次是在嘉靖十二年(1533年，时退溪33岁)，记载有"游泮宫"之事。问题出在《退溪先生言行录》中。在该书卷一记载有"先生游学泮宫，是时初经己卯之变，人皆以学问为忌讳，日以戏谑为习，先生独敛然自持，……尝访上舍黄姓人，始见《心经附注》"(《退溪全书》四，第169页)。研究者将此条所记的"游学泮宫"等同于《年谱》中所记录的"游泮宫"，故得出退溪33岁始见到《心经附注》的结论。但事实上，《言行录》中所说的"先生尝游学泮宫"，就是指退溪23岁时游大学之事。因为古代的大学与泮宫，都是指太学。《言行录》提到退溪初次见到《心经附注》时说"是时初经己卯之变"，与《年谱》记载的退溪23岁时游大学的记录相符。再者，也可以从"己卯之变"的时间上来推理。己卯之变发生于明武宗正德十四年(朝鲜中宗十三年，1519)，与退溪第一次游大学只隔3年，因此才说"是时初经己卯之变"，而退溪第二次游学汉城，已经是己卯士祸发生14年之后了，因此，《言行录》所记"先生尝游学泮宫"，应该是指退溪23岁时游大学之事。也就是说，李退溪第一次在游学中见到《心经附注》，应该是23岁第一次游学汉城之时。因此他才在《心经后论》中说自己"少时游学汉中，始见此书于逆旅而求得之。"再次印证了李退溪第一次见到《心经附注》是在其23岁而非33岁时。

② 〔朝〕李滉：《退溪全书》四，第169页。

③ 在退溪与弟子有关心经的讨论中，并不在名称上区别《心经》与《心经附注》，但实际上所指均为程敏政的《心经附注》，故以下论述中不再区别《心经》与《心经附注》。

④ 〔朝〕李滉：《退溪全书》四，第24页。

⑤ 〔朝〕李滉：《答琴闻远兰秀》(癸丑)，《陶山全书》三，第106页。

穷。矧乎《附注》实濂洛关闽之渊海,每入其中,不自胜其汪洋向若之叹也。愿公且勿以抉摘文字上暇痕为务,须虚心逊志,一向尊尚其书,如许鲁斋之于小学然,则其中一言一句,师法奉持之且不暇,更安有功夫点检其他耶?”①

退溪门人也记载:“德弘尝侍宿树谷(先生坟庵)。先生鸡鸣而起,诵心经,因讲《论语》,其自强不息如此。”②“辛酉冬,先生居陶山玩乐斋。鸡鸣而起,必庄诵一遍。谛听之,乃《心经附注》也。”③可见李退溪一生对心经心学之尊信与践履。

李退溪不仅将《心经附注》视为圣贤经典加以终生研究践履,而且在对门人弟子的教育中,亦将《心经附注》作为学问入门之书加以强调。其门人尝问小学、近思录、心经中何书最切于学者,李退溪答曰:“小学体用具备,固不可不读;近思录则义理之精微虽详而学者精发之处顾似欠焉。初学下手用工之地,莫切于心经一部。”④由此可见,李退溪是将《心经附注》当作朱子学的入门书和为学的阶梯贯彻在对门人弟子的教育实践中的。

《言行通录》载:“先生教人,先之以小学,次及大学,次及心经,次及语、孟,次及朱书,而后及诸经。”⑤退溪教育门人弟子说:“更宜以一部心经为早晚诵习夹辅用工之地,则所谓章川之柱,指南之车,烛幽之鉴,皆可于吾身亲见之矣。”⑥考察退溪全书,他一生中几乎对每个弟子都讲解过心经,而留下了如《答黄仲举问目·心经》《答赵士敬问目·心经》《答李刚而别纸》、答李德弘《心经质疑》等诸多心经解疑之作。

除了对《心经》加以终生践履和教育实践外,李退溪还对《心经》进行了反复阅读和精心校勘,并积极参与《心经附注》在朝鲜的重印与刊刻。如在《与大成榦之士敬闻远应休》中,李退溪就说:“《心经误字疑义》考本精详,皆已依样传写此间本。其中除泛例考出者外,取紧要不易思得者若干处,录上如左。”⑦可见李退溪对《心经附注》在朝鲜半岛的刊刻与校正始终关注。

① 〔朝〕李滉:《答赵士敬》,《陶山全书》二,第270页。
② 〔朝〕李滉:《退溪全书》四,第27页。
③ 〔朝〕李滉:《退溪全书》四,第24页。
④ 〔朝〕李滉:《退溪全书》四,第26页。
⑤ 〔朝〕李滉:《退溪全书》四,第31页。
⑥ 〔朝〕李滉:《答郑子中》,《陶山全书》二,第354页。
⑦ 〔朝〕李滉:《与大成榦之士敬闻远应休》,《退溪全书》三,第89页。

对人随意增删《心经附注》,李退溪也严加批评。《言行通录》载:"赵上舍穆尝校雠《心经附注》,字画之讹者直劄正之,脚注之不当删节者即添补之。先生责之曰:先儒成书,何可一任己见而去取之太快如此乎?独不闻金银车之诮乎?"[①]表现出李退溪对《心经附注》的尊信态度。

从退溪全书的记载来看,对于《心经附注》,李退溪可以说是倾注了毕生的心血,直到去世前,仍在不断与门人弟子讲论《心经》,更订《心经》版本中的错字。据年谱记载,隆庆四年庚午(朝鲜宣祖四年,1570),李退溪"七月至易东书院与诸生讲心经";[②]"九月……复出陶山与诸生讲启蒙、心经";[③]"十月与奇明彦书论心性情图"[④]。同时也在继续修订《心经》刊本中的错字,如《答尹子固根寿》(庚午)中即说:"具景瑞来示所寄心经疑订一纸,已将谬见写在各条下,又别有一纸写平日所考订若干字,同封寄。景瑞早晚自当达于左右。但滉考据乃庆州新刊本,讹误最多,不知公所订本是何本耶?光州、海州两本皆未尽善,须通考诸本而取其善为佳。"[⑤]直到去世前一日,李退溪还"命孙安道曰:'前日所校庆州本心经,为某人所借去,汝可推还,因便送传韩参奉,使之厘正版本中讹舛可也"[⑥]。

总之,从上述记载可以看出,《心经附注》不仅引导李退溪走上了认识和实践性理学的思想道路,对退溪心性哲学的探索过程乃至圣贤心学的最后完成,都给予了不可忽视的影响,李退溪也在其哲学探索过程中完成了程敏政的《心经附注》所未能完成的圣贤心学理论。

正是在这个意义上,我们才不但可以看到李退溪哲学的思想性质究竟是什么,而且可以在性理文化的东亚传播这一更为宽广的视野下考察退溪哲学对朱子学的思想意义。换言之,我们所说的影响,是指李退溪在朱熹性理学的哲学基础上,发展并完成了《心经附注》所代表的圣贤心学这一思想文化课题。经过李退溪及其学派的心经研究与普及,使《心经附注》成为朝鲜性理学发展史上与《近思录》同等重要的理学经典,成为17世纪后包括国王在内的历代学者学习研究的必读书,对朝鲜李朝后期性理学的

---

① 〔朝〕李滉:《退溪全书》四,第27页。
② 〔朝〕柳成龙撰:退溪《年谱》,《退溪全书》四,第150页。
③ 〔朝〕柳成龙撰:退溪《年谱》,《退溪全书》四,第150页。
④ 〔朝〕柳成龙撰:退溪《年谱》,《退溪全书》四,第150页。
⑤ 〔朝〕李滉:《答尹子固根寿》,《退溪全书》三,第106、107页。
⑥ 《退溪先生言行录》,〔朝〕李滉:《退溪全书》四,第241页。

发展产生了不可忽视的思想影响。因此,研究《心经附注》对退溪心学思想的影响,成为理解心经在朝鲜半岛传播意义的前提。

二、《心经附注》对退溪心性哲学探索的理论依据意义

笔者认为,《心经附注》对李退溪的思想影响主要表现在退溪的心性哲学探索过程中。具体而言,表现在由退溪心性哲学探索起点《天命图》所引起的学术界有关四端七情分理气论争中,《心经附注》中的心学思想为其提供的理论依据意义,以及李退溪在最终完成其心学思想体系(《圣学十图》)时,《心经附注》中的心学思想为其提供的圣贤心学思想框架及程复心、王柏、朱子等人的心学思想内容。

换言之,《心经附注》对退溪哲学的影响不仅表现在从学问的目的与方向上确定了其圣贤心学的性质,也表现在李退溪的心性哲学探索过程中对退溪思想所提供的理论依据以及心学修养论探索,尤其是《圣学十图》所代表的主敬成圣思想体系形成的影响上。

(一)《天命图》与《天命图说》:圣贤心学修养论的人性论依据

学术界一般认为,李退溪在哲学上进行独立的思想探索始于朝鲜明宗七年(1553)十月改订儒生郑子云的《天命图》。但从严格的意义上讲,还应该包括李退溪于十二月所做的《天命图说后序》,与55岁时最后修订完成的《天命新图》及58岁时完成的《天命图说》。在戊午春(1558)由弟子赵士敬传写的《天命图说》后,附有赵士敬的说明:"右图说,癸丑年(嘉靖三十二年,1553)间,先生在都下与郑公参订完就,而其精妙处悉自先生发之也。乙卯(嘉靖三十四年,1555)春南归而精思修改处颇多,故与初本甚有异同。谨因改本传写如右。先生尝曰:其义已具于图说中,至十节则有亦可无亦可。"①

就是说,在从53岁到55岁的时间里,李退溪通过改图、后序、论说这三个连续的思想探索过程,完成了其在心性哲学上独立探索的起点,但也因此引起了李退溪与奇明彦之间就《天命图》中所述四端七情分理气问题

① 〔朝〕李滉:《天命图说》,《陶山全书》三,第604页。

的学术争论。这场学术争论不仅长达8年,引起了包括退溪弟子及与退溪并称为朝鲜李朝“儒学双璧”之一的栗谷李珥在内的整个朝鲜李朝学术界的参与,而且争论的实质在于以栗谷为代表的坚守朱熹理学的朝鲜李朝学术界,与李退溪试图发展朱子学心学化之间的思想论争。因此,从争论的实质意义上讲,李退溪在天命图与说中表达了三个关键思想。

一是站在程朱性理哲学的基础上,试图从程朱理学所主张的现实人性之恶(气质之性),回归到传统儒家的人性本善。二是在吸收程朱理学解释人性之恶生成论根源的气禀说与理气关系的前提下,试图将程朱理学的人性之恶,转向人性与物性在生成论意义上的物性之恶。而原本被程朱用来解释气质之性的生成论根源的气禀说,也被李退溪用来解释人在智力上的差异(气质之品)。三是在心性论上,在继承朱子“心统性情”说的前提下,试图将朱子的心无不善、性有善恶,性发为情之际情有善恶,转向心经心学的性无不善,心有善恶(人心道心说)、心发为意之际有善恶(意几善恶),并进一步在《天命新图》下图中具体分析情之善恶的根源,在于“四端理之发”,“七情气之发”,这就是后来引起当时整个朝鲜李朝学术界争论的四端七情分理气论争的问题。

1.天地之性人为贵:退溪心学修养论的人性论根源与价值意义

李退溪修订的《天命新图》见下图,在形似太极图的两个大圆圈中,包含着一个黑色的四方形图。最外边的圆圈顶部写着“天圆”,周围环绕着子丑寅卯辰巳午未申酉戌亥字样;第二个黑白相间的圆圈内写着“地方”,周围环绕着金木水火土(五行)字样;居中的黑色方形图顶上写着“天命”二字,两边分别写着“理妙”“气凝”。在黑色方形图中心是白色的上下两个圆圈:上边圆圈内,以“敬”字为中心,四周环绕着仁义礼智四个字;圆圈外写着“人形”二字;下边圆圈内,以“敬”字为中心,分两圈环绕着恻隐、羞恶、辞让、是非之四端,与喜怒哀乐爱恶欲之七情;圆圈外左右两侧分别写着“四端理之发”“七情气之发。”

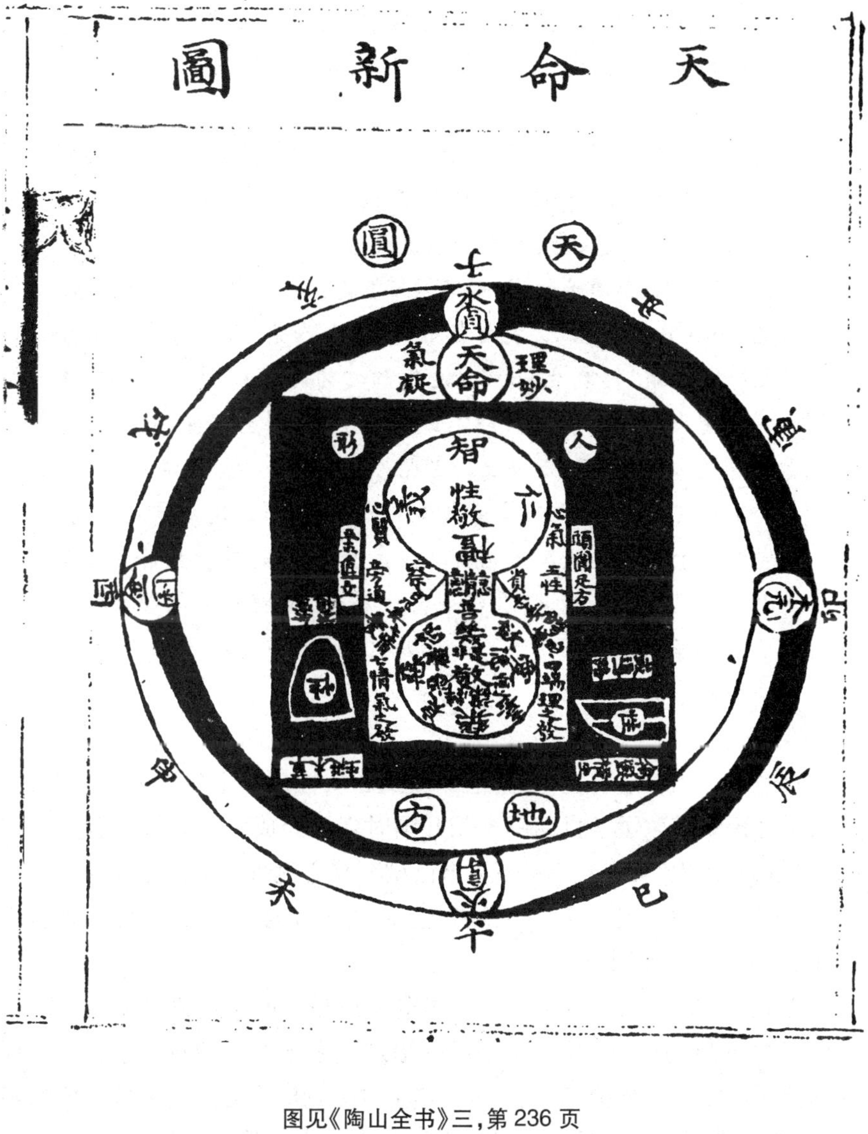

图见《陶山全书》三,第236页

李退溪在《天命图说》中进一步具体论述了《天命图》的内容:第一节论天命之理;第二节论五行之气;第三节论理气之分;第四节论生物之原;第五节论人物之殊;第六节论人心之具;第七节论性情之用;第八节论意几

善恶;第九节论气质之品;第十节论存省之要。

由此可见,李退溪在哲学上进行探索的起点,是源于以理为本体、以理气关系为人性善恶的根源的宋代性理哲学。在《天命图说后序》中,李退溪又着重强调了《天命图》来自于周子的《太极图》,说:

天命之圈即周子所谓"无极二五,妙合而凝"者也,而子思则就理气妙合之中独指无极之理而言,故直以是为性焉耳。分人分物,物物各具一太极者,本周子图说之意,而子思之所谓性也。

心性之圈即周子所谓"惟人也,得其秀而最灵"者也。灵者,心也,而性具其中,仁义礼智信五者是也;秀者,气与质也。右质阴之为即所谓"形既生"者也,左气阳之为即所谓"神发知矣"者也。性发为情,心发为意,即"五性感动"之谓也。善几恶几,善恶分者也;四端七情,万事出焉者也。

由是言之,图之之节节皆本于周子图说,而性情之未发已发,又岂外于子思之义欤?而况敬以存养于静者,是周子主静立极而子思由戒惧致中之谓也;敬以省察于动者,是周子定之修之之事而子思由谨独致和之谓也。而恶几之横出,即小人之悖凶者也。则吾谓此图非私意之创立,夫岂借重厚污之言哉?①

这意味着当李退溪在16世纪中叶试图从性理学上发展朱子学时,首先必须考虑的是朱子学自朝鲜李朝开国时就已经成为官方统治哲学与国家意识形态的现实,为此不得不为自己试图在心性哲学上的独立探索寻求程朱理学的思想依据。这是李退溪上述着力论证自己的《天命图》来自于周子《太极图》的原因。

但是,在性理学依据的保护下,李退溪还是表明了他修订儒生郑静而《天命图》的目的在于"因人物之禀赋,原理气之化生。"②就是说,他要在周子所提供的宇宙生成论基础上,进一步追寻人物既生之后的人性之恶的根源,这成为贯穿于退溪哲学思想探索过程中的主要线索。因此,李退溪进一步论述了《天命图》与《太极图》的不同之处,说:

① 〔朝〕李滉:《天命图说后序》,《陶山全书》三,第234页。
② 〔朝〕李滉:《天命图说后序》,《陶山全书》三,第234页。

> 此图与《太极图》理推类例虽同，而名义界分则不同者。盖彼以太极为名，此以天命为名。名以太极者，占造化自然之地分意思；名以天命者，有人物所受之职分道理。占自然地分者，固不当参以修为之事，故孔子之论太极，亦至于吉凶生大业而止，即濂溪作图之意也。有所受职分者，苟无修为之事，则天命不行矣。故子思之言天命，自率性修道、存养省察以至于中和之极功而后已，即此图所本之意也。①

就是说，《天命图》的主旨是要表述道德修养的重要性。在这个意义上，明确显示了李退溪的哲学思想探索与程敏政《心经附注》以道德修养为中心内容的心学思想的继承关系。但与程敏政不同的是，李退溪在《天命图》中从人性论的探索意义上表达了一种与朱子不同的价值判断。

朱子在探索人性之恶的生成根源时，得出的是“人与禽兽相去未远”的结论，强化的是人的现实本性受到外物诱惑极易流为恶的危险性，但李退溪却在他的人生哲学探索之初就表达了高扬人的主体地位的思想，说：“况图中因禀赋之偏正而明人物之贵贱，若只存赋予而缺修为，是有体而无用，君有命而臣废职，何以见人之贵物乎！”②又说：

> 天地之性人为贵。易曰：“立天之道曰阴与阳，立地之道曰柔与刚，立人之道曰仁与义。”此言人极之立与天地参也。天地之道，主北面南，人生其间，背阴而抱阳，亦主北面南而立，是为正位，可见其与天地参三之贵矣。③

如前所述，从真德秀开始，朱子学心学化的一个显著特征就是强调心的道德实践意义，并在这个意义上体现出对陆学的吸收。但是，真德秀与吴澄都是在传统儒学的本善之性（仁义礼智信）的意义上直接强调道德实践的重要性的，他们并没有对朱熹在生成论（气禀说与气质之性）意义上

① 〔朝〕李滉：《答申启叔别纸》，《陶山全书》三，第163页。
② 〔朝〕李滉：《天命图说后序》，《陶山全书》三，第234页。
③ 〔朝〕李滉：《天命图说后序》，《陶山全书》三，第234页。

所做的人性探索做出进一步的解释，只是以气禀说与气质之性作为道德修养必要性的理论依据。程敏政则在集中整理性理学的道德修养理论时，返回到了朱熹在现实人生的层面上对人性之恶的先天存在的强调，如引孟子之言曰："人之所以异于禽兽者几稀。"①这种说法虽然为道德修养的必要性提供了人性论依据，但却对人对天地万物的主体地位以及道德修养的可能性都产生了不利的影响。

李退溪则不仅在他的哲学探索之初就明确了"天地之性人为贵"的价值判断，而且明确提出了他的道德修养目的是圣贤人格的追求与达到。在《天命图说后序》中，李退溪就说："学者于此，诚能知天命之备于己，尊德性而致信顺，则良贵，不丧人极在是，而参天地赞化育之功皆可以至之矣。不亦伟哉！"②也就是说，李退溪在他的哲学探索的起点，就表明了自己的学说是以追求道德人格的成圣为目的的圣贤心学。

在《天命图说》中，李退溪对人性问题进行了理学本体论意义上的整理。这种整理不仅是基于朱熹理学的理气本体论基础之上，其目的也是为了再次从心性哲学上探寻现实人性之恶的根源，但这种探寻从一开始就表现出价值判断上的差异。

如前所述，在朱熹的人性论中存在着逻辑层面上纯善无恶的天地之性与现实层面上善恶皆有的气质之性，所谓"论天地之性则专指理言，论气质之性则以理与气杂而言之"③的性二元论说法。但在现实的意义上，程朱性理学强调的却是受到气质熏染的性，即存在着恶的可能性的气质之性。朱熹在哲学上所要探索的正是现实中的气质之性，即现实人性的善恶问题。从心与性情的关系上看，当心处于未发的本然状态时，乃是本善的仁义礼智之性；当心发而为情以后，则成为受到气禀物欲影响的现实社会的恶现象的根源。换言之，在朱熹所探求到的人性之恶的根源中，既有个体的、生成论意义上的气禀之恶，又有社会乃至国家管理层面上情与物欲对人的本性的污染。因此，朱熹在"心统性情"的意义上，要求的是"穷天理、灭人欲"，即要求理性之心对人的感性欲望的控制。

与朱熹不同的是，李退溪在人性问题上直接肯定了人性本善。他虽然

---

① （明）程敏政：《心经附注》，〔韩〕宋熹準编：《心经附注丛编》一第19页。

② 〔朝〕李滉：《天命图说后序》，《陶山全书》三，第234页。

③ （宋）朱熹：《答郑之上》，《朱文公文集》卷五十八。

也承认人在智愚上的差别乃是"气为之也",但并不承认那是性,也不再提气质之性的说法,而是将人性直接规定为传统儒家的本善之性。如在《天命图说》中就说:

> 天即理也,而其德有四,曰元亨利贞是也。……是以凡物受阴阳之气以为形者,莫不具元亨利贞之理以为性。其性之目有五,曰仁义礼智信。故四德五常,上下一理,未尝有间于天人之分。然其所以有圣愚人物之异者,气为之也,非元亨利贞之本然,故子思直曰天命之谓性。盖即二五妙合之源而指四德言之者也。①

这自然是继承了真德秀、吴澄等人的朱子学心学化思想,直接认定现实中的人性就是仁义礼智之性。但与真德秀、吴澄等人不同的是,李退溪还试图为人性本善论做出性理学意义上的本体论论证。

他综合了周易、中庸以及周子的太极理论,从天命流行、天人合一的角度来说明人性的本体论来源。首先,他从《周易·乾卦》所谓"乾,元亨利贞"的卦辞来规定"天即理",但在解释上却有差异,即《周易·文言》是从道德的角度直接规定元、亨、利、贞为仁、义、礼、智四德:"《文言》曰:'元'者善之长也,'亨'者嘉之会也,'利'者义之和也,'贞'者事之干也。君子体仁足以长人,嘉会足以合礼,利物足以和义,贞固足以干事。君子行此四德者,故曰:'乾,元、亨、利、贞。'"②而李退溪则是从《中庸》所谓"维天之命,于穆不已"的"诚"的境界中,来论证"天"如何就是"理"的,他说:

> 天即理也,而其德有四,曰:元、亨、利、贞是也(四者之实曰诚)。盖元者始之理,亨者通之理,利者遂之理,贞者成之理。而其所以循环不息者,莫非真实无妄之妙,乃所谓诚也。故当二五流行之际,此四者常寓于其中而为命物之源。是以凡物受阴阳五行之气以为形者,莫不具元、亨、利、贞之理以为性。其性之目有五,曰:仁、义、礼、智、信。故四德五常,上下一理,未尝有间于天

① 〔朝〕李滉:《天命图说》,《陶山全书》三,第600页。
② 周振甫译注:《周易译注》,第4页,中国古典名著译注丛书,北京:中华书局,1991年。

人之分。①

也就是说,元、亨、利、贞是天的四种循环不息、运动变化的道理,因此才能够随着二气五行的流行变化成为"命物之源",即仁义礼智之性。

李退溪在这里特别强调说,元、亨、利、贞作为天之四德之所以能够循环不息,是因为"诚"。换言之,是因为有了循环不息的运动(诚),天之四德才能成为人物之性。这与朱熹在《元亨利贞说》中的解释不同。朱熹的解释与《周易·文言》相同,即直接认为"元、亨、利、贞,性也"②,而不是李退溪所说的"具元、亨、利、贞之理以为性。"

那么,究竟什么是诚?朱熹在《中庸章句》中释"诚"为"真实无妄之谓,天理之本然也。"③而所谓"真实无妄",按《中庸》的本来意思,则是对"天地之道"的一种称赞与遵行。《中庸》曰:

> 至诚无息。不息则久,久则征,征则悠远,悠远则博厚,博厚则高明。博厚所以载物也,高明所以覆物也,悠久所以成物也。博厚配地,高明配天,悠久无疆。如此者,不见而章,不动而变,无为而成。
>
> 天地之道可一言而尽也:"其为物不贰,则其生物不测。"天地之道:博也,厚也,高也,明也,悠也,久也。今夫天,斯昭昭之多,及其无穷也,日月星辰繫焉,万物覆焉。今夫地,一撮土之多,及其广厚,载华岳而不重,振河海而不泄,万物载焉;今夫山,一卷石之多,及其广大,草木生之,禽兽居之,宝藏兴焉。今夫水,一勺之多,及其不测,鼋鼍蛟龙鱼鳖生焉,货财殖焉。诗云"维天之命,于穆不已",盖曰天之所以为天也。④

由此可见,《中庸》所称赞的"天地之道",就是天地自然及其运动流行、变化生物、包藏万物的自然特性,而且这种自然变化的规律就存在于自

---

① 〔朝〕李滉:《天命图说》,《陶山全书》三,第600页。

② (宋)朱熹:《朱熹集》卷六十七。

③ (宋)朱熹:《四书章句集注》,北京:中华书局,1983年。

④ (宋)朱熹:《中庸章句集注》第二十六章,《四书五经》第12、13页,北京:中国书店,1985年。

然的永恒的变化流行中。但是,如果没有人的存在,尤其是能够与自然及其变化相比的社会规律的存在,自然也就失去了价值判断的意义,这就是圣人之德与社会规范(《中庸》所谓“优优大哉,礼仪三百,威仪三千”)的存在意义。所以《中庸》说“苟不至德,于道不凝焉。”①更为重要的是,《中庸》所强调的圣人之德在根本的特性上与天地自然的变化规律是一致的,即对已经存在的道德与社会规律(礼仪)的真实地遵从。所以《中庸》说:“于乎不显,文王之德之纯。盖曰:文王之所以为文也,纯亦不已。”②又说:“大哉圣人之道,洋洋乎发育万物,峻极于天。”③

朱子在解释“圣人之道”时说:“洋洋是流动充满之意。圣道发育即春生、夏长、秋收、冬藏,便是圣人之道。不成须要圣人使他发育? 峻极于天只是充塞天地底意思。”④也就是说,自然与社会及其发生、发展的规律就是圣人之道。朱子正是在这一意义上理解《中庸》的“君子遵德性而道问学,致广大而尽精微”的。这也是为什么朱子的格物致知为学方式既强调对道德(尤其是治理国家与社会所必需的礼仪制度)的修养,又强调对客观事物之理的认识的思想根源。

与朱子相比,李退溪则是在纯粹道德的意义上理解《中庸》之“诚”的。他并没有像朱子那样直接释《周易·乾卦》之“元亨利贞”为仁义礼智四德,而是借用《中庸》之“诚”,从真实无妄、循环不息的意义上,解释由天之理到人之性的变化过程,从而更加显示了人性之善的本质与价值。在《天命图说》中,李退溪还从理与太极的关系上解释“理本一也,而其德至于四者,何也?”的问题,说:

理,太极也。太极中本无物事,初岂有四德之可名乎? 但以流行后观之,则必有其始。有始则必有其通,有通则必有其遂,有遂则必有其成。故其始而通,通而遂,遂而成,而四德之名立焉。是以合而言之,则一理而已。分而言之,则有此四个理。故天以一理命万物,而万物之各有一理者,此也。⑤

① (宋)朱熹:《中庸章句集注》第二十七章,《四书五经》第13页,北京:中国书店,1985年。
② (宋)朱熹:《中庸章句》第二十六章,《四书五经》第13页,北京:北京书店,1985年。
③ (宋)朱熹:《中庸章句》第二十七章,《四书五经》第13页,北京:北京书店,1985年。
④ (宋)黎靖德编:《悉子语类》卷第六十四。
⑤ 〔朝〕李滉:《天命图说》,《陶山全书》三,第600页。

如此，在李退溪对于人性本善的本体论论证中，可以得出以下结论：天即理也。理，太极也。而从天之“元亨利贞”四德转化为“命物之源”之理，是由于天之德具有循环运动、真实无妄之“诚”，再由理转化为仁义礼智四性，仍然是因为太极具有循环运动之理。

但无论是天、太极，还是理，李退溪的意图都是在证明人性的本体之善。从这个意义上看，他虽然借用了《中庸》之“诚”与周子之太极，但只是借用了其运动之理以说明由天到理、由理到性的逻辑推理过程，并没有继承朱子所释《中庸》之“诚”所代表的天地自然及其运动变化的客观规律，以及周子之太极所代表的二气五行在现实人性的生成论中的意义。

从上述对于退溪人性本体论的分析中可以看出，从朱子到李退溪，走过了这样一个思想变化过程，即由朱子对人性之恶的本体论乃至生成论根源的哲学探索，到李退溪对人性本善的本体论论证。在这一过程中失落了朱熹理学对人的理性认识能力的价值肯定，而转向退溪心学对人自身的价值地位的肯定。但这种肯定不仅要借助于朱子的理学本体论来进行哲学论证，而且由于将德性上升为认识本体而无法以理性来关照自身。这意味着李退溪在他的哲学思想探索过程中，必然会对心的哲学意义作进一步的思考。

2.气禀说：由程朱理学的“气质之性”（人性恶）到退溪心学的人性善物性恶

如上所述，尽管李退溪站在心学修养论的意义上将其心性哲学探索的起点放在了朱子学心学化以来一直主张的人性本善上，但在他身处朱子学为官方统治哲学与国家意识形态的现实历史状况下，尤其是他自己一再称“朱子吾所师也，亦天下古今人之所师也”的前提下，如何解释程朱理学的气质之性（现实人性之恶）的问题，仍然是他必须面对的哲学问题。对此，李退溪在坚持人性本善的前提下，又从程朱理学的气禀说中将人性善恶问题引向人物性同异（人性善，物性恶）的讨论方向。在《天命图说》第五节中，他借问者之口讨论其《天命新图》中关于人形与物形的不同问题，曰：

人物之生也，其所受之性均是天地之理，所禀之形均是天地之气，然则人与物本无间也。今于人形则必白其全体以为五性；旁通于禽兽则必于性圈上下白其一线之路，以为或通于一路；于草木则白其性圈而黑其全体，以为全塞不通。此何意耶？①

李退溪对此阐释曰：

天地之间，理一而气万不齐，故究其理则合万物而同一性也，察其气则分万物而各一气也。何者？理之为理，其体本虚灵故无对，无对故在人在物固无加损而为一焉。至于气也，始有阴阳对立之象而互为其根，故阴中不能无阳，阳中不能无阴，阴中阳之中又不能无阴，阳中阴之中又不能无阳，其变至于十百千万而各不能无对焉。然则凡物之受此理气者，其性则无间而其气则不能无偏正之殊矣。②

从气禀说的角度论述人物性之不同，原本来自于朱熹，其论曰：

人之所以生，理与气合而已。天理固浩浩不穷，然非是气，则虽有是理而无所凑泊，故必二气交感，凝结生聚，然后是理有所附著。凡人之能言语动作，思虑营为，皆气也，而理存焉。故发而为孝悌忠信仁义礼智，皆理也。然而二气五行，交感万变，故人物之生有精粗之不同。自一气而言之，则人物皆受是气而生；自精粗而言，则人得其气之正且通者，物得其气之偏且塞者。惟人得其正，故是理通而无所塞；物得其偏，故是理塞而无所知。且如人，头圆象天，足方象地，平正端直，以其受天地之正气，所以识道理，有知识；物受天地之偏气，所以禽兽横生，草木头向下，尾反在上。物之间有知者，不过只通得一路，如鸟之知孝，獭之知祭，犬但能守御，牛但能耕而已。人则无不知，无不能。③

问题在于，在接下来的阐释中，立即显示出李退溪对朱子性理学的发展。朱子在从气禀说的角度解释了人与物由于禀得气之精粗不同而表现

① 〔朝〕李滉：《天命图说》，《陶山全书》三，第601页。
② 〔朝〕李滉：《天命图说》，《陶山全书》三，第601、602页。
③ （宋）黎靖德编：《朱子语类》卷第四。

出所知所识的不同以后，强调的是人性本身在禀气而生的意义上存在的先天缺陷（气质之性中存在的恶），所以朱子说："然就人之所禀而言，又有昏明清浊之异。故上知生知之资，是气清明纯而无一毫昏浊，所以生知安行，不待学而能，如尧舜是也；其次则亚于生知，必学而后知，必行而后至；又其次者，资禀既偏，又有所弊，须是痛加功夫，'人一己百，人十己千'，然后方能及亚于生者，及进而不已，则成功一也。孟子曰：'人之所以异于禽兽者幾希。'人物之所以异，只是争这些子。若更不能存得，则与禽兽无异矣！"①二程和朱熹在性理哲学的意义上探讨的是人性在生成论意义上存在着的恶（气质之性）之必然性，朱熹就说："人之性皆善。然而有生下来善底，有生下来便恶底，此是气禀不同。且如天地之运，万端而无穷，其可见者，日月清明气候和正之时，人生而禀此气，则为清明浑厚之气，须做个好人；若是日月昏暗，寒暑反常，皆是天地之戾气，人若禀此气，则为不好底人，何疑！人之为学，却是要变化气禀，然极难变化。……看来吾性既善，何故不能为圣贤，却是被这气禀害，如气禀偏于刚则一向刚爆，偏于柔则一向柔弱之类。人一向推托道气禀不好，不向前，又不得；一向不察气禀之害，只昏昏地去，又不得。须知气禀之害，要力去用功克制，裁其胜而归于中乃可。"②并反复强调人若不能在道德上进行修养则与禽兽相去不远的严重性。

与程朱在现实人性之恶问题上强调修养的艰难性（变化气禀极难）与重要性（若更不能存得则与禽兽无异）不同，李退溪在继承朱熹人物性禀气而生之相似性基础上，强调的却是人性与物性的根本差异，说：

> 然则凡物至受此理气者，其性则无间，而其气则不能无偏正之殊矣。是故人物之生也，其得阴阳之正气者为人，得阴阳之偏气者为物。人既得阴阳之正气，则其气质之通且明可知也；物既得阴阳之偏气，则其气质之塞且暗可知也。然就人物而观之，则人为正，物为偏；就禽兽草木而观之，则禽兽为偏中之正，草木为偏中之偏，故禽兽或有一路通，草木则只具其理而全塞不通。③

---

① （宋）黎靖德编：《朱子语类》卷第四。
② （宋）黎靖德编：《朱子语类》卷第四。
③ 〔朝〕李滉：《天命图说》，《陶山全书》三，第602页。

非常清楚地对比出李退溪在人性问题上与程朱性理学的不同，程朱气禀说强调的是人生而具有的气质之性中存在的恶，因此极力强调修养气质的重要性与艰难性，但李退溪却用程朱的气禀说来论证人性之正与物性之偏，表现出其心性哲学上与程朱理学在修养论上的根本差异。同时，李退溪在人性问题上对朱子学的改造也造成了17世纪以后朝鲜性理学界长期的人物性同异论争。

3.心有善恶：由朱子的“心体本善”到李退溪的四端七情分理气论

李退溪不仅在人性论问题上用人物性不同代替了程朱理学对人性之恶的强调，而且进一步在心性论问题上发展朱子学。

如前所述，朱熹在心性问题上强调的是心所具有的理性认识能力对于人的重要性，而非心这一概念本身是否善恶的问题，如说“心者，气之精爽”①。“心官至灵，藏往知来。”②在关于心是否有善恶的问题上，朱熹既强调心体本善，如说：“发明‘心’字，曰：‘一言以蔽之，曰‘生’而已。‘天地之大德曰生’，人受天地之气而生，故此心必仁，仁则生矣。”③但同时也说心有善恶，如说：“心是动底物事，自然有善恶。”④“问：‘心之为物，众理具足。所发之善，固出于心。至所发不善，皆气禀物欲之私，亦出于心否？’曰：‘固非心之本体，然亦是出于心也。’又问：‘此所谓人心否？’曰：‘是。’子升因问：‘人心亦兼善恶否？’曰：‘亦兼说。’”⑤

问题在于，朱子论心，重点不在心之善恶，而在心与性情之关系。朱子认为，单纯讨论心与性之善恶没有意义，因为心、性皆有善恶，只有将心、性、情三者联系在一起讨论才有意义，如说：“性者，心之理；情者，心之动；心者，性情之主。”⑥在心性论上，朱子强调的是心以其理性认识能力对性、情的主宰作用，如说：“性对情言，心对性情言。合如此是性，动处是情，主宰是心。大抵心与性，似一而二，似二而一，此处最当体认。”⑦也正是在心对性情的主宰意义上，朱熹反复强调张载的“心统性情”之意义，说：“伊川

① （宋）黎靖德编：《朱子语类》卷第五。
② （宋）黎靖德编：《朱子语类》卷第五。
③ （宋）黎靖德编：《朱子语类》卷第五。
④ （宋）黎靖德编：《朱子语类》卷第五。
⑤ （宋）黎靖德编：《朱子语类》卷第五。
⑥ （宋）黎靖德编：《朱子语类》卷第五。
⑦ （宋）黎靖德编：《朱子语类》卷第五。

'性即理也',横渠'心统性情'二句,颠扑不破。"①尽管在生成论的意义上程朱理学提出了现实中善恶兼具的"气质之性",且同时也指出"心有善恶",但其心性哲学的落脚点却是在心所具有的理性认识能力的意义上,强调心对性情的主宰作用。其根本原因在于,在心对性情的主宰作用的意义上,人的理性认识能力对人欲的控制才是程朱理学最根本的目的。所以朱子说:

> 性是未动,情是已动,心包得已动未动。盖心之未动则为性,已动则为情,所谓"心统性情"也。欲是情发出来底。心如水,性犹水之静,情则水之流,欲则水之波澜,但波澜有好底,有不好底。欲之好底,如'我欲仁'之类,不好底则一向奔涌出去,若波涛翻浪,大段不好底欲则灭却天理,如水之壅决,无所不害。孟子谓情可以为善,是说那情之正,从性中流出来者,元无不好也。②

也正是在这一根本意义上,朱子最终认定心之本体无不善,流为不善的是情。朱子说:"性无不善,心所发为情,或有不善。说不善非是心,亦不得。却是心之本体本无不善,其流为不善者,情之迁于物而然也"③。因此,对于朱熹理学而言,心对情欲的主宰作用才是最根本的目的,所以他一再强调"心,主宰之谓也"④。也就是说,心是能够达到程朱理学所追求的穷天理、灭人欲的根本手段,所以朱子才说"惟心无对"⑤。

在对心之善恶的哲学判断上,李退溪首先继承了朱熹与张载的"心统性情"说,但在心所生成的理气本体论意义上,与朱子强调"心之本体本无不善"不同,李退溪强调的是心在理气生成论意义上所具有的先天善恶。他首先从心具理气上说:"天之降命于人也,非此气无以寓此理也,非此心无以寓此理气也,故吾人之心虚(理也)而且灵(气也),为理气之舍焉。"⑥按照程朱性理学的心性论,心既兼具理气,自然在生成论的意义上就会兼

① (宋)黎靖德编:《朱子语类》卷第五。
② (宋)黎靖德编:《朱子语类》卷五,第93、94页。
③ (宋)黎靖德编:《朱子语类》卷五,第92页。
④ (宋)黎靖德编:《朱子语类》卷五,第94页。
⑤ (宋)黎靖德编:《朱子语类》卷五,第84页。
⑥ 〔朝〕李滉:《天命图说》,《陶山全书》三,第602页。

具善恶，因此李退溪接着阐述说：

> 是故其理即四德之理而为五常，其气即二五之气而为气质，此人心所具本乎天者也。然而所谓五常者，纯善而无恶，故其所发之四端，亦无有不善；所谓气质者，非本然之性，故其所发之七情，易流于邪恶。然则性情之名虽一而性情之用则不得不异矣。①

与朱子在人性之恶的生成论根源上强调气质之性之恶的重点不同，李退溪在理气生成论根源上强调的则是心之善恶，并将朱子所追寻的“情之迁于物而然也”之现实人生之恶的根源，进一步细分到与四端相对的七情。在治理现实人生之恶根源的意义上，李退溪则继承了程朱理学的“心统性情”，说：“至于曰性曰情之所以该具运用者，莫非此心之妙，故心为主宰而常统性情，此人心之大概也”②。但是，与朱子在修养论意义上极力强调心的理性认识能力不同，李退溪又通过对其《天命新图》中所吸收的赵致道之《诚几图》所提出的“意几善恶”的阐述，从心之未发已发上进一步对心之善恶进行了现实意义上的分析，指出：

> 意者心之所发，而心者性情之主也。故当此心未发之前，如太极具动静之理而未判为阴阳者也，一心之内，浑然一性，纯善而无恶矣；及此心已发之时，如太极已判而动为阳静为阴者也。于斯时也，气始用事，故其情之发不能无善恶之殊，而其端甚微，意之为用，又有以挟其情而左右之，或循天理之公，或循人欲之私，善恶之分，由兹而决焉。此所谓意几善恶也。③

由朱子心性论之“心之本体本无不善，其流为不善者，情之迁于物而然也”，到李退溪在理气生成论上对心“为理气之舍”因而先天具有善恶，再到进一步对心之未发已发进行分析而得出“意几善恶”的结论，都是为了

① 〔朝〕李滉：《天命图说》，《陶山全书》三，第602页。
② 〔朝〕李滉：《天命图说》，《陶山全书》三，第602页。
③ 〔朝〕李滉：《天命图说》，《陶山全书》三，第603页。

将朱子心性论中“心”这一最高的概念(“惟心无对”“心统性情”),引向另一个高于心的概念:敬。李退溪仍然借对《天命新图》中关于敬的问题阐述说:

> 问:心里之敬与存养及情意之省察与敬,何谓也?曰:人之受命于天也,具四德之理而为一身之主宰者,心也。事物之感于中也,萌善恶之几以发一心之用者,情意也。故君子于此心之静也,必存养以保其体;于情意之发也,必省察以正其用。然此心之理浩浩然不可捉摸,浑浑然不可涯涘,苟非敬以一之,安能保其性而立其体哉?此心之发,微而毫发之难察,危而为坑堑之难蹈,苟非敬以一之,又安能正其几而达其用哉?是以君子之学,当此心未发之时,必主于敬而加存养工夫;当此心已发之际,亦必主于敬而加省察工夫。此敬学之所以成始成终而通贯体用者也。故图之切要之义,尤在于此也。①

如此,由程朱理学之“心统性情”之心,到退溪心学之“敬学之所以成始成终而通贯体用者”者之敬,李退溪实际上在其心性哲学探索之初所完成的《天命新图》中就已经完成了其心学的主敬思想体系,退溪因此说后来所做的《天命图说》“有亦可无亦可”。而主敬成圣,正是真德秀以来以《心经》为载体所构建的朱子学心学化理论,尤其是程敏政的《心经附注》更是指明了“敬为入道之要”②,“敬者,圣学之所以成始成终者也”③,即主敬成圣的心学理论框架。

总之,从以上论述中可以发现,李退溪的心性哲学探索从一开始继承的就是《心经附注》主敬成圣之心学思想。尤为重要的是,程敏政之《心经附注》不仅为李退溪提供了一个可以继承的主敬成圣之心学理论框架,而且《心经附注》文本中所整理、辑录的真德秀以来的朱子学心学化思想,尤其是程复心的《心学图》及其心学思想,更是成为此后李退溪在与整个朝鲜思想界的四端七情论争中的重要思想依据。

---

① 〔朝〕李滉:《天命图说》,《陶山全书》三,第604页。

② (明)程敏政:《心经附注》,〔韩〕宋熹準编:《心经附注丛编》一,第340页。

③ (明)程敏政:《心经附注》,〔韩〕宋熹準编:《心经附注丛编》一,第46页。

(二)《心学图》与《心统性情图》:心经心学对退溪四七论争的理论依据意义

如上所述,李退溪在天命图与说中,不仅用理学的理气关系论述了心为恶之根源的思想,而且提出了“四端发于理而无不善,七情发于气而有善恶”的理论命题,也就是所谓的四端七情分理气论。这一说法引起了弟子奇明彦的反对,并由此引起了一场长达 8 年的学术论争,后世论者称之为四端七情分理气论争。在争论的过程中,甚至包括退溪门人弟子在内的几乎整个朝鲜性理学界,都支持奇明彦的观点而反对李退溪的四七分理气论。根本原因就在于,朝鲜李朝自开国之初就以程朱性理学作为国家的统治哲学和意识形态,因此李退溪想要从性理学上发展程朱理学,显然会受到官僚学者的反对,这也意味着李退溪必须能够找到程朱性理学的哲学依据才能最终完成自己的心学思想体系。而在最初激烈的论争中,李退溪也终于在《心经附注》卷首所载程复心的《心学图》与说中,找到了其发展程朱理学的思想依据。

首先,叙述李退溪与以奇明彦为代表的朝鲜学术界争论的问题及其实质与争论过程。

论争的主要问题是四端与七情是否可以分理气而论。奇明彦认为,四端是七情发而中节者,是七情的一种状态,而不是七情之外另有个四端,因此,不能再将四端、七情对立起来分理气而论。

奇明彦为此提出的论据是:“夫理,气之主宰也;气,理之材料也。二者固有分矣,而其在事物也,则固混沦不可分开,但理弱而气强,理无朕而气有迹,故其流行发见之际,不能无过不及之差,此所以七情之发,或善或恶,而性之本体或有所不能全也。然其善者,乃天命之流行;恶者,乃气禀之过不及也。则所谓四端七情,初非有二义也。”①这显然正是朱子在世界生成论意义上的理气不离观点。奇明彦也因此在与李退溪的学术论争中受到了学术界的支持。

李退溪则在这场学术论争中充分体现了他对朱子性理学思辨思维方式的理解与运用。退溪认为,在构成论的意义上讲,朱子理学讲究的是理

① 〔朝〕奇明彦:《非四端七情分理气辩》,转引自〔朝〕李滉:《陶山全书》二,第 23 页。

气不离。但在本原论的意义上，朱子理学主张的又是理气不即不离。也就是说，可以在逻辑上从理为主或气为主的意义上将其分开而论。所以退溪说：

> 性情之辩，先儒发明详矣。惟四端七情之云，但俱谓之情而未见有以理气分说者焉。……夫四端情也，七情亦情也，均是情也，何以有四、七之异名耶？来谕所谓“所就以言之者不同”是也。盖理之与气，本相须以为体，相待以为用，固未有无理之气，亦未有无气之理。然而所就以言之不同，则亦不容无别。从古圣贤有论及二者，何尝必滚合为一物而不分别言之耶？①

明确指出在思维方式上可以将四端七情分开而论。其理论依据，则是首先从子思、孟子论性之侧重点中寻找逻辑上的理论依据。所以退溪接着说：

> 且以性之一字言之，子思所谓天命之性，孟子所谓性善之性，此二性字所指而言者何在乎？将非就理气赋予之中而指此理原头本然处言之乎？由其所指在理不在气，故可谓之纯善无恶耳。若以理气不相离之故而欲兼气为说，则已不是性之本体矣。夫以子思、孟子洞见道体之全而立言如此者，非知其一不知其二也，诚以为杂气而言性，无以见性之本善故也。②

也就是说，既然子思孟子可以从逻辑上将性就理气关系中分开而论，那么自己自然也可以对情进行分理气而论之。进一步，李退溪又从程朱性理学对先秦儒学尤其是孟子性善论的思想发展中，寻找自己发展程朱性理学的理论依据，说：

> 至于后世程张诸子之出，然后不得已而有气质之论，亦非求多而立异也，所指而言者在乎禀生之后，则又不得纯以本性混称

① 〔朝〕李滉：《答奇明彦（论四端七情第一书）》，《陶山全书》二，第20、21页。
② 〔朝〕李滉：《答奇明彦（论四端七情第一书）》，《陶山全书》二，第21页。

之也。故愚尝妄以为情之有四端七情之分，犹性之有本性、气质之异也。然则其于性也，既可以理气分言之，至于情，独不可以理气分言之乎？①

李退溪直接从性理学发展史的意义上为自己在人性论上进一步探索恶的根源提供有力的思想依据，表明其对性理学的思辨思维方式与思想发展史的深刻理解。

如前所述，在李退溪与奇明彦开始四端七情分理气论争之前，曾经花费10年时间编纂了一部《朱子书节要》，并特别摘录了当年的朱陆之辩，而在朱陆之辩中，朱子正是从儒学发展史上为周子的"无极"概念提供理论发展的正当性的。从上述论辩内容可以看出，李退溪在与奇明彦的四端七情分理气论辩中，也是从儒学发展史的意义上，论证了既然程朱性理学可以用"理气分言之"的思辨思维方式来论证本然之性与气质之性的差异，那么自己当然可以用同样的思维方式来论证四端与七情的"理气分言之"状况下的差异，从而为自己进一步从情的现实层面上探寻恶现象的根源提供心性论基础。这表明，李退溪所继承的正是性理学的活的灵魂——思辨思维方式与思想发展史中的发展观。

李退溪在性理学思辨思维方式的高度上所做的论证，最终使奇明彦承认了退溪的四端七情分理气论观点。但是，这场学术论争所引起的学术界的关注与批评并没有随着奇明彦的认同而结束，而是在当时的朝鲜学术界引起了很大的反响，而且因为奇明彦拥护的是传统朱子理学的观点，而李退溪则是试图在朱子学的基础上进一步发展理学的心性论，这在以朱子学为正统的朝鲜朱子学社会中必然会受到怀疑乃至反对，因此包括退溪弟子在内的许多学者都赞成奇明彦的观点而对李退溪的四七分理气论持否定态度。

朝鲜学术界对这场学术争论的关注与评价给李退溪以沉重的思想压力，学术界对退溪的"四端七情分理气论"所持的反对观点也迫使李退溪不得不寻求朱子性理学的理论支持。如他在60岁时所写的《答郑静而》（庚申）中就说："但所云鄙说未安处，是不过文字之疵，语势之病耳，大旨

① 〔朝〕李滉：《答奇明彦（论四端七情第一书）》，《陶山全书》二，第21页。

则非不是也。"①63 岁时在《答李仲久》中又说：

> 七情之发，虽不可谓不由于五性，然与四端之发对举而言，则四端主于理而气随之，七情主于气而理乘之，故端易微而情易暴，其势然也。斯理也，顷年与奇君明彦论难往复数回，而奇君终不以滉言为然。然"四端理之发，七情气之发"本晦庵说。其理晓然矣。②

表明李退溪在四端七情分理气论问题上遭到包括自己弟子在内的朝鲜性理学界的反对时，不得不用朱子的观点来为自己辩护。但是，尽管李退溪在四七理气论辩中一再从程朱性理学对传统儒学的发展史中为自己发展朱子的人性论提供思想合理性依据，并一再运用性理学的思辨思维方式从理气本体论上反驳奇明彦的理气不可分的论据，在上述书信中，退溪又从朱子的思想中找到了"四端理之发，七情气之发，本晦庵说"的直接理论依据，却仍然未能说服奇明彦与当时的学术界。

这主要是因为被称为新儒学的程朱性理学，不仅继承了传统儒学"辟异端"的文化性格，而且在朱子去世以后，其弟子黄榦提出的道统说，也从文化正统性意义上强化了朱子学的地位，元、明两代以朱子《四书集注》作为科举考试的标准更使朱子学上升为国家的统治理念。因此，当 14 世纪末朱子学传入朝鲜半岛时，就不仅仅是以单纯的文化形态出现的，它同时也包含了政治、经济、历史乃至社会形态等国家的组织理念，尤其是李氏朝鲜正是在国家意识形态的意义上以程朱理学作为统治理念，因此确立了朱子学在李氏朝鲜的正统意识形态地位。当历史发展到李退溪所处的 16 世纪中叶时，朱子学在朝鲜李朝历经了近 200 年的发展，早已成为社会公认的正统学说，对朱子学的维护成为必然的社会文化意念。因此，李退溪发展朱子学的试图便不能不受到思想界反对。仅仅从朱子学中找到"四端理之发，七情气之发"的说法尚不足以解释四端七情分理气论与朱子心性论的差异。

这种情况促使李退溪继续寻求性理学的理论支持。当他终于意识到

① 〔朝〕李滉：《答郑静而》，《陶山全书》一，第 367 页。
② 〔朝〕李滉：《答李仲久》，《陶山全书》一，第 311 页。

《心经附注》所载程复心《心学图》与说及其《心统性情图》的理论依据意义后，他所面临的理论压力终于得到了解决。他在 65 岁时所写的《与赵士敬》一书中就说：

> 又闻公以滉前与奇明彦论四端七情理气之分，谓奇说为是，此亦未可晓，……至四七分理气本非吾说，乃考亭元有此说。近又见程林隐《心统性情图》，正用此说。亦录在别纸。可更虚心游意，勿遽挥斥而看，恐可信鄙说非出于妄见也。①

由此可见，程复心的《心统性情图》对于正处于学术界反对中的李退溪的思想意义。而程复心在《心统性情图说》中论述的，正是性善情恶的问题。他说：

> 所谓心统性情者，言人禀五行之秀以生，于其秀而五行具焉，于其动而七情出焉。凡所以统会其性情者，则心也。故其心寂然不动为性，心之体也；感而遂通为情，心之用也。张子曰"心统性情"，斯言当矣。心统性，故仁义礼智为性，而又有言仁义之心者；心统情，故恻隐、羞恶、辞让、是非为情，而又有言恻隐之心、羞恶、辞让、是非之心者。心不统情，则无以致其未发之中而性易凿；心不统情，则无以致其中节之和而情易荡。学者知此，必先正其心以养其性而约其情，则学之为道得矣。②

程复心在这里并没有论述到心的构成问题，只是继承了朱熹性为心之体、情为心之用的思想，但却明确提出了四端七情与心不统性情时恶的产生的问题，并且强调了修心养性的必要性与重要性，这也正是李退溪在这一阶段思想发展中的重要问题。因此，程复心的《心统性情图》不仅为李退溪的四七论辩提供了理论依据，也为其四端七情分理气论的人性论探索与对心的修养意义的探求，提供了一个可以融合起来、形成完整的心性理论的参照图。因此，李退溪在 68 岁时完成的《圣学十图》中，直接使用了程

① 〔朝〕李滉：《与赵士敬》，《陶山全书》二，第 279 页。
② （宋）程复心：《心统性情图说》，转引自《陶山全书》一，第 198 页。

复心的《心统性情图》,并作中下二图总结了自己的心性哲学理论。

重要的是,李退溪对程复心《心统性情图》的认识正是来自于程敏政的《心经附注》。当李退溪在四端七情分理气论争中急于寻找性理学的思想依据时,他首先注意到程敏政辑录于《心经附注》卷首的《心学图》。

李退溪开始以为《心学图》是真德秀所作,在《答赵士敬·别纸》中曾说:"《心学图》未敢必以为西山作,然其规模位置甚精审的当,不可轻看。恨不著作者姓名耳。"①但紧接着就在下一条中指出:"更按:图乃新安程林隐复心所作,见林隐《四书章图》中卷。"②李退溪在这中间曾经过与门人弟子的书信往复讨论,终于察到《心学图》的作者是程复心,并对程复心的思想作了全面了解,最终找到了思想依据。因此,在后来的四端七情分理气论争中,不仅程复心的《心统性情图》成为退溪心性哲学探索的理论依据与参照图,而且其《四书章图》的理论表达形式,对于李退溪最终以图说的形式(《圣学十图》)来表达自己的圣贤心学体系也有着不可忽视的影响。

从这个意义上讲,可以说《心经附注》首先为李退溪的心性哲学探索提供了不可或缺的理论依据,不仅程复心的《心统性情图》成为退溪心性哲学探索的理论依据与参照图,而且其《心学图》所提示的"心,一身主宰","敬,一心主宰"的心学思想,对于李退溪在心性哲学上完成了恶的理论探索以后进一步探求心的修养论意义,也提供了圣贤心学构建与完成的核心思想线索。

(三)《心经附注》的主敬理论对《圣学十图》形成的思想影响

与朱子相比,李退溪由于在哲学探索的起点上就表明了高扬人的主体地位的价值判断,因而在人性论上自然也继承了真德秀以来朱子学心学化的思想,坚持人性本善的心学化观点,并将社会恶现象的根源归之于心为理气之合、善恶之源。又因朱子后学在格物致知为学方式上流于辞章之习的弊病,而不再强调朱子心学中的心的理性认识能力对客观事物之理的探求意义。如此,在修养论的意义上,李退溪虽然也在性理学的意义上强调了心的主宰作用,但在如何以心治恶的修养论上,却不可避免地面临了心

① 〔朝〕李滉:《答赵士敬·别纸》,《陶山全书》二,第265页。
② 〔朝〕李滉:《答赵士敬·别纸》,《陶山全书》二,第265页。

经心学以心治心的理论困境。

这促使李退溪进一步寻求对心的修养理论的认识。而此时，载于《心经附注》首页的《心学图》首先引起了他的注意。

程复心在《心学图》中，将心分为良心、本心、人心、道心、大人心和赤子心，并在《心学图说》中论述了这些内容的修养论意义，说：

> 赤子心是人欲未汩之良心，人心即觉于欲者；大人心是义理具足之本心，道心即觉于义理者，此非有两样心，实以生形气则不能无人心，原于性命则所以为道心。自精一执择以下，无非所以遏人欲而存天理之工夫也。慎独以下是遏人欲处，工夫必至于不动心，则富贵不能淫，贫贱不能移，威武不能屈，可以见其道明德立矣；戒惧以下是存天理处，工夫必至于从心，则心即体、欲即用，体即道、用即义，声为率而身为度，可以见不思而得、不勉而中矣。①

根据书信的排列顺序看，李退溪对程林隐《心学图》与说的思想认识是在65岁左右，这一阶段正是他思考心的修养论意义的时期，而程林隐《心学图》与说所提供的正是关于心的修养内容。因此，当弟子赵士敬提出对程林隐《心学图》的怀疑时，李退溪立即答书表示反对，说：

> 所论程林隐心学图，谨悉雅意。……今来示乃历指其病而诋訾之，……盖林隐于心圈上头对置良心、本心，两旁对置赤子心、大人心者，非欲以此分类于人心与道心，同其精择而去取之也。要之，也要以见心之为物，混然全体之中，随其所发所就地头分剂而有如此般样名目，欲使学者因其名目而究其意义，玩味而体认之，久则众理融会而心之全体在是矣。乃于其下始对举人心、道心，而继之以精一、戒惧、克服、操存之属，其间有无限要妙工夫旨趣。此是程隐翁四五十年林下潜心所得，恐难以一朝率然立论所

① （宋）程复心：《心学图说》，转引自（明）程敏政：《心经附注》卷一，〔韩〕宋熹準编：《心经注解丛编》一，第13页。

能攻破也。①

可见,李退溪坚决反对门人弟子对程复心《心学图》与说的怀疑。而程复心《心学图》与说对此时期退溪心学思考所具有的意义,主要在于《心经附注》所提供的道德修养方式中的一个重要内容:求放心。

这一修养方式来自于孟子,经过程朱性理学在为学方法论意义上的发展,至真德秀开始将其实体化,经过程敏政在《心经附注》中加以方法论整理,最后由李退溪在修养方式上加以完成而成为一种人生方式。其具体发展过程大致如下。

从朱子学心学化的发展过程讲,是真德秀首先在《心经》中摘录了孟子关于求放心的学说,所谓"孟子曰:仁,人心也;义,人路也。舍其路而不由,放其心而不知求,哀哉。人有鸡犬放则知求之,有放心而不知求。学问之道无他,求其放心而已矣。"②程敏政又整理了程朱之言,对孟子的求放心说作了进一步论述。他在《心经附注》中引程子之言曰:"心要在腔子里(问:心如何在腔子里?朱子曰:敬便在腔子里)";又曰:"若不能存养,只是说话。"③程朱主要是从修养论的意义上讲孟子的求放心,而程敏政在此后所附真德秀的注释,则显然是从孟子的本来意思上加以解释的。

> 虽存乎人者,岂无仁义之心哉?其所以放其良心者,亦犹斧斤之于木也,……其日夜之所息平旦之气,其好恶与人相近也者几希,则其旦昼之所为有梏亡之矣。'梏之反复,则其夜气不足以存;夜气不足以存,则其违禽兽不远矣。人见其禽兽也而以为未尝有才焉者,是岂人之情也哉?故苟得其养,无物不长;苟失其养,无物不消。孔子曰:"操则存,舍则亡。出入无时,莫知其乡",惟心之谓与。④

朱子在释此章时说:"良心者,本然之善心,即所谓仁义之心也。"⑤真

① 〔朝〕李滉:《答赵士敬》,《陶山全书》二,第268页。
② (宋)真德秀:《心政二经合编》,第24页。
③ (明)程敏政:《心经附注》,〔韩〕宋熹準编:《心经注解丛编》一,第233、234页。
④ (宋)真德秀:《心经政经合编》,第21、22页。
⑤ (明)程敏政:《心经附注》,〔韩〕宋熹準编:《心经注解丛编》一,第192页。

德秀则显然是在孟子所谓“良心”、朱子所谓“仁义之心”的道德本意上，进一步发挥孟子的“求放心”并在程朱理学的基础上论证如何求放心的，他说：

> 仁者，心之德也，而孟子直以为人心者，盖有此心即有此仁，心而不仁，则非人矣。孔门之言仁多矣，皆指其用功处而言，此则径举全体，使人知心即仁、仁即心而不可以二视之也。①

真德秀释孟子的“仁，人心也”一语为“心而不仁，则非人矣”，清楚地表现出了朱子理学的心学化倾向，即将“心”这一概念道德化和实体化。但在追问心为什么会放而为恶时，真德秀又返回到了朱子理学，认为：“然则人心之放，何也？曰：欲汩之则放，利诱之则放。心既放，则其行必差。故孟子始以人心人路并言，而终独谆谆于放心之求。能求放心，则中有主而行不失矣。”②进一步，在如何求放心的问题上，真德秀则说：

> 求之匪他，以敬自持而一念不敢肆而已。心本非外，纵之则放，求之则存，犹反覆手也。心存则仁存，仁存则动无非理，即所谓“义，人路也”。圣学之要，孰先乎此？③

在如何求放心的意义上，真德秀强调的是“以敬自持”的“圣学之要”，这与他在“心经赞”中一再强调的“万世心学”“万世圣学”等说法是一致的。

也就是说，真德秀已经在他所编辑的《心经》中提出了一个由心到敬的“圣贤心学”理论框架，而程复心的《心学图》与说，则是在心学的修养理论上进一步综合了由孔孟到程朱再到真德秀关于存心养性的修养理论。这一理论对于正在思考心如何才能治恶这一理论难题的李退溪，显然具有重要的理论意义。因此，李退溪极为重视程复心之《心学图》与说，并对赵士敬批评《心学图》提出了反驳，说：

---

① （明）程敏政：《心经附注》，〔韩〕宋熹準编：《心经注解丛编》一，第 240、241 页。
② （明）程敏政：《心经附注》，〔韩〕宋熹準编：《心经注解丛编》一，第 241、242 页。
③ （明）程敏政：《心经附注》，〔韩〕宋熹準编：《心经注解丛编》一，第242 页。

且公以养心为用工之初而林隐图继养心于心思之后，深斥其非。此亦鄙见所未喻也。孟子曰："养其大体为大人"，大体之为心也。吾未知此所谓养者，只养于用工之初、可恃以为平生地乎？抑通乎为学始终本末而言也？周濂溪《养心亭说》曰："予谓养心不止于寡而存耳。盖寡焉以至于无，无则诚立明通。诚立，贤也；明通，圣也。"是圣贤非性生，必养心而至之。夫程翁之所谓养心亦若是，其不可为用工之初明矣。何可轻议之耶？①

李退溪不仅在程复心的《心学图》与说所提供的养心理论基础上提出了"圣贤非性生，必养心而至之"的修养论观点，从而预示了圣贤心学在修养理论上的发展方向，而且进一步提出了自己对孟子"求放心"说的理解，说：

夫所谓放心，非止谓逐物营营奔驰之心，一刻一念，些少走失，皆放也。夫所谓求，非谓一日一晌、乍然寻来捉住，便为终身为学之基本。盖日日念念，在在处处，才觉有透露，便即收摄整顿得惺惺，是之谓求。故程子曰："圣贤千言万语，只是欲人将已放之心约之，使反复入身来，自能寻向上去。下学而上达也。"观程子此言，直以圣贤许多言语，皆若以为求放心设。诚若是焉，此一事占地步不亦广博而悠长乎？②

"日日念念，在在处处"的养心要求，意味着李退溪在程复心《心学图》与说所提供的修养论基础上，进一步将这种修养理论向实体化的方向发展。发展的根本原则，就是程敏政《心经附注》所提出的修养原则——敬。

正是通过对"敬"这一概念的理论探索与实践教育，李退溪才最终完成了他的圣贤心学体系，并通过以"敬"为中心内容的圣贤人格教育实践，使心学由自我的人格道德追求走向了社会群体的人生方式，从而在退溪思想最初所赖以出发的原因——解决朝鲜社会所面临的深刻危机（士祸政治）这一根本问题上，完成了圣贤心学理论所背负的社会使命。

---

① 〔朝〕李滉：《答赵士敬》，《陶山全书》二，第268页。

② 〔朝〕李滉：《答赵士敬》，《陶山全书》二，第268页。

从其人格教育的发展过程看,可以分为以下两个阶段。

第一,在人格教育实践中对心、物关系问题的思考。

李退溪于49岁时弃官归乡,50岁卜居于退溪之西构寒栖庵,决意从性理学上探寻社会恶现象的根源。在士祸频仍、人心自危的社会历史背景下,他一方面专注于思想上的探索与研究,另一方面随着他在德性与学问上的声望之提高,亦开始对前来从学的儒生进行道德人格与为学教育。

考察李退溪的所有书信,除了40岁时的《与吴仁远》一信外,44岁、45岁时只有几封书信,大部分书信都作于50岁以后。他一生中的几个重要弟子,都是在他50岁以后开始就性理学问题向他求教的。如与赵士敬的书信往还开始于50岁,与黄仲举的书信联系始于52岁,通过书信解答李纲而的提问是在53岁,与郑子中的书信往来始于55岁,而在他的思想探索中起到了重要作用的奇明彦,则是在退溪59岁时才开始通过书信往还讨论学术问题与处世之道的。这表明,在退溪身边形成一个学术门派的时间是在他50岁以后。李退溪的人格教育实践几乎是与他的哲学思想探索过程同时展开的。

通过与门人弟子的书信往来以及直接讲学,李退溪首先讨论了在真德秀、程敏政的朱子学心学化修养论中所未能解决的心与物、心与事的关系之难题。如退溪53岁时在《答金淳叙》中说:

> 示谕心中不可有一事,此乃持敬之法,尹和靖所传程门旨诀也。夫具众理、应万事者,心也,今曰不可有一事,其言若甚有异,足下之疑之也当矣,而又疑善事亦不可常有者,尤不易穷究到此也。…… 盖事不能为心病,而有之则为病,故不问善事恶事、大事小事,而不可一有之也。然则来谕所云欲行道、欲格物之类,虽曰皆非恶念,而其不可有诸胸中,则一而已矣。且事未来而先有期待底心,事已了却又常存在胸中不能忘却,此二者与所谓胸中不可有一事者,同一心法也。盖不可不豫者,事也,而有期待之心则不可。不可不应者,物也,而存留不忘则不可。圣门之学,心法之要,正在于此。①

① 〔朝〕李滉:《答金淳叙》,《陶山全书》二,第422、423页。

问题在于,其后的朱子学心学化在强化道德意识及其实践的意义上,已不再提倡朱熹关于心的认识论意义,主要是因为朱熹理学正是在心的理性认识基础上建立起了要求认识一草一木之理的格物致知为学方式,而这种充满理性主义色彩的为学方式又直接导致了对于儒家视为根本的道德实践要求的妨碍。因此,朱子学心学化从真德秀开始,在强调道德意识与实践的过程中,逐渐放弃了心对于客观事物所具有的认识论意义。但是,心学化在抛弃朱熹理学的心之理性认识论意义的同时,却也不得不同时面临了道德之心如何抵抗外物的诱惑这一修养论难题。显然,在历经了近三个世纪的宋代性理学对人性之恶根源的哲学探讨以后,其后的心学化也不能否认人类在本性上存在着对于物质的强烈欲望。在程朱性理学中,依靠心所具有的理性认识能力完全可以对抗物欲(心统性情),但当心学化抛弃了心的理性意义时,对何对抗物欲便成了心学化修养论难题。直到程敏政为止,心学化并没有能够从理论上完成这一修养论难题。

李退溪是在继承真德秀以来的心学化思想的基础上发展圣贤心学的,因此,他也就不可避免地在实践中面临了这一难题。但他却在人格教育实践中以心理分析的方式解决了这一难题。他不仅在道德认识的意义上保留了朱熹理学中心的理性认识能力,并应用到解决心物关系上来,说:"昔者晦庵夫子常问此于延平先生矣。先生曰:谢上蔡云,'吾常习忘以养生'。明道曰:'施之养则可,于道则有害'。必有事焉勿正,何谓乎?且出入起居,宁无事乎?正心待之,则先事而迎,忘则涉乎去念,助则近于留情,故圣人心如鉴,所以异于释氏心也。"①所谓"正心待之""圣人心如鉴",便是朱熹心性论中对心之理性认识能力的继承。

同时,李退溪又从《心经附注》所提供的以敬为主的修养方式中,找到了走出心物关系所带来的心学修养论困境,主张以敬作为道德修养的准则,说:

> 盖人徒见夫心为物溃之害,遂谓事物为心害,故厌事而求忘,恶动而耽静,不惟老佛之徒由是而陷溺其心,虽为吾儒之学者,所见少有毫发之差,鲜不沦入于此域。故以上蔡之贤,犹不免此。明道引孟子养气之说转作存心之法以教之,此敬义夹持,直上达

---

① 〔朝〕李滉:《答金淳叙》,《陶山全书》二,第423页。

> 天德最紧切用工处。苟能从事于此而真积力久,一朝而有得焉,则心之于事物,未来而不迎,方来而毕照,既应而不留。本体湛然如明镜止水,虽日接万事而心中未尝有一物,尚安有为心害哉?延平之学,以静为本,而近今告晦庵曰:“静处工夫,闹处使不著”,且使之就日用下工夫。斯乃贯动静、一显微之道,虽不言敬而敬在其中,亦何尝去事物而偏于静乎哉!①

在如何进入性理学之门的问题上,李退溪主张初学者既不要陷入因静坐而可能带来的儒佛相通的困境,也不要因理学所主张的心的理性认识意义而走进思辨的困境,而是要以“敬”作为一切行为的准则,直接进入儒家的道德人格之修养与实践。

这意味着李退溪在其心学发展的过程中不仅继承了朱熹理学关于心的理性认识能力的观点,而且在继承理学思辨思维方式的意义上,对问题的实质与轻重关系把握得极为透彻,因而才能从一开始就直接进入心学化所主张的以敬为主的道德人格之修养方式这一主题。

第二,主敬人生的确立。如前所述,李退溪从 53 岁走上哲学独立探索之路,历经 46 岁至 56 岁对《朱子书节要》的编纂,以及 59 岁至 66 岁与奇明彦之间的四端七情论争中对于《心经附注》首页所载程林隐《心学图》与说的思考,可以说这一时期他一直处于思想上的理论探讨中。

但从 64 岁左右开始,在李退溪身边已经开始形成一个学术派别,并受到了社会思想界的注意乃至批评。最为李退溪所重视的批评来自南冥曹植。他在世宗嘉靖四十三年(1564)甲子写信给退溪,说:“近见学者手不知洒扫之节而口谈天理,计欲盗名以欺人,反为人所中伤而害及他人,岂非先生长老无以诃止之故耶?”②

这种批评是针对退溪学派在形成过程中所表现出来的重义理而忽视实践的缺点提出来的,李退溪此时显然也意识到了前期因致力于心性哲学的探讨而忽视了日常生活中的道德践履这一问题,因此在《答曹健仲》中,他首先对造成这种社会影响的具体情况作了具体分析,说:

---

① 〔朝〕李滉:《答金淳叙》,《陶山全书》二,第 423 页。
② 〔朝〕李滉:《与郑子中》,《陶山全书》二,第 347 页。

示谕学者盗名欺世之论,此非独高明忧之,拙者亦忧之。然而欲诃抑者,亦非易事。何者?彼其设心本欲欺世而盗名者,姑置不言。独念夫降忠秉彝,人同好善。天下英才,其诚心愿学者何限?若以犯世患之故而一切诃止之,是违帝命锡类之意,绝天下向道之路。吾之得罪于圣门已甚,何暇忧人之盗且欺乎?如欲辨别而诃抑之,人之资禀有万不同:其始学者,锐者凌躐,钝者滞泥,慕古者似矫,志大者似狂,习未熟者如伪,蹶复奋者如欺。有始肯而终忽者,有旋废而频复者。有病在表者,有病在里者。凡若此者,不胜枚举。其不能专心致志而期于有成者,固不能无罪,然其心尚可,犹是此一边人,岂可概以欺盗而遽斥之乎?其亦在所相从而共勉也。①

李退溪认为,当时的朝鲜性理学界之所以会出现"手不知洒扫之节而口谈天理"的学者,是因为"人之资禀有万不同",即有志于性理学的学者,每个人的心智与悟性都不同,所以在初入性理学之门时,难免会表现出各种不同的缺陷,这是自然的过程。即使对那些"不能专心致志而期于有成者",也应该看到其心仍然是要学习圣贤之学,只可与之"相从而共勉",即帮助其努力修养而不应"一切呵止"。但无论如何,李退溪都不承认自己的学派是"欺世而盗名"。

尽管如此,李退溪还是十分重视曹南冥在信中提出的"洒扫之节"的日常践履之重要性。因此,他在同年写给门人弟子的书信中,多次强调要从日常生活中实践性理学。如他在《与郑子中》(64岁)一书中就说:

吾辈中心愿学,初岂有盗名欺人之意?但立志不笃,尊道中废,往往口谈天理之际,游声已不仅四驰矣,而在我日用躬行之实,一无有可靠处。然则虽欲免盗欺之责,何可得耶?故南冥之言真可谓吾辈药石之言,自今请各加策励,以反躬实践为口谈天理之本,而日事研究体验之功,庶几知行并进,言行两顾,不得罪于圣门而免受诃于高世之士矣。②

① 〔朝〕李滉:《答曹健仲(甲子)》,《陶山全书》二,第288页。
② 〔朝〕李滉:《与郑子中》,《陶山全书》二,第347页。

因此，在这一时期，李退溪不仅强调要在日常生活中躬行实践性理哲学，而且一再强调要从容貌辞气上作工夫。如他在《答李仲久》（63 岁）中说："垂喻持敬难做，固学者之通患。若此处无难，则人人可到圣贤地位矣。"①在《答金而精》（64 岁）中又说：

前贤训敬不一，盖各以所见形容说出耳，岂有他哉？今公欲作持敬功夫，而必欲求对病之药，则是对于三先生之说欲捡取尤切己者行之。此则不须如此也。譬之治病，敬是百病之药，非对一症而下一剂之比，何必要求对病之方耶？……但今求下手用工处，当以程夫子整齐严肃为先，久而不懈则心便一，而无非僻之奸者，可验其不我欺矣。外严肃而中心一，则所谓主一无适，所谓其心收敛不容一物，所谓常惺惺者，皆在其中，不待别作一端工夫也。②

李退溪最终是在真知实践的意义上，提出了对"敬"这一圣贤心学的修养论根本原则的实践要求，他说：

今以此数所观之，"心有未尝放者"之论，固谬而无紧要矣。至若操存涵养，最为学紧切工夫，而先生之戒如此，何耶？不以真知实践为事，徒辩论先后之是物，故先生非之。况今心先动、性先动之说，比于操存涵养工夫，其无关紧要又甚矣，何必苦苦分先后、为此闲争竞耶？愚意莫如且当置此微妙辩论，只将"敬以直内"为日用第一义，以验夫统体操存、不作两段者为何等意味，方始有实用工处，脚跟着地，可渐渐进步。至于用力之久，积熟昭融而有会于一原之妙，则心性动静之说，不待辩论而默喻于心矣。③

"真知实践"的提出，表明李退溪在其人格教育的实践中，已经达到了

① 〔朝〕李滉：《答李仲久》，《陶山全书》一，第 311 页。
② 〔朝〕李滉：《答金而精》，《陶山全书》二，第 465 页。
③ 〔朝〕李滉：《答金而精》，《陶山全书》二，第 463 页。

合理的认识论水平，通过强调在真知基础上的躬行实践，而力求避免朱子性理学在进入社会以后可能出现的空谈天理的弊病，从而使自己在性理哲学的基础上对社会恶现象根源及其治理措施的探索，能够顺利转化为解决社会问题的有效思想依据。同时也表明，持敬只是作为解决社会问题，提高个人的道德修养手段，而不是作为其思想的目的而存在的。退溪思想的目的，乃是通过持敬的人生方式达到圣贤人格的追求。

但在从思想体系上完成心经心学所追求的圣贤心学之前，李退溪还必须解决同时代的明朝所盛行的阳明心学与他所继承的程敏政心经心学之间存在的一个共同思想：和会朱陆及其对退溪心学的影响问题。李退溪通过66岁时所写《心经后论》，完成了对心经心学的最后继承。

三、《心经后论》的心学意义

《心经后论》完成于明嘉靖四十五年丙寅（1566），时李退溪66岁。据《年谱》记载，李退溪作此书的原因，是因为弟子黄俊良致书退溪讥斥《心经附注》："其书有曰：真西山华而不实，范兰溪蔓而不切，黄慈溪所见比二子尤下，程篁墩见处不明，择焉不精。欲先生更加删定。先生答书，力辩其非。"①即李退溪是为了批驳当时学者对《心经附注》的贬低而作《心经后论》。

为了进一步阐明《心经附注》的重要意义，李退溪在《心经后论》中表明自己对该书的思想意义之肯定，说自己之所以能够对心学有所"感发兴起"，乃"此书之力也。故平生尊信此书，亦不在四书、近思录之下矣"。在篇末又再次表明自己对《心经附注》的尊信，正如许鲁斋对于《小学》"敬之如神明，尊之如父母"，可谓达于极点。②

尽管李退溪自言尊信此书如父母，但仍然必须面对如何解释《心经附注》的作者程敏政合会朱陆的问题。程敏政不仅著有《道一编》来为自己的"朱陆早异而晚同"观点进行论证，而且这一观点直接影响了王阳明的《朱子晚年定论》，由此形成了明代中期的心学思潮。问题在于，李退溪在发展心经心学的同时，对同时代大明皇朝盛行的阳明心学是持严厉拒斥态

① 《退溪先生言行录卷七·年谱》，〔朝〕李滉：《退溪全书》四，第133页。
② 〔朝〕李滉：《心经后论》，〔韩〕宋熹準编：《心经注解丛编》一，第347页。

度的。如笔者在导论中所述,李退溪曾著《白沙诗教传习录抄传因书其后》,严厉批判阳明心学,说:“陈白沙、王阳明之学皆出于象山而以本心为宗,盖皆禅学也。……至如阳明者,学术颇忒,其心强狠自用,其辩张皇震耀,使人玄惑而丧其所守。贼仁义、乱天下者,未必非此人也。详其所以至此者,其初亦只为厌事物之为心害而欲去之,顾不欲释氏之所为,于是创为心即理之说,谓天下之理只在于吾内而不在于事物。然则所谓事物者,虽如五伦之重,有亦可,无亦可,划而去之亦可也。是庸有异于释氏之教乎哉?①表明其严厉拒斥陆王心学的态度。

因此,如何解释程敏政在《心经附注》最后部分所引吴澄说与朱子中岁重道问学,晚岁重尊德性即和会朱陆的问题,就成为李退溪在最后完成圣贤心学前所必须解决的理论前提。

对于《心经附注》中所涉及的合会朱陆问题,李退溪虽然“慨然而叹,怒焉而伤者累月而不释”②,并明确表明了是朱非陆的立场,说:“盖尝思之,朱陆二氏之不同,非故有意于不同也。此儒而彼禅,此正而彼邪,此公平而彼私狠,夫如是,安得而相同邪?”③尽管无法接受程敏政在《心经附注》中通过所引吴澄和会朱陆的观点所表达的对象山心学的吸收,但仍然表示了尊信《心经附注》的态度,说:“吾观是书,其经则自诗、书、易,以及于程朱说,皆圣贤大训也。其注则由濂洛关闽兼取于后来诸贤之说,无非至言也。何可以篁墩之失而并大训至论不为之尊信乎!”④

也就是说,李退溪尊信的是《心经附注》,而不是书的作者程敏政。但关键在于,正如我们在对从《心经》到《心经附注》的朱子学心学化分析中所揭示的那样,从真德秀《心经》开始,心学化的一个显著特征,就是在学问的方向上试图由朱子的道问学转向个体的道德修养,在这一转变过程中,陆象山以孟子的四端为本心的学问追求精神成为必然的吸收对象,尤其是孟子的求放心理论更成为《心经》修养论的主要内容,因此从吴澄开始,在心学化追求道德本心的意义上,便直接提出了合会朱陆的要求。程敏政的《心经附注》不仅直接在真德秀《心经》基础上进行附注,从而在继承其“万世心学之渊源”的意义上,必然地继承了真德秀《心经》在学问精

① 〔朝〕李滉:《白沙诗教传习录抄传因书其后》,《陶山全书》三,第245页。
② 〔朝〕李滉:《心经后论》,〔韩〕宋熹準编:《心经注解丛编》一,第349页。
③ 〔朝〕李滉:《心经后论》,〔韩〕宋熹準编:《心经注解丛编》一,第351页。
④ 〔朝〕李滉:《心经后论》,〔韩〕宋熹準编:《心经注解丛编》一,第354、355页。

神上对于陆象山道德心学的思想吸收，而且在继承吴澄的“敬为心主”心学思想的同时，也自然继承了吴澄心学对陆象山心学的吸收与融合。也正是在这一实质性的意义上，程敏政的《心经附注》从学问的道德追求精神到修养的内容上，都全面继承了陆象山的道德心学，并在合会朱陆的基础上发展出了主敬成圣的心学。

李退溪在心性哲学上完全继承了心经心学的圣贤心学理论框架，但是，这并不表明他可以无视程敏政在《心经附注》中明确提出的和会朱陆问题。在《心经附注》卷末，程敏政说：“朱子晚岁以学者专讲说而废涵养，将流于言语文字之陋而不自觉，故又于尊德性为重，既为程允夫作铭，且屡有惩戒从游者，盖定论也，故《心经》以是终焉。后之学者诚力于斯而知所归宿，则德可修而道可凝，而作圣之功可几矣。”①这与后来王阳明因此而得出的朱子晚年定论说几乎完全相同。

对于这一实质性问题，退溪曾说：“吾得《心经》而后始知心学之渊源，心法之精微。故吾平生信此书如神明，敬此书如严父。”②而其自始至终所尊信的，正是融合了陆象山道德心学的《心经附注》之心学。换言之，李退溪从一开始所继承与发展的，就是融合了陆象山道德心学与程朱主敬学说的《心经附注》之心学。也正因如此，他才会在《心经后论》中对程敏政《心经附注》中所涉及的和会朱陆问题做出了如下解释，说：

> 徒务博文而少缓于约礼，则其弊必至于口耳之习。故朱子于当时其忧之戒之之切，诚有如此注所引十二条之切。其门人之述形状又云，晚见诸生缴饶于文义，始颇指示本体云云。则尊德性以救文义之弊，非篁墩之说也，乃朱子之意固然也。篁墩于此但不当区区于早晚之分耳。若其尊朱子之意，赞西山之经注于此篇之终，实亦至当而不可易也。……滉窃以谓今之学者，当知博约两至，朱子之成功；二功相益，吾儒之本法。以此读此经此注而不以篁墩“道一编”之谬参乱于其间，则所以为圣为贤之功，端在于此矣。③

① （明）程敏政：《心经附注》，〔韩〕宋熹準编：《心经注解丛编》一，第317页。
② 《退溪先生言行录》卷一，〔朝〕李滉：《退溪全书》四，第169页。
③ 〔朝〕李滉：《心经后论》，〔韩〕宋熹準编：《心经注解丛编》一，第355、355、356页。

可见在这一问题上,李退溪采取的是接受程敏政和会朱陆观点的态度。与此相关的是,李退溪在《传习录论辩》中对王阳明的知行合一说进行分析与批判时所表现出来的对包括阳明心学在内的心学前提的接受。他分析说:“阳明谓今人且讲习讨论,待知得真了,方做行的工夫,遂终身不行,亦遂终身不知。此言切中末学徒事口耳之弊。”①这种分析表明,退溪心学与阳明心学一样,在发展朱子学的动机上,都是对朱子后学在道问学的为学方式意义上流于辞章之学的弊病的校正,因此,二者可以说都是在格物致知的意义上,以陆学对德性的追求来发展朱子学。

从以上的分析中我们可以得出这样一个关键结论:即《心经附注》对退溪思想最为重要的影响,是从学问的方向上从一开始就确定了李退溪的心性哲学探索是在继承以个体的道德修养为主要内容,以个体道德人格的成圣成贤为追求目的的心经心学基础上,寻求 16 世纪中叶陷入“士祸政治”恶性循环的朝鲜李朝社会之思想对策与时代出路的。显然,王阳明所主张的心即理心学所追求的社会群体的道德实践并不适合当时的朝鲜社会,因为正是主张道学政治的赵光祖一派的义理学导致了朝鲜士林在长达半个世纪内不断遭受士祸打击,朝鲜王朝也因此陷入这一恶性“士祸政治”循环中无以自拔。曾经进入中央政权十余年的思想家退溪李滉,显然知道这一关键问题。这也是他为何会选择从心性哲学上再次探寻社会恶现象的根源并最终选择心经心学作为其思想发展的根本原因。

① 〔朝〕李滉:《退溪先生文集》卷四十一。

第五章 《圣学十图》:圣贤心学思想体系的完成

虽然在程朱性理学中就已经提出了居敬穷理并重的为学主张,但不仅在二程的思想中敬还只是一种对于传统儒学所应有的态度,而且又因朱子学在理性之心的意义上所提出的格物致知为学方式削弱了对道德目的的追求,或者如陈来所说,程朱性理学本来就是一种政治伦理哲学,其所追求的根本目的在于治国平天下,以为日益受到外族侵扰而陷入内忧外患危机中的国家提供正确的治理之学。因此,程朱理学格物致知的为学方式也旨在培养能够掌握治理国家所需的一切有用知识的官吏队伍。

在这一意义上,程朱性理学中德性的培养只是必要的基础而不是最终目的,因此,作为道德修养方式的敬自然也不是程朱理学的根本原则。尽管程朱理学在为学上也十分强调主敬,而且朱子曾作《敬斋箴》,但与后来朱子学心学化对于敬的强调与重视相比,显然有着十分不同的哲学意义之差异,尤其是从退溪心学思想发展的过程来看,这一差异就更为明显。在治理恶现象的心性论意义上,敬在退溪心学中不仅具有道德修养方式的意义,而且成为成就圣贤人格的根本手段乃至人生方式。这一圣贤心学理论的完成,集中体现在李退溪 68 岁时完成的《圣学十图》中。

一、《圣学十图》:文本分析

如上所述,在经历了长时期的心学思考与主敬教育实践,尤其是在其心性哲学探索之初所作《天命新图》中就已经确立了以敬为主的心学思想发展方向以后,李退溪最终在 68 岁(明穆宗隆庆二年戊辰,1568 年)时,完成了他的圣贤心学思想体系:《圣学十图》。

这不仅意味着他的心学思想探索终于完成,并以《圣学十图》文本为载体,最终完成了心经一系的圣贤心学思想体系,而且也完成了李退溪为解决朝鲜李朝中叶陷入恶性"士祸政治"循环中的困局而在圣贤心学的意义上所探讨的国家治理对策，因此，他在完成《圣学十图》并上呈宣祖后说"吾之报国，止此而已。"①

李退溪所作《圣学十图》，第一图为周子的《太极图》，图下附有周子的《太极图说》与朱子、平严叶氏的有关说解。退溪在此后解释说："朱子谓'此是道理大头脑处'，又以为'百世道术渊源'。今兹首揭此图，亦犹近思录以此说为首之意。盖学圣人者，求端自此而用力于小大学之类，及其收工之日而溯极一源，则所谓穷理尽性以至于命，所谓穷神知化，德之盛者也。"②一开始便表明《圣学十图》的目的是为了"学圣人"，且将其圣贤心学建立在程朱性理哲学所开端的周子《太极图》与说上，既是为了证明自己的心学思想建立在正统性理学之上，也是为了说明自己是为了在性理学基础上完成圣贤心学思想。

第二图为程复心根据张载《西铭》所做的《西铭图》，图下附有张载的《西铭》原文，及朱子、龟山杨时、双峯饶氏等从理一而分殊的角度对西铭所作的阐释，最后有退溪所作说明，曰："右铭横渠张子所作。初名订顽，程子改之为西铭。林隐程氏作此图。盖圣学在于求仁，须深体此意，方见得与天地万物为一体。真实如此处，为仁之功，始亲切有味，免于莽荡无交涉之患，又无认物为己之病而心德全矣。故程子曰：'西铭意极完备，乃仁之体也。'又曰：'充得尽时圣人也。'"③再次强调十图追求的目的是人格上的成圣，并以《西铭》所述体仁之道作为成圣的道德修养根基。

第三图为李退溪根据朱子的《小学》目录所做的《小学图》，其下附有朱子的《小学题辞》与《大学或问》。《小学》一书编成于宋孝宗淳熙十四年（1187），主要由朱子门人刘清之编类，最后由朱子修改删订，并作《序》和《体辞》。全书共六卷，分为内外篇。内篇四卷，分别为《立教》《明伦》《敬身》《稽古》，辑录的是上古三代的圣贤之言；外篇二卷，为《嘉言》《善行》，辑录"汉以来贤人"之言行。该书不仅是宋元至明极为流行的小学教材，

① 《退陶先生言行通录》卷之四，〔朝〕李滉：《退溪全书》四，第 67 页。注：该语引自《栗谷日记》："上之初即位，聪明颖悟，人皆望圣德之成就。未几，流俗之言日聒于前。李先生承召入京，虽加宠敬而无典学之志，先生或启于经席，或上疏章，勉以圣学，上优容而已。先生本执谦退，又见言不采用，归意益决，乃集先贤所作图，补以己意，为圣学十图以进，议论精详。先生曰：吾之报国，止此而已。"

② 〔朝〕李滉：《圣学十图》，《退溪全书》一，第 192 页。

③ 〔朝〕李滉：《圣学十图》，《退溪全书》一，第 194 页。

而且也因其对儿童人格的熏陶与培养而成为中国历史上影响巨大的一部启蒙教材。该书于元代中叶随着朱子的著作传入朝鲜半岛，并成为朝鲜李朝500年间备受尊崇的理学经典，这与李退溪将其编入《圣学十图》加以尊崇不无关系。

但李退溪将《小学》引入十图中，最重要的还是朱子在《大学或问》中论述小学与大学关系时所述："吾闻敬之一字，圣学之所以成始而成终者也。为小学者不由乎此，固无以涵养本源而谨夫洒扫应对进退之节，与夫六艺之教；为大学者不由乎此，亦无以开发聪明，进德修业，而致夫明德新民之功也。"①吸收朱子论敬为圣学之成始成终的强调，是李退溪作《小学图》的目的。

第四图为朝鲜李朝开国之初儒臣权近依据五经之一的《大学》所作《大学图》，其下附有《大学》经文，及朱子《大学或问》论述敬之内容及其意义，说：

> 或曰：敬若何以用力耶？朱子曰：程子尝以主一无适言之，尝以整齐严肃言之。门人谢氏之说，则有所谓常惺惺者焉。尹氏之说，则有其心收敛不容一物者焉云云。敬者，一心之主宰而万事之根本也。知其所以用力之方，则知小学之不能无赖于此而以为始。知小学之赖此以始，则夫大学之不能无赖于此以为终者，可以一以贯之而无疑矣。盖此心既立，由是格物致知以尽事物之理，则所谓尊德性而道问学；由是诚意正心以修其身，则所谓先立乎其大者而小者不能夺；由是齐家治国平天下，则所谓修己以安百姓，笃恭而天下平。是皆未始一日而离乎敬也。然则敬之一字，岂非圣学始终之要也哉！②

重要的是，李退溪在此所引朱子论敬之说不仅全部被辑录在程敏政《心经附注》中，而且反复强调"敬者，一心之主宰而万事之根本"，"敬之一字，岂非圣学始终之要哉"，同样为程敏政《心经附注》所构建的圣贤心学之主敬成圣根本目的。由此可以看出，将《心经》视为神明的李退溪在《圣

---

① 〔朝〕李滉：《圣学十图》，《退溪全书》一，第195页。

② 〔朝〕李滉：《圣学十图》，《退溪全书》一，第196页。

学十图》中完成的就是心经之圣贤心学。因此,李退溪在该图后再次强调敬为《圣学十图》的核心思想,并以《小学图》与《大学图》为准论述十图的根本意义,说:“上二图是求端扩充,体天尽道极致之处,为小学大学之标准本源;下六图是明善诚身,崇德广业用力之处,为小学大学之田地事功,而敬者,又彻上彻下,著功收效,皆当从事而勿失者也。故朱子之说如彼而今兹十图皆以敬为主焉。”

第五图为李退溪依据朱子《白鹿洞规》而作的《白鹿洞规图》,图后附有朱子所作《洞规后序》,及李退溪所作说明白鹿洞规的历史渊源。《白鹿洞规图》分为上下两层。上层为以五伦即“父子有亲,君臣有义,夫妇有别,长幼有序,朋友有信”为中心的五教之目;下层为穷理、笃行。穷理包括博学、审问、慎思、明辨;笃行包括修身之要、处事之要、接物之要。李退溪在说明中强调,无论是普通学者还是帝王之学,皆应以五伦为本,“本之彝伦而穷理力行以求得夫心法切要处”。并通论以上五图,曰:“以上五图本于天道而功在明人伦,懋德业。”①即追求道德人格上成为圣贤的修道方法。

第六图为《心统性情图》,包括程复心所作上图与退溪所作中下二图,共三图。图下附有程复心《心统性情图说》与退溪所做的说明。

如前所述,李退溪在心性哲学探索的起点即《天命新图》中所提出“四端理之发,七情气之发”,并由此引发朝鲜性理学界与李退溪的论争,而程复心的《心统性情图》与说为其溪提供了心学发展的思想依据。因此,他在《心统性情图》中以中下二图总结了自己的心学发展思想依据,以理气分论四端七情,论述了现实人生中恶的根源在于人不能以理控制七情,则会“放而为恶也”。由此再次强调:“要之,兼理气,统性情者,心也,而性发为情之际,乃一心之几微,万化之枢要,善恶之所由分也。学者诚能一于持敬,不昧利欲而尤致谨于此,未发而存养之功深,已发而省察之习熟,真积力久而不已焉,则所谓精一执中之圣学,存体应用之心法,皆可不待外求而得于此矣。”②

这里最为值得注意的是,李退溪最终完成了心经心学一直追求的理学在为学方式上的转化,即由程朱理学格物致知为学方式所追求的内在德行

① 〔朝〕李滉:《圣学十图》,《退溪全书》一,第197页。
② 〔朝〕李滉:《进圣学十图劄(并图)》,《退溪全书》一,第198、199页。

与外在知识追求及“格君心之非”的道学政治,转向了真德秀以来朱子学心学化的个体人格的内在成圣追求。理学也在走向心学的过程中,由李退溪通过《心统性情图》完成了其圣贤心学的心性哲学论证。

第七图为朱子所作《仁说图》,图后附有朱子的《仁说》,从仁的角度论述心及其道德修养意义,曰:“仁者,天地生物之心而人之所得以为心。……盖仁之为道,乃天地生物之心,即物而在。情之未发而此体已具,情之已发而其用不穷。诚能体而存之,则众善之源,百行之本,莫不在是。此孔门之教所以使学者汲汲于求仁也。其言有曰:克己复礼为仁。言能克去己私,复乎天理,则此心之体无不在,而此心之用无不行也。”①李退溪在其后所附的说明中则透露出另一个重要信息,说:“右仁说,朱子所述并自作图,发明仁道无复余蕴。大学传曰:‘为人君止于仁。’今欲求古昔帝王传心体仁之妙,盖于此尽意焉。”②

李退溪在上呈《圣学十图》时曾说:“吾之报国,止此而已。”问题在于,如何能以十图报国? 笔者认为,正是李退溪在上述所透露出的关于“帝王传心体仁之妙”一语道破其中的奥秘,即他试图用十图所追求的个体心学修养来化解理学之道学政治所导致的王权对士权的不断镇压,尤其是朝鲜李朝自15世纪末至16世纪中因此所陷入的恶性“士祸政治”循环之危局。而十图所完成的主敬成圣之心学,不仅可以将引导朝鲜士林退入乡村社会,亦可以通过对国王的圣贤心学引导,达到儒家一直以来所追求的仁政王道。如此既化解了士祸,又可以实现仁政,此所以退溪以《圣学十图》报国的内在含义。

第八图为程敏政在《心经附注》卷首所辑录的程复心之《心学图》,其后附有《心学图说》,同样强调:“要之,用功之要俱不离乎一敬。盖心者,一身之主宰,而敬又一心之主宰也。学者熟究于主一无适之说,整齐严肃之说,与夫其心收敛常惺惺之说,则其为工夫也尽,而优入于圣域亦不难矣。”③心经心学所追求之主敬成圣,始终是退溪在十图中提示的核心思想。

不同的是,李退溪在该图后的说明中还指示了圣贤心学的另一个心学

---

① 〔朝〕李滉:《进圣学十图劄(并图)》,《退溪全书》一,第199、200页。

② 〔朝〕李滉:《进圣学十图劄(并图)》,《退溪全书》一,第200页。

③ 〔朝〕李滉:《进圣学十图劄(并图)》,《退溪全书》一,第201页。

化特征,即当朱子学心学化弱化了程朱理学格物致知为学方式的外在知识与政治追求目的,并将为学重心引向个体人格的内在自我修养与成圣成贤追求之后,自然也在修养论上走向了道德修养方式上的烦琐,李退溪就说:"臣窃以为,求放心浅言之则固为第一下手著脚处,就其深而极言之,瞬息之顷,一念少差,亦是放。"①这也正是心经心学与阳明心学的分水岭之所在。阳明心学在致良知的意义上追求的是社会群体当下的道德实践,简单易行,因此以孟子"先立乎其大者,则其小者不能夺也"为宗旨;而心经一系的心学则在追求自我道德人格修养中,陷入了程朱性理学格物致知意义上如何以心知心的难题,由此而不得不走向道德规范的烦琐中。由真德秀所辑的录简单的圣贤言心之格言的《心经》,到程敏政《心经附注》大量辑录程朱等性理学家的修养论,以至李退溪在《圣学十图》中将程复心《心学图》所列举的各种修养论之心作为成圣之必要内容,均意味着心经一系的心学在道德修养手段上的烦琐,与道德修养目的上与阳明心学的根本差异。

第九图为宋末元初学者鲁斋王柏依据朱子《敬斋箴》所做的《敬斋箴图》,其后附有朱子的《敬斋箴》全文。《敬斋箴图》的内容以动静表里、主一无适,弗达、交正、有间、有差为框架,将内在意识的自我规范与修养纳入人格修养中,如说"正其衣冠,尊其瞻视,潜心以居,对越上帝"②,试图构建起一个由外在行为到内在意识的严格的道德修养体系。

如上所述,李退溪在完成圣贤心学的过程中,不仅融入了程敏政《心经附注》所提供的程复心之心学图与说,而且对朱子学心学化历史发展过程中王柏的心学思想也进行了吸收,沿着个体道德人格修养的烦琐化继续发展。

第十图为李退溪依据元初学者南塘陈茂卿柏的《夙兴夜寐箴》而作的《夙兴夜寐箴图》,其后附有陈茂卿《夙兴夜寐箴》全文。与上图一样,该图的内容是继续沿着自我道德规范的方向进行规定。如果说朱子的《敬斋箴》是罗列各种空间上的行为规范,那么陈茂卿的《夙兴夜寐箴》则是从时间上对学者的自我道德修养进行严格规定。其以一天的时间为例,以夙寤、晨兴、日乾、夕惕为框架,进行各种自我修养规范,并以"兼夙夜"之"念

① 〔朝〕李滉:《圣学十图》,《退溪全书》一,第208页。
② 〔朝〕李滉:《圣学十图》,《退溪全书》一,第209页。

兹在兹，日夕乾乾”进行时间上的完整规定。

李退溪在图后的说明中进行总结说：“盖敬斋箴有许多用工地头，故随其地头而排列为图。此箴有许多用工时分，故随其时分而排列为图。……此一静一动，随处随时，存养省察，交致其功之法也。果能如是，则不遗地头而无毫厘之差，不失时分而无须臾之间，二者并进，作圣之要，其在斯乎！①他在此图后总结说：“以上五图，原于心性而要在勉日用，崇敬畏。”②

至此，李退溪终于在心经心学的意义上，完成了圣贤心学思想体系的构建。

二、《圣学十图》的心学意义

李退溪在《进圣学十图札》中，集中论述了《圣学十图》的心学意义，说：“伏以道无形象，天无言语，自河图洛书之出，圣人因作卦爻而道始见于天下矣。然而道之浩浩，何处下手？古训千万，何所从入？圣学有大端，心法有至要。揭之以为图，指之以为说。”③明确指出自己作《圣学十图》的目的，就是为了以《圣学十图》表达圣贤心学思想。接着又指出了实现圣贤心学的方式，说：

> 盖圣门之学，不求诸心则昏而无得，故必思以通其微；不习其事则危而不安，故必学以践其实。思与学交相发而互相益也。……先须立志，以为舜何人也，予何人也，有为者亦若是。奋然用力于二者之功，而持敬者，又所以兼思学、贯动静、一显微之道也。其为之之法，必也存此心于斋庄静一之中，穷此理于学问思辨之际。不睹不闻之前，所以戒惧者，愈严愈敬；隐微幽独之处，所以省察者，愈精愈密。……至于积真之多，用力之久，自然心与理相涵而不觉其融会贯通；习与事相熟而渐见其坦泰安履。此实孟子所论深造自得之境，生则乌可已之验。④

① 〔朝〕李滉：《圣学十图》，《退溪全书》一，第210、211页。
② 〔朝〕李滉：《圣学十图》，《退溪全书》一，第204页。
③ 〔朝〕李滉：《进圣学十图劄（并图）》，《退溪全书》一，第188、189页。
④ 〔朝〕李滉：《进圣学十图劄（并图）》，《退溪全书》一，第197页。

在实现圣贤心学的方式上,李退溪首先表达了对真德秀以来的心学思想的继承,尤其是对程敏政主敬成圣之心学的继承,但也显示出了退溪心学的特征,即在道德实现方式上,李退溪试图在程敏政《心经附注》所提供的圣贤心学理论框架上综合朱子的认识论,如上述所谓"积真之多,用力之久"的说法,正是朱子在格物致知说中提出的认识方式。同时,他也提出了"心与理相涵而不觉其融会贯通"的朱子学说,都表明退溪心学对圣贤心学与朱子理学的继承与融合的特征。这种特征也表现在《圣学十图》中,即试图融合《小学》与《大学》来解决《心经附注》的圣贤心学在心与敬问题上与朱子学的矛盾与冲突问题。

如前所述,在陆学中被认为是学问目的与为学方式的道德本心(尽心),在朱子理学中却是以存心的形式存在并被认为是学者初下手事,实际上就是朱子整理辑注的《小学》之事,而李退溪则利用朱子对敬的论述,将《小学》与《大学》以敬为中心贯穿起来,从而解决了心学化的理论难题。

但是,这并不妨碍李退溪作《圣学十图》的目的仍是为了主敬成圣,所以他说:"盖上二图是求端扩充,体天尽道极致之处,为《小学》《大学》之标准本原;下六图是明善诚身,崇德广业用力之处,为《小学》《大学》之田地事功。而敬者,又彻上彻下,著功收效,皆当从事而勿失者也。故朱子之说如彼,而今兹十图皆以敬为主焉。"①这与程敏政以"敬之一字"再注《心经》是同样的思想。

在此基础上,李退溪反复强调了自己作《圣学十图》的目的是为了主敬成圣,即个体在道德人格上的成圣成贤。因此,在《进圣学十图札》的结尾,退溪就明确表达了其"主敬成圣"的圣贤心学根本目的与要求,说:"畏敬不离乎日用而中和位育之功可致,德性不外乎彝伦而天人合一之妙斯得矣。"②

这就是李退溪在他的哲学独立探索之初在《天命图说》中所表达的哲学目的:圣贤人格的追求。实现的方法,就是他在68岁时所完成的《圣学十图》。所以,退溪说《圣学十图》乃是"凝道作圣之要,端本出治之源"③。换言之,《圣学十图》所完成的正是《心经附注》所构建的圣贤心学思想体系。

① 〔朝〕李滉:《圣学十图》,《退溪全书》一,第203页。
② 〔朝〕李滉:《进圣学十图劄(并图)》,《退溪全书》一,第198页。
③ 〔朝〕李滉:《进圣学十图劄(并图)》,《退溪全书》一,第191页。

三、主敬成圣:圣贤心学思想体系的最终完成

(一)持敬人生

对于李退溪以《圣学十图》所构建的圣贤心学思想体系而言,问题首先是,究竟什么是性理学所说的持敬?对于这一问题,朱子在《敬斋箴》中作了明确地回答,说:

> 正其衣冠,尊其瞻视;潜心以居,对越上帝。足容必重,手容必恭;择地而蹈,折旋蚁封。出门如宾,承事如祭;战战兢兢,罔敢或易。守口如瓶,防意如城;洞洞属属,罔敢或轻。不东以西,不南以北;当事而存,靡他其适。弗贰以贰,弗参以参。惟心惟一,万变是监。从事于是,是曰持敬。①

可以看出,朱子仍然是在心的理性意义(所谓"惟心惟一,万变是监")上讲"持敬"的,而且朱子虽然从"表里交正"的意义上提示了从手足容貌到内心的警惕所应该遵守的行为原则,但并没有说明视听容貌上应该如何端正,也没有说明学者应该如何在心理上"防意如城",即朱子的《敬斋箴》还只是对"持敬"原则的说明,而缺乏具体的行为规则。所以李退溪在图后所引朱子之言曰:"此是敬之目说,有许多地头去处。"退溪接着又说:

> 臣窃谓地头之说,于作工处好有依据,而金华王鲁斋柏尝排列地头作此图,明白整齐,皆有下落。又如此常宜体玩惊省于日用之际、心目之间而有得焉,则敬为圣学之始终,岂不信哉!②

---

① (宋)朱熹:《敬斋箴》,转引自〔朝〕李滉:《圣学十图》,《退溪全书》一,第209页。

② 〔朝〕李滉:《圣学十图》,《退溪全书》一,第209、210页。

对于李退溪而言,南塘陈茂卿[①]综合了朱子的《敬斋箴》与心学化的修养论内容所作的《夙兴夜寐箴》,进一步对学者的思想与行为作了从时间到空间上的全面规定,因而成为李退溪为学者进行德性修养所选定的人格修养的具体规定。依照图的内容,从时间上排列如下。

夙寤:"鸡鸣而起,思虑渐驰,盖于其间,澹以整之。或省旧衍,或细新得,次第条理,瞭然默识。"就是说,从早晨醒来的那一刻开始有思维活动时起,就要将因睡眠放松了的道德意识重新整理,并反省自己的过错,提高自己的道德水平,回到对圣人之学的践履上来。

晨兴:"本既立矣,寐爽乃兴,盥栉衣冠,端坐敛形。提掇此心,皦如出日,严肃整齐,虚明静一。"就是说,晨起后就要从思想上的端正进入行为上的端正,梳洗整齐以后,端坐敛形以示人严肃整齐的形象。这也就是儒家在修养论上所讲的"动容貌、整思虑"的要求。

读书:"乃启方册,对越圣贤,夫子在座,颜曾后先。圣师所言,亲切敬听,弟子问辩,反复参订。"读书乃是儒者日常活动的主要内容,儒者在读书时不仅要听从书中的圣贤之言,而且要用心领会书中所讲的内容,向老师请教自己不懂的问题,以求真正理解圣贤心学的意义。

应事:"事至则应,则验于为,明命赫然,常目在之。事应既已,我则如故,方寸湛然,凝神息虑。"就是说,在现实生活中,当有事情发生时,就要将从书中学到的圣贤之学贯彻到具体的应事接物中来,而当事情结束后,就要恢复到道德本心的状态,不可在心中存留不忘。这也就是性理学所讨论的心物关系问题。

不同的是,大程子一派力主以静坐的方式来体验心未发时的道德本然

---

① 南塘陈茂卿的具体情况,由于史料缺乏,我们无法作更多的了解,只能从李退溪在《夙兴夜寐箴图》后所做的说明中,知道他号南塘,字茂卿,名柏,曾作《夙兴夜寐箴》。至于他是什么时代的人,具体的学术传承、著述等,均无所考。但笔者仔细比较了退溪依据陈茂卿的《夙兴夜寐箴》而作的《夙兴夜寐箴图》与王柏依据朱子《敬斋箴》所做的《敬斋箴图》,发现二者最为显著的差别,就是《敬斋箴图》的中心所书是"心"字,而《夙兴夜寐箴图》的中心所书乃"敬"字。这不仅明显体现出从朱子的心性哲学到真德秀之后朱子学心学化的思想发展轨迹,而且也说明陈茂卿应该是元代学者,而且退溪在该图后的说明中又说王柏在主教上蔡书院时,"专以是箴为教,使学者人人诵习服行",则可见陈茂卿应该是在真德秀对朱子学作心学化之后的学者,也有可能是与王柏同时代的学者。总之,如果不是李退溪在《圣学十图》中依据陈茂卿的《夙兴夜寐箴》而作了《夙兴夜寐箴图》并做了说明,那么这个早已在中国历史中消失的中国古代学者的思想是不会被记录下来的,他的思想更没有对中国性理学史产生任何影响。这一现象也表现出朱子学在朝鲜半岛传播中的性理文化对理学本土的思想反馈现象。

状态，而朱熹则在心体流行的中和之悟中，全面接受了小程子居静穷理的学问宗旨，在道德修养乃至学习圣人之学上力主持敬。但因其居静穷理是建立在心的理性认识能力之上，因而并没有心物关系的难题。其后的心学化则在全面走向道德修养与实践的过程中，因为不主张朱子格物致知的理性人生方式而放弃了朱子心学中“心”的理性认识能力，因而不可避免地面对了心与物的关系问题，亦即所谓“心虑纷乱”的“持敬”难题，即道德人格修养实践中出现的问题。

李退溪则在心学所主张的理学道德化之根本意义上，保留了朱子对心的理性认识能力的肯定，只是这种理性认识能力主要是为了用来控制人的思虑，而不是为了认识客观事物之理。这样，他就在“事来而应，事去则忘”的原则上，解决了朱子学心学化在修养论上所面临的最大难题。

日乾：“动静循环，惟心是监，静存动察，勿贰勿叁。读书之暇，间以游泳，发舒精神，修养情性。”就是说，在白天的生活中，无论是应事接物，还是思索问题，都要时刻以圣贤之言自律，不得任思虑纷弛。读书之余，也可以与同学者交游吟咏，从自然的美中陶冶性情。

夕惕：“日暮人倦，昏气易乘，斋庄整齐，振拔精神。夜久斯寝，齐手敛足，不作思维，心神归宿，养以夜气，贞则复元。”就是说，当黄昏到来的时候，思考活动了一天的人已经疲倦了，这时就要特别警惕昏气乘机而入，松懈人的精神，因此要从行动上更加庄重，振作精神，一刻也不能放松对圣贤之学的践履，从思想到行为，从内心到外表，都要坚持去做。当夜深人静的时候，要齐手敛足，停止一切思维活动，使心神安静下来，进入无思无虑的状态。

兼夙夜：“念兹在兹，日夕乾乾。”就是说，无论是白天还是黑夜，都要时刻想着圣贤之学的思想与行为规范，不能一刻忘记或松懈。

李退溪又在《夙兴夜昧箴图》之后，作了如下说明：

> 臣今谨仿鲁斋《敬斋箴图》作此图，以与彼图相对。盖《敬斋箴》有许多用工地头，故随其地头而排列为图；此箴有许多用工时分，故随其时分而排列为图。夫道之流行于日用之间，无所适而不在，故无一席无理之地，何地而可辍工夫？无顷刻之或停，故无一息无理之时，何时而不用工夫？故子思子曰：“道也者，不可须臾离也。可离非道也。是故君子戒惧乎其所不睹，恐惧乎其所不

> 闻”,又曰:“莫见乎隐,莫显乎微,故君子慎其独也”。此一静一动,随处随时,存养省察,交致其功之法也。果能如是,则不遗地头而无毫厘之差,不失时分而无须臾之间,二者并进,作圣之要,其在斯乎!①

从时间到空间,如此严密的思想与行为规范,不啻如一项规模浩大的思想工程。这些思想资料固然来自于程朱性理学及其后来的心学化发展,但在李退溪的《圣学十图》中,却以持敬作为人生方式而获得了系统的生命力,成为普通人走向永恒的精神生命之路的阶梯。李退溪明确提出:“果能如是,……作圣之要,其在斯乎!”就是对这一精神生命之路的肯定。

而对于每一位儒家后学者而言,这条成圣之路又实在是极其严格的。它不仅要求儒者随时随地都必须遵循《夙兴夜昧箴图》中所列出的思想与行为规范,将程朱性理学对于敬的种种规定发展为从思想到行为、从时间到空间的一种行为模式,从而为儒者的成圣提供了具体的、可以依据的思想与行为规范,而且指出了不遵守这些行为规范的严重后果,即《敬斋箴》所言:“须臾有间,私欲万端。不火而热,不水而寒;毫厘有差,天壤易处。三纲既沦,九法亦败。于乎小子,念哉敬哉。”②

实际上,李退溪是借用了朱子对于不遵守儒家道德规范会产生的严重后果,暗示了16世纪中叶朝鲜现实中士林被祸,士风大——人心浮动,道德沦丧的严重社会现实问题,只有通过作为社会精英阶层的士林的自我道德人格的修养实践,并将“三纲五常”的传统儒家伦理道德化为人生必不可少的生活信念,才能够得到解决,从而从根本上拯救处于危机中的朝鲜社会,达到以仁义立天下的人类理想社会,并在自我人生的意义上,走向光明洁净的理想人生境界——能与天地合一的圣贤人格。这是李退溪在心性哲学上所做的理论探求的终极目的。这种目的又反过来加强了他对圣贤心学的信念,以至于将这种信念转化为一种宗教式的人生信仰,并将这种宗教式的人生信仰在心学修养方式的意义上融化为一种以持敬为宗旨的行为规范与人生方式。

在李退溪宗教式的持敬哲学里,人的所有活动都被纳入追求圣贤人格

---

① 〔朝〕李滉:《圣学十图》,《退溪全书》一,第204页。

② 〔朝〕李滉:《圣学十图》,《退溪全书》一,第202页。

的道德修养活动中来，除了读圣贤之书（儒家经典）要在师长的指导教训下进行以外，其余的一切活动都必须严格按照《夙兴夜昧箴图》所规定的行为规则来进行，以培养和熏陶自己的道德人格。或者说，除了对圣人之学的追求以外，人不可以有任何其他的追求。

从现实人生论的意义上看，李退溪在心学理气论上对社会恶现象的根源所作的再次思想探索，不仅解决了朱子人性论对人的主体地位的贬低之难题，而且在朱子心学对人所具有的理性认识能力的意义上彻底强化了人对自身所具有的道德自主能力，从朱子的理性人生重新回到了传统儒家的道德现实主义的持敬人生中。

可以说，在儒学发展史上，从人生哲学的角度赋予儒家伦理道德修养规则以系统的心理学与生命意义的，李退溪当属第一人。但也正因如此，在现代的退溪学研究中，退溪哲学不仅被认为就是敬的哲学（如日本学者高桥进就曾著有《李退溪与敬的哲学》），而且在“儒学反现代化”的理论前提下，有学者更是直接批评李退溪的居敬哲学，说：

> 李退溪的整个宇宙都是由居敬构成的，“其体为敬，其用为和”。《中庸》之诚乃成圣之方，即使是诚这个动态概念也被化约为居敬这个静态概念。李氏曰：“敬在人性中”。朱熹所设想的诚的动态成分被提升为动态的天理世界，它留给人性世界的只是静态的居敬。李氏严格的二元论与其严格的居敬有着内在的密切关系。他的世界被两极化为理之天界和敬之人界。人性是自然的永恒的囚徒。整个世界对人心和天理都是于穆不已的。居敬的世界是一个整体化的世界，人在其中必须全心集中于普遍之理这个单一对象之上。①

这种评价的失误之处在于，评论者不仅不了解李退溪心学思想所赖以发生的社会历史背景，而且也不了解其思想所赖以发展的性理学及其心学化的思想背景，而仅仅以概念的抽象比较来为“儒学反现代化”的结论提供解说。

事实上，不仅“居敬”本身代表的不是“静态概念”，而是现实的人生方

① 〔韩〕黄炳泰：《儒学与现代化》，第398页，北京：社会科学文献出版社，1995年。

式,而且李退溪在进行他的思想探索的同时,也在现实生活中不断通过对性理学的实践来修正思想上的偏失,尤其是通过对士林的人格教育实践,从根本上改变了自我的持敬人生方式所带来的思想局限性,使他的人生哲学在进入社会、被社会所接受的过程中,从根本上改变了新进士林的人生之路,使16世纪中叶的朝鲜士林避免了因过于激进的政治与人生态度而不断被祸的恶性循环,从而实现了他拯救士林、对抗士祸政治的社会使命,并通过自身的处世之道完成了他的社会历史与思想使命。

更为根本的意义还在于,居敬并不是退溪哲学的目的,因而不仅不能说他的哲学就是居敬哲学,而且也不能在此意义上片面理解他的思想、评价他的学说在韩国性理学发展史上所具有的意义。正确的做法是,就其思想发展的真实过程来讲,从思想上探索持敬的性理学乃至心学意义,到在《圣学十图》中完成对持敬作为人生方式的理论总结,中间不仅经历了人格教育实践中对道德实践这一本来目的的强调,而且持敬的最终目的是儒者在人格上的成圣,从而实现他在哲学探索开始之初就宣告的人生目的。换言之,持敬是为了成圣,而从持敬到成圣的关键,则在于道德上的真知实践。

(二)主敬成圣

如上所述,单从李退溪在《圣学十图》中对持敬作为人生方式的理论总结来看,很容易得出退溪哲学就是主敬哲学的结论。但实际上,如果从他的思想发展的整个过程,及其思想的哲学目的与社会使命感等更为主要的意义上来考察,可以发现,李退溪的哲学不仅在《心经附注》所给予其思想发展过程的影响,而且在其思想对从真德秀开始一直到程敏政为止的朱子学心学化所未能解决的心学问题的哲学解决的意义上,都可以说,李退溪的哲学是圣贤心学而不是主敬哲学。

为许多研究者所忽视的是,主敬其实只是其学说所主张的人生方式,而不是其人生目的。他的人生目的,是要通过遵循持敬的严格思想与行为规定而达到圣贤人格。这才是退溪心学探索的最终目的:主敬成圣。

我们可以从他的思想从开始到圣贤心学体系的完成中提供确凿的理论证据,如:李退溪不仅在他的哲学探索之始就明确了“天地之性人为贵”的价值判断,而且明确提出了他的道德修养理论的目的乃是圣贤人格的追求与达到。如他在《天命图说后序》中就说："学者诚能知天命之备于己，尊德性而致力信顺，则良贵，不丧人极在是，而参天地、赞化育之功皆可以至之矣。不亦伟哉！"①也就是说，李退溪在他的哲学探索的起点，就表明了自己的学说乃是以追求道德人格的成圣为目的的圣贤心学。

对于这一目的，在其代表作《圣学十图》中也多次加以强调，如在《进圣学十图札（并图）》中说："是其为图为说，仅取叙陈于十幅纸上，思之习之，只作工程于平日言燕处，而凝道作圣之要，端本出治之源，悉具于是。"②在《第一太极图》中说："圣可学矣"，又说："盖学圣人者，求端自此，而用力于小、大学之类，及其收功之日而溯极一源，则所谓穷理尽性而至于命，所谓穷神知化，德之盛者也。"③在《第二西铭图》中也说："盖圣学在于求仁。"④在《第四大学图》中引朱子之语曰："然则敬之一字，岂非圣学终始之要也哉！"⑤在《第六心统性情图》中说："其中下二图，臣妄窃推原圣贤立言垂教之意而作。……要之，兼理气、统性情者，心也，而性发为情之际，乃一心之几微，万化之枢要，善恶之所由分也。学者诚能一于持敬，不昧理欲而尤致谨于此，未发而存养之功深，已发而省察之习熟，真积力久而不已焉，则所谓精一执中之圣学，存体应用之心法，皆可不待外求而得之于此矣。"⑥在《第九敬斋箴图》中说："敬为圣学之始终。"⑦在《第十夙兴夜寐箴图》中说："作圣之要，其在斯乎。"⑧

由上述论述可见，主敬成圣才是退溪心学的最终目的。

---

① 〔朝〕李滉：《天命图说后序》，《陶山全书》三，第 234 页。
② 〔朝〕李滉：《进圣学十图劄（并图）》，《陶山全书》一，第 198 页。
③ 〔朝〕李滉：《圣学十图》，《陶山全书》一，第 199 页。
④ 〔朝〕李滉：《圣学十图》，《陶山全书》一，第 201 页。
⑤ 〔朝〕李滉：《圣学十图》，《陶山全书》一，第 203 页。
⑥ 〔朝〕李滉：《圣学十图》，《陶山全书》一，第 205 页。
⑦ 〔朝〕李滉：《圣学十图》，《陶山全书》一，第 210 页。
⑧ 〔朝〕李滉：《圣学十图》，《陶山全书》一，第 211 页。

第六章 圣贤心学对心经心学与朱子学理论发展

如上所述，由李退溪在继承程敏政《心经附注》所提供的心学理论框架基础上所完成的圣贤心学，不仅完成了在理学本土所未能完成的真德秀《心经》一系基于正统程朱性理学基础上发展的朱子学心学化，从而在心性哲学的层面上真正发展了朱子学，同时也在东亚性理学发展的宏观视野下，以16世纪朝鲜半岛的圣贤心学与同时代的阳明心学，最终完成了南宋末年以来的朱子学心学化思想发展过程。

本章即是要在这一基本意义上，揭示退溪心学与程敏政心学及朱熹理学的思想差异，由此确定退溪哲学在朱子学发展史上的思想地位。

一、退溪心学与程敏政心学的差异

（一）本体论差异

如前所述，心学化自真德秀以来在理气本体论上的一个显著特征，就是吸收作为陆象山道德心学之本体论依据的程颢的道器不离的理论。其表现形式，就是理气不离的观点。如《心经》的作者真德秀就说："道者，理也；器者，物也，精粗之辩固不同矣。然理未尝离乎物之中，知此则知'有物有则'之说矣。盖盈天地之间者莫非物，而人亦物也，事亦物也。有此物则具此理，是所谓则也。"①又说："形而上者理也，形而下者物也。有是理故有是物，有是物则具是理，二者未尝相离也。"②

① （宋）真德秀：《天性人心之善》，《大学衍义》卷五。
② （宋）真德秀：《异端学术之差》，《大学衍义》卷十三。

真德秀之所以强调理气不离，是为了将朱熹以心求理的格物致知认识论哲学转向心学化的道德性命之学。心学化过程中的另一重要人物吴澄也同样以理气不离的观点来论证学问的道德方向，如说："自未有天地之前，至既有天地之后，只是阴阳二气而已。……气之所以能如此者，何也?以理为之主宰也。理者非别有一物在气中，只是为气之主宰者即是。无理外之气，亦无气外之理。"①吴澄强调理气不离的目的同样是为了论证心学化道德修养与实践的必然性，所以他又说："人得天地之气而成形，有此气即有此理。所有之理谓之性。此理在天地则元亨利贞是也。其在人而为性，则仁义礼智是也。性即天理。"②

由此可以看出，程颢在本体论上的道器不离观，成为日后朱子学心学化的本体论依据。在朝鲜性理学的传播与发展过程中，奇明彦以及李栗谷等人所坚持的，正是朱子学心学化发展中真德秀一派的理气不离观点。

但是，当李退溪以《天命图》为标志开始心性哲学上的独立探索时，他在性理哲学的本体论上所坚持的则是朱子理学的理气观，即在构成论的意义上，理与气的关系是不即不离，而不单单是不离，从而表现出与《心经》以来的心学化本体论观点的显著差异。李退溪在四端七情分理气论争中一再提到朱熹的理气观是不即不离，而不是不离，并批评奇明彦说：

> 窃详来谕之意，深有见于理气之相循不离，而主张其说甚力。故以为未有无理之气，亦未有无气之理，而谓四端七情非有异义。此虽近是，而揆之以圣贤之旨，恐有所未合也。大抵义理之学，精微之致。……徐观其义趣，就同中而知其有异，就异中而知其有同。分而为二，而不害未尝离；合而为以一，而实归于不相杂，乃为周悉无偏也。……今之所辩则异于是：喜同而恶离，乐混全而厌剖析，不究四端七情之所从来，既以为兼理气、有善恶，深以分别言之为不可。③

在朱子心学化的发展过程中之所以会出现性理学内部的理气关系争

① (元)吴澄:《客人问性理》,《吴文正集》卷二,四库全书本。

② (元)吴澄:《客人问性理》,《吴文正集》卷二,四库全书本。

③ 〔朝〕李滉:《答奇明彦论四端七情第一书》,《陶山全书》二,第21、22页。

论，事实上并不是因为争论的双方对朱子理学的理气本体论理解有差异，而是对包含在朱子学中的二程哲学在本体论上的理学与心学的矛盾所导致的理论论争。

当真德秀试图将朱子格物穷理、内外并重的学问方向转向《心经》所标示的道德人格修养理论时，他对陆象山道德学说的吸收就成为必然。陆象山的学说事实上缺乏哲学本体论的论证，但其在学问宗旨上是以孟子的尽心理论为宗的，而程颢的《识仁篇》也是以孟子的心学理论为宗，因此，程颢在本体论上的道器不离观点就自然为真德秀以来的心学化发展所借鉴。

当李退溪试图从心性哲学上发展朱子的人性理论时，就不仅需要继承真德秀以来的心学化思想，同时也需要从哲学本体论上论证心学化发展的正当性。问题在于，真德秀以来的心学化所坚持的理气不离观点，却只允许对传统儒家道德学说的继承而反对在哲学上对其进行任何发展。

我们可以从朱陆之争时陆象山对朱熹哲学的激烈反对中看到其守旧的思想特征。王阳明的心学同样继承了陆象山学说的这一特征。陆象山以“先立乎其大”的道德本心为唯一的追求，王阳明则以致良知为唯一的追求。陆象山和王阳明都提出了对程朱理学一派所坚持的主敬理论的反对。因此，当心学化在学问方向上吸收了陆象山学说的同时，也在本体论上接受了心学的理气不离观点时，显然也限制了理学所可能的理论发展。李退溪如果想要在本体论的意义上最终完成心经一系所追求的圣贤心学思想体系，就必须摆脱包括吴澄、王柏、程复心、程敏政等真德秀以来的朱子学心学化在本体论上对象山心学的继承。

在这一意义上，朱熹在与陆象山进行无极太极之争时所提出的儒学的发展观，显然成为李退溪发展朱子理学的理论依据。因此，在四端七情分理气论争中，李退溪一再论述朱熹哲学的理气本体论，就是因为朱熹所继承的程颐理学在本体论上的特点本来就是“体用一源，显微无间”，朱熹将其运用到理气关系上，就是不即不离的观点。这种思维方式的特点是可以成功地解决新儒学在理论的发展上与传统儒学的直观道德学说的矛盾，尤其是在人性问题上，程朱理学对人性之恶的哲学本体论与生成论探索，与传统儒学人性本善论的矛盾。运用不即不离的理学思维方式，不仅可以在世界本原的理论层次上维护传统儒学的思想，而且可以在生成论的意义上以理气的运动变化来解释现实中的矛盾与恶的根源，并为此寻求意识形态上的解决之道。李退溪在四端七情分理气论争中对朱熹理学本体论的坚持,事实上正是为了运用理学的思维方式来发展理学。

(二)心性论差异

与四端七情分理气论争相关的直接理论问题是,李退溪为什么要在面临包括自己弟子在内的整个学术界的反对压力下,始终坚持以理气分论四端七情? 实际上,这个问题仍然是因为心学化的道德追求与程朱理学之间所存在的内在思想矛盾所引起的。

如前所述,真德秀以来的心学化在学问方向上转向陆学道德追求的同时,在人性论上也不再提程朱理学的人性之恶的理论,而是吸收了陆学以人性为天理的人性本善观点。这就造成了另一个朱子学心学化所必须面对的问题:纯善无恶的性为什么会在现实中出现恶的存在? 而且从另一个角度看,既然人性为天理,则陆王心学所主张的道德实践就已经可以达到心学的道德目的,心经心学为什么还要提倡圣贤心学所主张的严格乃至烦琐的人格修养理论?

当时朱陆之争的关键也是在这个问题上。朱子不仅以气质之性的理论提供了主敬修养的理论必要性,而且在心的理性认识能力的意义上为之提供了格物穷理的认识论与方法论。真德秀以来的心学化既不再提倡气质之性,但又坚持主敬为唯一的成圣方法,不仅与陆学的道德实践方法论产生了矛盾,同时也形成与朱子心学的理论矛盾。程敏政的《心经附注》不仅没有为此提供一个系统的理论论证,反而在附注中将程朱理学与后来的心学化思想发展都集中在一起,从而在提出圣贤心学雏形的同时也造成了理学与心学的混乱。

李退溪坚持四端七情分理气论,其直接的心学意义就是试图在心学化所坚持的人性即天理的前提下,从现实的人情中寻找恶的根源,从而为圣贤心学主敬成圣的道德人格修养提供思想依据与现实意义。他通过与奇明彦的四七分理气论争,不仅找到了现实中的恶的根源在于七情,而且以程复心的《心统性情图》为依据,作中图、下图二图总结了自己的心性哲学。

关于《心统性情图 · 中图》,退溪说:“其中图者,就气禀中指出本然之性,不杂乎气禀而为言,子思所谓天命之心,孟子所谓性善之性……是也。

其言性既如此，故其发而为情，亦皆指其善者而言，如子思所谓中节之情，孟子所谓四端之情……是也。"①即在现实人生论的意义上，人性直接表现为情（四端七情），因为性"寂然不动，为心之体"，无法直接被人体认，而情则"感而遂通，为心之用"，直接存在于人的现实生活中，是人性的自然流露，可以被人直接体认，因而恻隐、羞恶、辞让、是非之四端，与喜怒哀惧爱恶欲之七情，就成为普通人在现实生活的意义上体认人性的唯一办法。

因此，在这个意义上对于四端和七情论之以理，是为了让人在人性本善的意义上体悟到"天地之性人为贵"的圣贤之言的真实性与可信性，并由此确信人可以通过道德人格的修养达到那个可以与"天地参"的光明人生境界：圣贤人格。正是在这个意义上，李退溪强调指出："然则孟子、子思所以只指理言者，非不备也，以其并气而言，则无以见性之本善故尔。此中图之意也。"②

对于《心统性情图 · 下图》，退溪解释说："其下图者，以理与气合而言之。孔子所谓'相近之性'，……张子所谓'虽在气中，气自气、性自性，不相即杂'之性是也。其言性既如此，故其发而为情，亦以理气之相须或相害处言：如四端之情，理发而气随之，自纯善而无恶；必理发未遂而掩于气，然后流为不善。七者之情，气发而理乘之，亦无有不善，若气发不中而灭其理，则放而为恶也。"③

也就是说，正是在理与气合而言之的气质之性发而为情的环节上出现了恶。但人性发而为情又分为四中情况：一种是对于四端而言，有理发气随（纯善无恶）和理发气未遂（流为不善，注：仅仅为理论可能）两种情况；一种是对于七情而言，亦有气发理乘（善）和气发不中而灭其理（恶产生的根源）两种情况。而退溪四端七情分理气而论的根本意义，也正在于由此而找到了恶出现的根源，乃在于"七者之情，……若气发不中而灭其理，则放而为恶也"④。

也就是说，正是在人们日常生活的喜怒哀乐之情中存在着恶的根源，而出现恶的原因则是因为"不中节"，即没有遵守儒家的道德行为规范。也正是在这个意义上，"心统性情"的主宰作用才显得尤为重要。

---

① 〔朝〕李滉：《圣学十图》，《陶山全书》一，第 205 页。
② 〔朝〕李滉：《圣学十图》，《陶山全书》一，第 205 页。
③ 〔朝〕李滉：《圣学十图》，《陶山全书》一，第 205 页。
④ 〔朝〕李滉：《圣学十图》，《陶山全书》一，第 205 页。

所以，李退溪在完成了与奇大升的四端七情分理气论的论辩以后，在寻找性理学依据的过程中，一从《心经附注》中了解到了程复心的心学思想，便立即在答弟子的信中提到了“程林隐《心统性情图》，正用此说”，并以此作为自己四端七情分理气论的理论依据。

问题在于，程林隐《心统性情图》既来自于程朱性理学，而且朱子一再称赞二程“性即理也”与张载“心统性情”二句是“颠扑不破”的真理，那么，退溪在此援引程林隐的《心统性情图》作为自己心性哲学探求的依据，究竟具有怎样的哲学意义？

笔者认为，其意义乃在于，李退溪正是以程复心的《心统性情图》为依托，来总结自己通过四端七情分理气而论对朱子心性哲学的发展的必要性的。

如前所述，朱子虽然在本体论与生成论的意义上，以气禀说与气质之性的哲学命题探讨了人性之恶的根源，但在现实人生的意义上，最终却是在性即理（传统儒家人性本善论）的意义上将恶的产生定义在“性之欲”即情上，但笼统地论述情之善恶，不仅使人无法具体分辨出日常生活中人人皆有的喜怒哀乐之情如何才能成为善之情，而且笼统地强调四端之善也无法使人认识到人的欲望对社会与人生所带来的危害，故必须在明确区分人之情如何会流于恶的前提下，不仅强调心统性情的重要性，而且在此基础上进一步强调敬的重要性。所以，在《心统性情图》后的总结中，李退溪说：

> 要之，兼理气、统性情者，心也。而性发为情之际，乃一心之几微，万化之枢要，善恶之所由分也。学者诚能一于持敬，不昧理欲而尤谨于此，未发而存在养之功深，已发而省察之习熟，真积力久而不已焉，则所谓精一执中之圣学，存体应用之心法，皆可不待外求而得之矣。①

同时，李退溪坚持以四七理论再次探求恶的理气论根源，还有一个更为重要的原因，即解决朱子的性恶理论所引起的社会历史负效应问题。

如前所述，新儒学在宋代兴起的一个极为重要的原因是对政治腐败与

① 〔朝〕李滉：《圣学十图》，《陶山全书》一，第205、206页。

社会道德堕落的批判，尤其是程颐与朱熹一派的性理哲学更是具有强烈的现实批判精神。程颐18岁即以布衣上书仁宗皇帝，痛陈国势之危，官吏之腐败。朱熹更是对国土分裂、君王被掳的现实难以忘怀，一生力主恢复大义，因而在哲学上也表现出对导致国土分裂、民生涂炭的人欲的痛恨。他不仅从哲学的本体论与生成论上对人性之恶的根源作了彻底地探讨，而且在修养论上强化了二程的穷天理、灭人欲理论。这种理论一旦上升到哲学的高度，自然成为一种普遍的意识形态，因此，朱熹哲学在直接的现实意义上便表现出现对人的自然欲望彻底禁止的倾向。

问题在于程朱理学所具有的批判精神首先导致了在程朱生前理学一再遭禁止的厄运，而且在朱熹去世之后理学被推崇时，统治者利用的却正是理学的穷天理、灭人欲理论。明代初期之所以提倡程朱理学，即明确提出是为了在思想上让人接受现实。因此，清代学者戴震批评朱熹的穷理灭欲理论是以理杀人。

为了解决朱子人性论所遗留的难题，李退溪首先接受了《心经附注》的圣贤心学思想，在哲学探索的起点上就表明了高扬人的主体地位的价值判断，因而在人性论上自然也继承了真德秀以来朱子学心学化在人性论上坚持的人性本善，并将社会恶现象的根源归之于心为理气之舍、善恶之源。在《天命图说》中退溪说：

> 天之降命于人也，非此气无以寓此理气也。故吾人之心虚（理）而且灵（气），为理气之舍。故其理即四德之理而为五常，其气即为二五之气而为气质。此人心所具皆本乎天者也。然而所谓五常者，纯善而无恶，故其所发之四端亦无有不善；所谓气质者，非本然之性，故其所发之七情，易流于恶。①

程朱性理学中的气质之性，在李退溪的学说中变成了心具气质，而气质又成为现实之恶的根源。在朱子的心性哲学中，恶的根源在性而不在心，心作为知觉即人的认识能力（能知觉）是没有善恶的，只有知觉的内容（所知觉）即人心才有善恶。但在退溪心学中，心本身就是“理气之合”，就是说，心直接成为善与恶的根源，因此，现实的人心就不足以作为去恶存善

---

① 〔朝〕李滉：《天命图说》，《陶山全书》三，第602页。

的唯一标准，而必须依靠敬的道德自觉能力。因此，李退溪继承并发展完成了心经一系的心学以敬为最高概念的持敬学说，从而在心性哲学上完成了对心学化的“敬为心主”与朱子的“惟心无对”的理论矛盾的解决。以个体的道德人格修养为主要方式的道德实践方式，又同时避免了理学所具有的批判精神在被运用到现实政治中时所引起的与王权的激烈冲突，及其为儒者所带来的悲剧命运，尤其是16世纪中叶朝鲜延续半个世纪的“士祸政治”所造成的“国脉断丧”的严重现实。这也是李退溪坚持在心性哲学上重新进行恶的根源的哲学探索的根本原因。

(三)心学理论差异

几乎在与奇明彦进行四端七情分理气论争的同时，李退溪就已经开始思考心的作用与意义。他在59岁时写给黄仲举的信中说：

腔子外是甚底？亦只是这个物事。这个物事是甚底？即满腔子底物事。曰：然则恻隐之心亦在外耶？曰：自这一个腔子通天地万物，只此一理。理一气亦非二，故曰：一人之心即天地之心(程子语)。腔子外更别有甚？只是这个无方体可言，无内外可分，此仁者所以与天地万物为一体。恻隐之心足以普四海、弥六合也，然这也不是悬空底物事。人有腔子，乃其为枢纽总脑处，故这个物事充塞在这里，为天下之大本。由其无方体、无内外，故充塞在这里底心，即是体万物、普四海底心，非外腔子别有个体万物、普四海底心也。故谓腔子外亦只是这个，则可以其外底即是内底也。谓恻隐之心在外则不可，以心非在外之物也。①

李退溪在这里讨论的是生物之心(上述所谓“腔子”或“满腔子底物事”)与道德之心(上述所谓“恻隐之心”或“体万物、普四海底心”)的关系问题。他认为，生物之心是道德之心的“枢纽总脑处”，而道德之心则是存在于生物之心中的普遍之理。这个理就是传统儒家以恻隐之心所代表的道德之心。因为传统儒家的道德是普遍的、永恒的道德法则，它存在于每

① 〔朝〕李滉：《答黄仲举》，《陶山全书》，第139页。

一个人的先天意识中，因此说它是“一人之心即天地之心”。

同时，这种普遍的道德意识又可以“体万物、普四海”，“与天地万物为一体”。这种说法应该来自于他在《天命图说》中对“心乃理气之合”的认识，所以他说“自这一个腔子通天地万物，只此一理。理一气亦非二”。不同的是，《天命图说》中对心这一概念的认识是为了界定恶的根源乃在于心而不在于性，而上述对于生物之心与道德之心的关系的论述，则是为了说明道德之心的普遍性。

问题在于，心虽然在修养论的意义上被认为是道德本体，但在生成论的意义上却同时是“理气之合”即善与恶存在的根源。如此，缺乏理性认识能力的心，在修养论的意义上能否直接对抗由心中发出、理掩于气而流为不善的七情？换言之，在心直接为理气之合、善恶之源的退溪心学中，在同一个层次上，道德意识如何对抗非道德意识？

在第一个问题的解决上，李退溪运用了朱子的“理一分殊”说，认为：“以理言之，固为一体；以分言之，则不能不殊。在我则我底为大本，在你则你底为大本。陈经正乃云：‘我见天地万物皆我之性，不复知我之所为我’，是知理一而不知其分之殊，是不知主我为立大本底道理。故程子以是晓之。朱子语黄毅然曰：‘天命之性不只是这处有，处处皆有，只是寻讨先从自家寻起’云云。若人不于自家上求，却去腔子外寻觅，是舍枢纽大本之所在而向别处驰走求索，如吾性分有何交涉耶？”①

如果说退溪能够运用朱熹的理一分殊思维模式成功地解决了心作为道德普遍原则在走向修养论上的具体的自我道德法则这一难题时如何进行自我道德修养的话，那么，第二个问题的解决则要复杂和困难得多。

真德秀以来的朱子学心学化为了强化儒学对于社会的维系力量，就只有在以礼乐文化著称的礼法问题上寻找出路。在这一要求之下，朱子学心学化发展直接将心视为道德的实体与依据而不再强调心的认识论意义，至李退溪，更是将心在理气本体论的意义上视为善与恶的存在根源。问题在于，失去了理性认识意义的心，如何才能在修养论的意义上“统性情”？这一修养论难题促使李退溪进一步思考心的问题。

为了解决上述难题，李退溪不得不在修养论意义上强调心的主宰作用，从而在这一意义上向朱熹的理性之心回归。但这种回归仅仅只是在道

① 〔朝〕李滉：《答黄仲举》，《陶山全书》二，第140页。

德意义上而不是认识论意义上的回归，而且这种强调也主要是通过对心与性、心与情的关系的论述完成的。

首先，在心与性的关系上，退溪在与弟子金而精的信中（64岁）说："盖性非有物，只是心中所具之理。性具于心而不能自发而自作，其主宰运用实在于心。以其待心而发，故不可谓性先动；以其由性而动，故不可谓心先动也。"①即认为心与性的关系类似于程朱性理学中理与气的关系。在心学化的意义上，李退溪在坚持"性即理"的心学基本观点的基础上，又主张"性具于心而不能自发而自作"，即这个具有先天之理、纯善无恶的性没有自主运动的能力，只能依靠心来"主宰运用"，因此，对心的实践修养才是真正的心学课题。

但这种对于心的主宰作用的强调，对于真德秀以来在道德及其修养与实践意义上对朱子学的心学化而言，极易回复到朱子的心的理性认识能力的意义上来，因此，李退溪很快就在与弟子郑子中的通信中（65岁）提出了一问题，并告诫说：

> 但象数者，至理所寓，精微深妙，亦非身外事。然却被日夜留心于此，亦觉德性上工夫不能专一，不无害事，而况他事乎？故心能主宰则物各付物，物不能为心害。心不能主宰，则虽作诗写字、游山玩水，程朱之门皆以为戒者，为此故也。亦不可不知也。②

如果说李退溪在《答金而精》中是从哲学层面上的心性关系中论述心的主宰意义的话，那么在《答郑子中》一书中，则是直接从日常生活的实践层面上对心的主宰作用的强调。换言之，李退溪仅仅强调心对德行修养的主宰作用而不提心在朱子学中对万事万物的理性认识能力问题。

在进一步的思考中，他又从心与性、情的关系上论述了心的主宰作用，说：

> 尝观朱子答张敬夫书曰："熹谓感于物者，心也；其动者，情也。情根乎性而宰乎心，心为之宰，则其动也无不中节矣。何人

① 〔朝〕李滉：《答金而精》，《陶山全书》二，第461页。
② 〔朝〕李滉：《答郑子中》，《陶山全书》二，第354页。

欲之有？惟心不宰而情自动，是以流于人欲而每不得其正也。然则天理人欲之判，中节不中节之分，特在乎心之宰与不宰，而非情之能病之，亦已明矣。盖虽曰中节，然亦是情也，但其所以中节者，乃心尔。今夫乍见儒子入井，此心之感也，必有怵惕恻隐之心，此情之动也，内交要誉恶其声，心不宰而失其重也。”此说明白的当，学者深味而熟察之，则久乃见之，不须别立话头也。①

对于朱子理学的心的主宰作用的认识，为李退溪解释在修养论的意义上如何以心“统性情”提供了理论依据。他说：

人心备体用、该寂感、贯动静，故其未感于物也，寂然不动，万理咸具，而心之全体无不存。事物之来，感而遂通，品节不差，而心之大用无不行。静则寂而未发之谓也，动则感而已发之谓也。人之所以参三而立极者，不出此两端而已。……未发则为戒慎恐惧之地，已发则为体察精察之时，而所谓唤醒与提起照管之功，则通贯乎未发已发之间而不容间断者，即所谓敬也。②

由心到敬，不仅使李退溪在心学思想的发展上走向了最终的理论完成，重要的是在继承真德秀以来朱子学心学化思想成果的基础上由心到敬的修养论发展，使得李退溪最终以《圣学十图》完成了他的持敬人生论。但几乎无人注意到，《圣学十图》并不是退溪思想的终结。考察退溪全书可以发现，从66岁到70岁，退溪关于心学问题的思考仍在继续。这种思考首先是从对真德秀以来以《心经附注》为代表的心学之社会意义上来进行的，他在69岁时与弟子的信中说：

大抵心学虽多端，总要而言之，不过遏人欲、存天理两事而已。故戒惧以下所言诸说，不问已发与未发，做工与不做工，凡遏人欲事当属人心一边，存天理事当属道心一边可也。程林隐《心学图》意正如此。不然，西山于其末，何必以克致存养、交致其功

① 〔朝〕李滉：《与郑子中》，《陶山全书》二，第354页。

② 〔朝〕李滉：《答李宏仲问目》，《陶山全书》三，第89页。

总结耶？一部《心经》，无非遏人欲、存天理两事。在公能精之一之，每遇欲境，便当挥匆旗以退三军而已，又安有他法哉！①

在完成了以持敬为人生方式的思想体系以后，李退溪终于在《心经附注》为载体的朱子学心学化意义上，开始向程朱性理学"存天理、遏人欲"之根本社会意义上回归。但这种回归并不是回到原来的理论上，而是在校正朱子后学词章之习的社会历史弊病的意义上，以尊德性为重心的理论与实践发展，这也正是真德秀以来的朱子心学化的根本意义之所在。

朱子学心学化从真德秀到程敏政再李退溪，在尊德性与道问学问题上对朱子学的继承有一个思想发展过程：真德秀是以《心经》为载体，在朱子人心道心说的意义上提出了一个圣贤心学的发展方向，即大体上是沿着道德修养论的方向发展朱子的心性哲学，但在理论上还比较粗糙，没有涉及和会朱陆的问题；在经历了宋末元初王柏与程复心对心与敬的关系问题的思想探索之后，到了吴澄，则直接在程复心"心为一身之主，敬为一心之主"的心学理论发展前提下，明确在尊德性与道问学问题上提出了对德性的重视，因而也直接涉及了和会朱陆的问题；而程敏政在《心经附注》中，不仅继承了吴澄与程复心关于"心为一身之主，敬为一心之主"的心学理论，并以敬为中心附注真德秀《心经》，为学者提供了一个道德修养论框架，而且也继承了吴澄和会朱陆的思想。

从真德秀到程敏政，心学化的一个根本特征，是在所谓陆学尊德性的意义上强调对儒家道德的实践。不同的只是，吴澄是直接强调实践传统儒学仁义礼智之道德规范，程敏政在真德秀《心经》的基础上再加以附注强调的却是以敬为中心的道德修养理论。

李退溪则是在继承了程敏政《心经附注》为载体所强调的以敬为中心的道德修养理论的基础上，首先接受了心学化在尊德性的意义上对于朱子后学流于词章之习的弊病的批评。但与程敏政不同的是，李退溪不仅在性理哲学的意义上对社会中存在的恶现象再次进行了心性哲学的探索，从而完成了朱子学心学化直到程敏政为止一直未能完成的心学理论，并建立起了持敬的人生方式，但他并没有仅仅停留在心学化一直以来所追求的尊德性上，而是在完成了圣贤心学的哲学理论探索以后，在心学化所追求的德

① 〔朝〕李滉：《答李平叔》，《陶山全书》三，第140页。

性的实践与道德人格的修养意义上，返回到了朱子学本身发端于中庸“尊德性而道问学”并重的居敬穷理之强调。他在《答金而精》中说：

> 敬贯动静之说甚善。敬而至于动静无违，则酬酢万变，固可谓无难矣。然亦不可以一概断之。若必要尽其道，非穷理之至，有以察伦明物而兼有其才，未易言也。况至于富贵贫贱、威武鼎镬不挠其心者，亦须有许大志气，许大力量可以当之，然则平时所学所养可不勖哉？不言穷理而徒守敬字，陷于一偏，正是如此。①

正是在由心到敬、又由敬到穷理的意义上，李退溪的持敬哲学最终归结于朱子理学意义上的圣贤心学的理论完成。68 岁时，李退溪终于以《圣学十图》完成了对心之理气善恶的根源之探索，以及持敬人生方式上的理论探索之总结。此后，他又在对朱子居敬穷理并重的为学方式的思考中进一步思考心的理学意义，并于 70 岁时《答奇明彦论改心统性情图》中最终完成了他的心学理论，说：

> 夫人之生也，同得天地之气以为体，同得天地之理以为性，理气之合则为心。故一人之心即天地之心，一己之心即千万人之心，初无内外彼此之有异。故自昔圣贤之论心学，不必皆引而附之于己、作己心说，率多通指人心而论其名理之如何、操舍之如何。而所见既彻，为说既明，以是自为，则吾心之理已如此；以是教人，人心之理亦如此。如群饮于河，各充其量而无不得矣。②

李退溪最终是在心之理的道德普遍性意义上，强调“一人之心即天地之心，一己之心即千万人之心”的。唯有如此，他的心学也才能在道德普遍性意义上成为号召士林、改变社会道德风气之堕落的思想依据。但也正是在这一点上，显示出退溪心学与阳明心学的内在思想联系，即在朱子学心学化的最终结果的意义上讲，退溪心学与阳明心学哲学体系的完成，都是建立在朱子之心作为道德之理的普遍性意义上的，这也正是退溪心学对程

① 〔朝〕李滉：《答金而精·别纸》，《退溪全书》二，第 466 页。
② 〔朝〕李滉：《答奇明彦论改心统性情图》，《陶山全书》二，第 113 页。

敏政《心经附注》心学理论的发展。

二、退溪心学与朱子理学的差异

概括而言,心学与理学的本质差异,在于对理这一本体论概念的不同哲学判断与价值追求。而要想正确区分理学与心学之间的差异,又必须首先弄清朱熹哲学中的理究竟是指什么?

笔者认为,在朱熹哲学中,理这一概念从构成论的意义上讲包括以下三个层次。

第一,理是指太极。朱熹说:"太极只是天地万物之理。在天地言,则天地中有太极,在万物言,则万物中各有太极。未有天地之先,毕竟是先有此理。"①

在太极为世界本体的层面上,明显地体现了朱熹哲学对宋代理学的集大成:在《太极解义》中,朱熹以周子的《太极图》与说所给出的无极而太极→二气五行→化生万物这一世界生成模式为基本体系,融合了二程的天理与张载关于气的学说,建立起了一个以理为世界本体、以理气关系为主要内容的本体论哲学,并强调理在作为世界本体意义上的独立性与先验性,如说:"理未尝离乎气。然理形而上者,气形而下者。自形而上下言,岂无先后?理无形,气便粗,有渣滓。"②又说:"要之,也先有理。只不可说是今日有是理,明日有是气。也须有先后。且如万一山河大地都陷了,毕竟理却在这里。"③

在以理为世界本体的意义上,圣贤心学与朱熹理学并无不同。问题在于,因为朱熹又在具体的理气关系问题上强调理对气的依赖性,如说:"理又非别为一物,即存乎是气之中。无是气则是理亦无挂搭处。"④又说:

> 然以意度之,则疑此气是依傍这理行,即此气之聚则理亦在焉。盖气则能凝聚造作,理却无情意,无计度,无造作。只此气凝聚处,理便在其中。且如天地间人物草木禽兽,其生也莫不有种,

---

① (宋)黎靖德编:《朱子语类》卷一。
② (宋)黎靖德编:《朱子语类》卷二。
③ (宋)黎靖德编:《朱子语类》卷一。
④ (宋)黎靖德编:《朱子语类》卷一。

定不会无种子白地生出一个物事,这个都是气。若理,则只是个洁净空阔地世界,无形迹,他却不会造作。气则能酝酿凝聚生物也。但有此气,则理便在其中。①

这种说法不仅使有的研究者认为朱熹的哲学是理气二元论,而且在中国学者就退溪与朱熹哲学的比较研究中,也主要是从理不能造作的意义上来分析李退溪对朱熹哲学的发展的。如李退溪在回答弟子提出的关于朱子的理无情意,无计度,无造作,恐不能生阴阳问题时,就说:“朱子尝曰:‘理有动静,故气有动静。若理无动静,气何自而有动静乎?’知此则无此疑矣。盖无情意云云,本然之体;能发能生,至妙之用也。”②有研究者据此认为“退溪是在理自会动静这个意义上引用朱熹的话的,与朱熹稍有差别,正是退溪对朱学的发展。”③

但实际上,在朱熹哲学中不仅存在着本体之理的无动静,无情意等,同时也存在着性情论中的太极自会动静的理论④。李退溪上述所言“本然之体”与“至妙之用”的论述,正是对朱熹之理的正确理解。因此,包括明初曹端(1376~1434)、薛瑄(1389~1464)等在“死理”与“活气”问题上对朱熹之理的改造,甚至李退溪之后朝鲜性理学界对理气问题的争论,从哲学的意义上讲,都未能超出李退溪对朱熹之理的正确理解水平。

根据笔者对朱子学心学化及其对退溪思想的影响所作的考察,李退溪在理学本体论上对朱熹的发展,主要在于对朱熹之理的具体内容的发展与改造,而不是理气关系的形式上的改造。而朱熹之理的具体内容,即主要是指修养论与认识论这两个层面上的理。

第二,在以心求理的修养层面上讲,朱熹哲学中的理是指道德准则和礼节规范及其所以然的依据。而以心求理的修养实践,就是为了学习和理解人在社会群体中所应遵循的道德法则并依理而行。朱熹说:“气则为金木水火土,理则为仁义礼智。”⑤又说:“如事亲当孝,事兄当弟之类,便是当

① (宋)黎靖德编:《朱子语类》卷一。
② 〔朝〕李滉:《答李公浩·问目》,《陶山全书》三,第241页。
③ 张立文:《朱熹与退溪思想比较研究》,第314页。台北:文津出版社,1995年。
④ 陈来:《朱熹哲学研究》第二章,《理气动静》。上海:华东师范大学出版社,2000年。
⑤ (宋)黎靖德编:《朱子语类》卷一。

然之则。然事亲如何却须要孝，从兄如何却须要弟，此即所以然之故。”①

第三，在以心求理的认识层面上讲，朱熹哲学中的理是指自然规律。朱熹说：“如阴阳五行错综不失条绪便是理。”②又说：“盖天下之事皆谓之物，而物之所在莫不有理，且如草木禽兽，虽是至微至贱，亦皆有理。”③均是指自然之理。

朱熹所说的自然之理，不仅包括天文、地理、鬼神之理，而且也是对当时高度发达的生产力水平的哲学总结。在《朱子语类》中，就记载有大量关于天文、历法乃至数学等自然科学的讨论和研究，而朱熹关于农业生产规律的明确肯定，及其《劝农文》中对江南农耕法的详细描述与对农业生产的关心，更证明了朱熹哲学的本体之理绝不仅仅是对中国古代哲学如老子、王弼以来一直到周敦颐《太极图》所总结的思维之“道”的继承，更主要的还是他在总结宋代生产力水平基础上所达到的认识水平的哲学总结。

因此，问题首先是，李退溪所完成的圣贤心学理论，对于朱子学而言究竟具有怎样的哲学意义？换言之，笔者究竟是在什么意义上判定李退溪的哲学是圣贤心学的？要回答这一问题，首先要总结和整理笔者在本书中所揭示的朱子学心学化与朱子学本身的思想差异与问题。

如前所述，以真德秀《心经》为标志的朱子学心学化，从宋末到明代中叶大致经历了三个思想发展阶段。真德秀的《心经》致力于心学道德化发展，试图将朱子居敬、穷理并重的格物致知之学，发展为以孟子求放心学说为主的道德修养哲学，因此，他将朱子的穷理亦多端的格物致知为学方式发展为穷理之要全在读书。这一学问方法经其后王柏的强调和实践，逐渐开启了朱子后学辞章之习的弊病。

因此，在元代朱子学心学化发展的第二个阶段，吴澄在继续致力于心学的道德化与实践化的同时，在敬为心主（同时代的程复心也在其《心学图》中表达了敬为心之主宰的理论命题）的发展方向上，批判朱子后学辞章之习的弊病的同时，主张以陆学的尊德性来补充朱子的道问学，从而留下了和会朱陆的学术问题，并开启了明带心学和会朱陆的思潮。

在明代朱子学心学化发展的第三个发展阶段，程敏政首先在和会朱陆

① （宋）黎靖德编：《朱子语类》卷十八。
② （宋）黎靖德编：《朱子语类》卷一。
③ （宋）黎靖德编：《朱子语类》卷十五。

的前提下，以敬之一字附注真德秀《心经》，从而使得真德秀以来的心学化发展形成了一个主敬成圣的圣贤心学修养论框架。

但是，心学化从真德秀、王柏，到程复心、吴澄，再到程敏政，虽然一直致力于将朱子的居敬穷理并重的格物致知之学发展为个体人格的道德修养哲学，但却一直是在保留朱子格物致知为学方式的基础上所做的心学化努力。这意味着心学化不仅承认朱子哲学中所追求的客观事物之理的存在，而且也承认朱子哲学中的心的理性认识能力的意义。如此，心学化便在理论上面临了一个根本的难题：即当心学化试图将朱子以心求理的学问精神发展为以道心治理人心的修养论哲学时，不仅要依靠心的理性认识能力来保持道德意识，而且始终无法解决心与事、心与物的关系问题。

在心学化的发展过程中，这一问题作为其道德人格修养中的最大难题，一再被学者提出来，但却一直未能在理论上得到解决。在退溪心学思想形成的过程中，学者也不断向退溪提出诸如心气之患、思虑纷扰等问题。也就是说，在以《心经》为标志的圣贤心学一系的思想发展过程中，直到李退溪为止，始终未能解决在心与理（包括事物）的关系问题上，心学化在道德人格追求上与朱子的以心求理的学问精神的矛盾问题。

但是，在明代朱子学心学化发展的另一个发展方向即阳明心学中，王阳明却在历经格竹失败、并在龙场悟道中悟得“吾性自足”之后，从其哲学探索的开始，就直接以知行合一的哲学命题代替了朱子的格物致知，这使他有可能在心与理的根本问题上彻底否定朱子以心求理的学问精神而代之以心即理的哲学命题，并最终以致良知的学问追求在理学本土完成了心学化的道德追求。

问题在于阳明心学不仅在致良知说所追求的社会群体的道德实践方式上，与《心经》心学所追求的个体人格的道德修养目的有着很大差别，而且在朱子学走向朝鲜的性理文化传播过程中，阳明心学也因不适合朝鲜社会思想发展的需要而受到了李退溪的批判与拒斥，而李退溪在思想探索中所接受的《心经》为代表的圣贤心学又并没有在理论上最后完成，因此，当李退溪在人格教育实践中以圣贤心学的主敬成圣作为自己的学问目的乃至人生方式时，就意味着他必须对圣贤心学所未能完成的理论问题做出哲学上的探讨与解答。这就是他在 70 岁时所写的最后一封信中所提出的格物、物格说对朱子理学本体之理的哲学反省与解释。

由心到理的哲学发展，实际上意味着李退溪在理学本体论的意义上真正完成了圣贤心学一系的朱子学心学化的道德追求。据笔者的研究，这一本体论意义上的心学理论的完成，包括以下三个方面的意义。

（一）理的道德化

如前所述，李退溪在《心经》心学的影响下，其哲学探索从一开始即致力于心性哲学上的善恶问题，并且论证了性即天理的心学人性论依据，同时也接受了心学化一直坚持的朱子格物致知的为学方式，因此在心与理的关系问题上，一直到穆宗隆庆元年（1567）丁卯（67 岁），李退溪都一直坚持朱子心与理为二的思想，如在《格物、物格俗说辩疑答郑子中》中，退溪即阐述了二程和朱子的理学思想，说：

> 程子曰："格，至也，穷之而至其极"；朱子曰："理之在物者，既有以诣其极而后无余"。又曰："须穷极事物之理到尽处"；延平曰："凡遇一事，且当就此事反复推寻，以究其理"；西山曰："于天下事物之理穷究到极处"。此皆谓理在事物，故就事物而穷究其理到极处也。何者？以理言之，固无物我之间，内外精粗之分；若以事物言之，凡天下事物，实在吾之外，何可以理一之故，遂谓天下事物皆吾之内也？（退溪自注：罗整庵有一说可取，曰："近时格物之说，要将物字牵拽向里来，然毕竟拽不得，分定故也"）。①

李退溪在此后又引朱子反对江德功训致知以穷理之言，说："昔者江德功欲训致知以穷理，朱子非之，曰：知者，吾心之知。理者，事物之理。以此知彼，自有主宾之辨，不当以此（知字）训彼（理字）也。"②也就是说，在朱子理学中，知识是指人心所具有的理性认识能力通过探求客观事物之理所获得的认识成果，是主观的，而作为客观事物之规律的理则是独立存在于人的主观意识之外的客体。知识与理是不可以混淆的。这是朱子理学与以道德之心否定客观之理的阳明心学的根本区别。

---

① 〔朝〕李滉：《格物、物格俗说辩疑答郑子中》，《退溪全书》二，第 366 页。
② 〔朝〕李滉：《格物、物格俗说辩疑答郑子中》，《退溪全书》二，第 367 页。

李退溪对程朱理学格物致知思想的论述非常明确地表明,在他的哲学思想中,首先在理学本体论的意义上坚持了朱子理学以理为客观存在的事物之理的基本观点,并反对以认识之心涵盖客观之理。这不仅是退溪哲学与阳明心学的根本区别,也是现代的退溪学研究以朱子理学为基本出发点比较退溪哲学与朱子理学的根本依据。因此,笔者在绪论中就已经明确提出,本文并不是要否认退溪哲学的理学意义,而是要在此基础上进一步探求退溪哲学对朱子理学的究竟发展意义。

因为从李退溪在朱子理学本体论的思想发展过程来看,他并没有停留在朱子理学对于事物之理的客观性与心的认识能力的肯定上,而是在进一步对心与理的关系的探究上,不仅表现出对心学化的学问方向的继承,也表现出与朱子学的真正差异。

首先是在以心求理的朱子理学的学问精神上,李退溪不再强调以心求理,而是对心的自主性问题提出了特别强调,说:

> 惟其事事物物之理即吾心所具之理,不以物外而外,亦不以此内而内,故先儒虽谓之理在事物,非遗此而言彼也;虽谓之即事即物,非舍己而就彼也;虽曰诣其极,曰到极处,曰到尽处,亦非谓心离躯壳而自此走彼之谓也。①

李退溪在这里已经开始强调道德之心的独立性。在进一步的论述中,他又对朱子理学的本体之理作了道德化的解释,《言行通录》载:

> 问理字之意。先生曰:若从先儒造舟行水、造车行陆之说仔细思量,则余皆可推也。夫舟当行水、车当行陆,此理也;舟而行陆、车而行水,非理也。君当仁、臣当敬、父当慈、子当孝,此理也;君而不仁、臣而不敬、父而不慈、子而不孝,非理也。凡天下所当行者,理也;所不当行者,非理也。以此而推之,则理之实处可知也。②

---

① 〔朝〕李滉:《格物、物格俗说辩疑答郑子中》,《退溪全书》二,第366页。
② 《退溪先生言行通录》卷之四,〔朝〕李滉:《退溪全书》四,第216页。

李退溪在这里明显地表现出对理的道德化发展倾向：在朱子理学中，理不仅是道德规范，而且也是客观事物之理，所以朱子的格物致知强调的是追求事物的所当然之则与所以然之故。所以然之故是指事物发展的规律及其本质属性，所当然之则是指道德规范及其依据。但无论是所以然之故还是所当然之则，在朱子的哲学中都是客观存在的事物之理，不依赖人的主观属性而存在，因此，人必须依靠自身所具有的知觉之心，通过积极的认识活动，探求客观事物之理，并遵循事物之理，才能达到治理国家的目的。

因此，朱子不仅强调要探求一草一木之理，而且十分反对以格物为格心的思想。《朱子语类》载“因顾贺孙云，公乡间陈叔向正是如此，如他说格物，言物是心，必须是格住此心”①，朱子坚决反对把格物归结为反省内求，说：“格物须是到处求，博学之，审问之，谨思之，明辨之，皆谓之格物也。若只求诸己，亦恐有见错处，不可执一。”②又说：“格物之功，正在即事物而各求其理，今乃反欲离去事物而专务求之于身，尤非大学之本意矣。”③

但是，心学化从一开始追求的就是道德本心而非朱子所强调的客观事物之理与道德规范。真德秀《心经》即以孟子的求放心说与周子的养心说为学者提供了一个自我的道德修养方向，至吴澄更是明确提出了求心的理论，如说：“夫学，孰为要？孰为至？心是已。天之所予我，我之所为人者在是。不是之求而后他求焉，所学何学哉！”④明确表现出了心学化在道德追求上与朱子学问精神的差异。其后的程敏政，更是在吴澄敬为心主的学问方向上，以敬为中心建立起了主敬成圣为目的的圣贤心学修养论框架。李退溪在接受程敏政圣贤心学的同时，自然也接受了心学化的道德追求这一根本的发展方向。

因此，在解释朱子的本体之理时，也明显得表现出道德化的偏重。但与王阳明以道德之心涵盖客观之理不同，心学化始终承认客观事物之理的存在以及认识事物之理的应当性。尽管心学化已不再强调追求一草一木之理，而是将穷理的方法限定在读书，因而所追求的事物之理也就变成了圣贤之言与治理国家所必需的历史知识与礼仪知识等，但也正是在这个方

---

① （宋）黎靖德编：《朱子语类》卷百二十。

② （宋）黎靖德编：《朱子语类》卷十八。

③ （宋）朱熹：《中庸或问》卷四。

④ （清）黄宗羲、全祖望：《宋元学案·草庐学案》。

面造成了心学化所追求的道德修养与穷理的相互冲突。表现在实际中，就是学者一再提出的思虑纷扰以及外物的诱惑，以及所谓的空谈天理的问题。也可以说是以心求理与以心治心的矛盾与冲突问题。

为了解决这一修养论中的根本难题，李退溪在上述对朱子的本体之理的解释中，已经不再强调朱子以心求理对一草一木之理的探求的要求，而是试图以朱子对自然之理的解释来比拟道德本体之理的应当性质，《言行录》载："问理字。先生曰，朱子曰凡事物之当然而不容已、所以然而不可易者是理。盖所当然是即君当仁、子当孝之类，所以然即所以仁、所以孝者便是。"①

朱子格物致知所要求的本来是"天下之物则必各有所以然之故，与其所当然之则，则所谓理也"，并因此而要求"穷理者，欲知事物之所以然与其所当然则而已。"②所以然之故是指事物发展的规律及其本质属性，所当然之则是指道德规范及其依据。但在李退溪的解释中，所当然与所以然却变成了道德规范及其所以然的依据。

但与阳明以心即理发展朱子的格物致知时所遇到的学者的反问一样，李退溪对朱子之理的解释也同样避不开学者的追问，如说："车不行水，舟不行陆，其意如何？"③与阳明"夫我则不暇"的回答不同，李退溪对这一心学化难题的回答则比较委婉，他说：

> 这个包括无限意味。君于此语反复研精，舟何以行水而不能行于陆，车何以行陆而不能行于水。思之又思，久而烂熟，则自然有通透之时矣。岂言语所能形容者。④

在李退溪的回答中所包含的与朱子所要求的探求一草一木之理的微妙不同是，李退溪并不否定朱子的说法，但却并不要求去穷一草一木之理，而是要求从舟何以行水而不能行于陆，车何以行陆而不能行于水的道理中体悟出君仁臣敬的道德必然性。

这一差别非常微妙，但却是非常重要的差异。它所体现的，正是退溪

① 〔朝〕李滉：《退溪全书》四，第216页。
② 《答或人问》，《朱文公文集》卷六十四。
③ 〔朝〕李滉：《退溪全书》四，第216页。
④ 〔朝〕李滉：《退溪全书》四，第216页。

试图从理学的本体之理上为心学化的道德追求提供本体论依据。稍加对比即不难发现,王阳明所做的哲学努力,实际上也是为了这一朱子学心学化的根本目的,只不过从学问的方式到本体论的发展这两种心学的发展方向都不同而已。

(二)理的能动化

李退溪虽然对朱子理学的本体之"理"作了道德化的阐释,但对于追求圣贤人格的心学修养实践而言仍然存在着一个根本难题,即朱子理学的本体之理,在作为世界本原的意义上是无情意,无计度,无造作的。也就是说,本体之理是不会主动成为人的知识的,必须通过人对客观事物之理的知识追求才能完成对本体之理的体认。但在心学化的过程中,为了校正因朱子求理于外而导致的后学辞章之习的弊病,因而不再提倡对客观事物之理的追求,而是强化心学对道德的追求。同时,李退溪为了论证敬对心的主宰作用,以解决心学化"敬为心主"与朱子对以心观心说的批评的理论矛盾,又对心作了"理气之合"的哲学规定。如此,如何以理气之合、善恶皆有的心,来追求独立存在于人的主观意识之外的本体之理,就成为退溪哲学的根本问题。

在探求对这一问题的解决过程中,李退溪曾试图通过对心的道德普遍性的强调来解决这一理论难题,这就是他 70 岁时在《答奇明彦论改心统性情图》中提出的:"一人之心即天地之心,一己之心即天千万人之心,初无内外彼此之有异。"①但仍然无法超越心在"理气之合"的意义上对自身的限制问题。直到去世之前,李退溪才终于在思考中意识到了必须对朱子理学的本体之"理"加以哲学的发展才能解决心学化的根本难题,因此,他在此后的《答奇明彦》中终于提出了对理的认识改变,说:

> 物格与物理之极处无不到之说,谨闻命矣。前此滉之所以坚执误说者,只知守朱子理无情意、无计度、无造作之说,以为我可以穷到物理之极处,理岂能自至于极处?故硬把物格之"格"、无不到之"到",皆作己格、己到看。……今金而精传示左右所考出

① 〔朝〕李滉:《答奇明彦论改心统性情图》,《陶山全书》二,第 113 页。

朱先生语及理到处三四条,然后乃始恐怕已见之差误。……于是……先寻个理所以能自到者如何。

盖先生说见于补亡章或问中者,阐发此意如日星之明,……其说曰:“人之所以为学,心与理而已。心虽主乎一身,而其体之虚灵足以管乎天下之理;理虽散在万事,而其用之微妙实不外一人之心。初不可以内外精粗而论也。”其小注或问曰:“用之微妙是心之用否?”朱子曰:“理必有用,何必又说是心之用乎?心之体具乎是理,理则无所不该,而无一物之不在。然其用实不外乎人心。盖理虽在物而用实在心也。”其曰理在万物而其用实不外一人之心,则疑若理不能自用,必有待于人心,似不可以自到为言。然而又曰“理必有用,何必又说是心之用乎?”,则其用虽不外乎人心,而其所以为用之妙,实是理之发见者,随人心所至而无所不到、无所不尽。但恐吾之格物有未至,不患理不能自到也。

然则方其言格物也,则固是言我穷至物理之极处。及其言物格也,则岂不可谓物理之极处随吾所穷而无不到乎?是知无情意、无造作者,此理本然之体也;其随寓发见而无不到者,此理至神之用也。向也,但有见于本体之无为,而不知妙用之显行,殆若认理为死物。其去道不亦远甚矣乎!①

李退溪终于在理之静体动用、“妙用之显行”的意义上,将原来一直被他视为静止的道德本体,转化为动态的、“随人心所至而无所不到、无所不尽”的“此理至神之用”。作为本体的道德之理,不再是朱熹哲学中那个“无情意、无计度、无造作”、不能自发而自作、必须依靠能够“凝结造作”②的气才能行的世界本体之理,而是变成了可以自发而自作的具体的道德之理。

如此,在心与理的关系上,由心学化的道德之心的理气善恶,到朱子性理学之理的能自发而自作,表明李退溪终于在对朱子之理的发展中走出了心学化以心治心的困境,以道德之理的能动性代替了朱子理学中只有依靠人的知觉之心的以心求理的认识活动才能完成的知识与道德具备的追求,

① 〔朝〕李滉:《答奇明彦·别纸》,《陶山全书》二,第114页。
② (宋)黎靖德编:《朱子语类》卷一。

发展成了只要通过个体的道德修养与实践就可以完成的圣贤人格追求。从而也在理学本体论的意义上最终完成了圣贤心学的理论论证。

由心到理，李退溪终于在正统朱子性理学的意义上，完成了程敏政《心经附注》所提示的以主敬为主的心学理论。

（三）理的实体化

当李退溪在哲学理论上对朱子理学的本体之理作了道德化与能动化的发展以后，对理的实体化意义的认识与强调也就是自然的了。

值得注意的是，在对朱子理学的本体之理所作的哲学发展的最后完成中，充分显示了笔者在本书中所揭示的理论依据——《心经》心学对退溪哲学探索的终身影响。在上述论理的能动性的书信中，李退溪在最后提到了在无极太极问题上自己的认识转变，说：

> 无极而太极此一段释语，近亦方知愚见之误。盖前来……只循己见，以极字直作理字看，妄谓当其说无极时，但谓无是形耳，岂无是理之谓乎？故一向以诸君之释为非。曾得写寄吴草庐说，亦不甚虚心细看，其后……如黄勉斋说最为详尽，而其曰：'后之读者不知极字但为取譬，而遽以理言，故不惟理不可无，而于周子无极之语有所难通。'其言似若先知滉有今日之惑而提耳教之也。①

笔者曾在论述程敏政《心经附注》的心学理论时指出，心学化其实早在朱子的首弟子黄勉斋那里已经出现了思想发展的倾向，而吴草庐则是心学化过程中的重要人物。李退溪在此提到二人关于无极的观点对其的思想影响，不仅表明笔者在本书中所提出的朱子学心学化的历史发展及其对李退溪的心学探索的思想影响是有理论依据的，而且从李退溪对朱子理学的本体之理的最后发展来看，它又表达了一种理的实体化意义。吴草庐在《无极太极说》中曾说：

---

① 〔朝〕李滉：《答奇明彦·别纸》，《陶山全书》二，第114、115页。

> 极，屋栋之名也。屋之脊檩曰栋。就一屋而言，惟脊檩至高至上，无以加之，……道者，天地万物之统会，至尊至贵，无以加者，故亦假借屋栋之名而称之曰极也。道也者，无形无象，无可执着，虽称曰极而无所谓极也，虽则无所谓极而实为天地万物之极，故曰无极而太极。①

朱子在对周子无极而太极的解释中，曾一再强调太极作为世界本体之理的特性，如说："上天之载，无声无臭，而实造化之枢纽，品汇之根底也。故曰无极而太极，非太极之外复有无极也。"②又说："无极二字，乃周子灼见道体，……令后之学者晓然见得太极之妙，不属有无，不落方体。"③又说："所谓无极而太极云者，……所以明夫道之未始有物而实为万物之根底也。"④凡此说法，都是强调太极作为世界本体之理的无形象性。但重点却是在道"为万物之根底"即世界本体之理的意义上。

李退溪在物格之悟前对无极而太极的看法，即"以极字直作理字看，妄谓当其说无极时，但谓无是形耳，岂无是理之谓乎"的看法，正是对朱子理学的本体之理的原意的继承。但在物格之悟后，他之所以接受吴草庐与黄勉斋对无极而太极所做的实体化看法，主要是因为对朱子理学的本体之理的道德化发展的自然结果。

笔者可以对此提出的直接证明，就是吴澄在上述《无极太极说》中对太极之"道"所做的道德化解释，他说：

> 太极者，何也？曰道也。……道者，大路也。以其条绪缕脉之微密也，则名之曰理。理者，五肤也，皆假借而为称也。真实无妄曰诚，全体自然曰天，主宰造化曰帝，妙用不测曰神，付与万物曰命，物受以生曰性，得此性曰德，具于心曰仁。天地万物之统会曰太极。道也，理也，诚也，天也，帝也，神也，命也，性也，德也，仁也，太极也，名虽不同而其实一也。⑤

---

① （元）吴澄：《吴文正文集》卷四。

② （宋）朱熹：《太极图说解》，《周敦熙集》第4页，北京：中华书局，1990年。

③ （清）黄宗羲：《宋元学案》卷五十八，《象山学案》，北京：中华书局，1986年。

④ （清）黄宗羲：《宋元学案》卷五十八，《象山学案》。

⑤ （元）吴澄：《吴文正文集》卷四。

吴澄在这里清楚地表达了太极就是德,就是仁,而仁在理学中一向被认为是可以代表仁义礼智的道德实体的总和。也就是说,在吴澄的观点中,作为朱子理学本体之理的太极就是仁义礼智的道德实体。在这个意义上,当然不会再强调理的无形象性。李退溪在无极问题上所接受的正是吴澄的道德实体化观念。它的哲学意义,正在于对朱子理学的本体之理由客观事物之规律的抽象性向心学化发展的道德实体性的哲学转换。

总之,《心经》是朱子学心学化的开始。从真德秀到吴澄、程复心,再到程敏政的《心经附注》,这种心学化的发展以心经文本为线索,一直沿着道德实践化的方向发展。它引导李退溪走上了性理哲学之路,而李退溪又通过在性理学上的心学探索,发展、完成了未能在理学本土最终完成的以主敬为特征的心学。因此,在主敬成圣的意义上,笔者将李退溪的哲学思想性质定义为圣贤心学。

结论:退溪心学与阳明心学——朱子学心学化的理论完成

综上所述,从真德秀《心经》开始,历经三个多世纪的朱子学心学化的思想发展与性理文化在朝鲜半岛的传播,最终由李退溪在哲学上完成了圣贤心学的理论体系。它与朱子学的根本差异在于,在格物致知、居敬穷理并重的基本前提下,朱子学的根本学问精神乃是以心求理,无论是道德之理,还是一草一木的客观事物之理,都必须通过人的认识活动才能完成。而李退溪所发展与完成的圣贤心学则在追求个体道德人格之成圣这一根本目的之下,对朱子的本体之理作了道德能动性的发展,并将朱子以心求理的理性人生发展为主敬成圣的道德人生。

通过对朱子学心学化的历史展开过程的具体分析,不仅可以断定李退溪的哲学性质就是圣贤心学,而且在性理学发展史以及性理文化在东亚的传播这一广阔视野上,还可以发现这样一个重要的性理学发展史实,即《心经》对退溪心学的形成起到了不可替代的影响,而退溪心学的形成,又完成了在理学本土所未能完成的圣贤心学,从而使朱子学在历经了三百多年的发展之后,至16世纪中叶,分别在理学本土和朝鲜半岛结出了两个思想硕果:阳明心学与由李退溪在心经心学思想上完成的圣贤心学。

如果从朱子学心学化的发展与完成这一整体过程加以考察,朱子学长达三个多世纪的心学化的发展,最终是在理学本土完成了以社会群体的道德实践为特征的阳明心学,在朝鲜则由李退溪完成了以个体的主敬成圣为特征的圣贤心学。

但是,不仅从时间上讲,退溪心学是在明代心学(尤其是阳明心学)已经完成的前提下,在批判地继承明代心学的基础上完成了自己的心学,从而也在最终的意义上完成了历时三个多世纪的朱子学心学化发展,而且从阳明心学与心学化的思想关系来看,王阳明不仅在他的思想探索过程中继承了程敏政的朱陆早异而晚同的观点,而且从其哲学的发端是起自对朱子理学以心求理的哲学方法的追求,在格竹失败后才转向对德性本体的领悟与追求,因而也证明阳明心学也是对朱子学的心学化发展。虽然阳明心学在道德本心的追求、在心即理的理论命题等方面对象山心学都有更多的继承,但从本书中的分析来看,退溪心学在继承"心经附注"的意义上也同样继承了心学对道德本心的追求。

因此,在朱子学心学化这一特定视野下,如果想要准确地判断退溪心学在朱子学中的思想地位,则无论如何都必须首先区分退溪心学与阳明心学的本质差异问题。

如前所述,朱子理学的根本特征是强调以心的理性认识能力去探求事物之理,而所谓"事物之理",不仅包括客观事物的自然规律,也包括道德规范及其所以然的依据。更为重要的还是,作为人生而具有的理性认识能力,心在道德修养中的重要作用与意义,即心作为具众理而应万事的理性道德法则,可以统性情。综合而言,"心"这一哲学概念,在朱熹哲学中具有主宰人的感性活动(包括思维念头等受外物影响的感性欲求),探求客观事物之理的积极作用。因此,朱熹十分强调心的独立性与主宰性,如说:"心者,人之所以主于身者也,一而不二者也。"①又说:"心之全体,湛然虚明,万理具足,无一毫私欲之间,其流行该遍,贯乎动静而妙用又无不在焉。故以其未发而全体者言之,则性也;以其已发而妙用者言之,则情也。然心统性情。"②

日后的心学化完全继承了朱熹对心的理性认识能力与道德主宰能力的哲学判断。如王阳明就说:"心者,身之主也。"③《心经》一系的圣贤心学,从真德秀到程复心、吴澄、程敏政、李退溪,也同样十分重视心对身的主宰意义。程敏政在《心经附注》首页所录程复心的《心学图》,其中心内容即明确标明"心,一身主宰"。而李退溪不仅在《圣学十图》中选用了程复心的《心学图》与《心统性情图》,而且在《天命图说》中明确指出:"心为主宰而常统其性情,此人心之大概也。"这表明,无论是阳明心学,还是李退溪所完成的心经一系的圣贤心学,事实上都在心的理性认识能力意义上首先继承了朱熹理学对心的哲学意义的判断。

---

① (宋)朱熹:《观心说》,《朱熹集》卷六十七。

② (宋)黎靖德编:《朱子语类》卷五。

③ (明)王守仁:《阳明全书》卷三十四。

但是,在进一步判定心的内容与哲学地位时,就不仅显示出阳明心学与朱熹理学的差异,而且也显示出退溪心学与阳明心学的根本差异。为了正确辨别三者之间的哲学差异,将三者的为学主张图示如下:

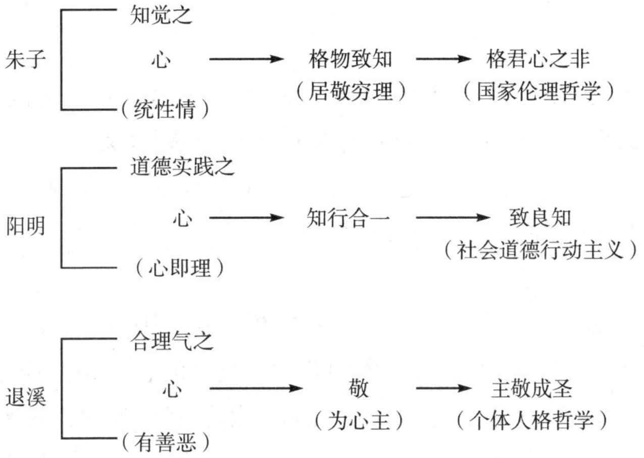

如上所述,退溪心学与阳明心学都继承了朱熹对心的理性认识能力与道德主宰能力的哲学判断,即"心为身主"的哲学命题。在此基础上,王阳明对朱熹的知觉之心又作了进一步的哲学规定,提出:"心者,身之主也,而心之虚明灵觉即所谓本然良知也。"①在心作为朱熹哲学最高概念(所谓"惟心无对")的基础上,王阳明又提出了一个高于心的概念:良知。

与此相比,李退溪所继承与发展的圣贤心学,则在作为朱熹哲学的最高概念之心的基础上,提出了另外一个高于心的概念:敬。从真德秀的《心经》到程复心的《心学图》,再到吴澄的心学、程敏政的《心经附注》、李退溪的《圣学十图》,都集中表达了这样一个中心命题:"心者,一身之主宰也;而敬,又一心之主宰也。"②

因此,正确认识与区分良知与敬这两个心学概念的内容、作用与意义,便成为判断退溪心学与阳明心学的哲学差异的关键。

单从哲学意义上讲,王阳明说"心之虚明灵觉即所谓本然良知",而

① (明)王守仁:《阳明全书》卷三十四。

② 〔朝〕李滉:《圣学十图》,《退溪全书》一,第198页。

"虚明灵觉"在朱熹哲学中只是用来描述心的思维特性与无所不至的功能。朱熹认为,心作为意识,其变化的速度、范围可以不受时间与空间的限制,灵活万变,而这种特性则根植于人心的认识器官的基础之上,因此,朱熹说知觉只是气的一种虚灵能力(所谓"知觉正是气之灵觉处")。因此,问题首先是,良知在阳明心学中的真实意义究竟是什么?王阳明说:

> 盖良知只是一个天理,自然明觉发见处,只是一个真诚恻袒,便是他本体。故致此良知之真诚恻袒以事亲,便是孝;致此良知之真诚恻袒以从兄,便是弟;致此良知之真诚恻袒以事君,便是忠。只是一个良知,一个真诚恻袒。①

即认为良知就是天理,那么天理这一概念在王阳明的学说中的真实意义又是什么?在这个问题上,王阳明并没有直接的、明确的界定,他所强调的一直是良知这一概念的重要性与无所不能的特性,如说:"近来信得致良知三字,真圣门正法眼藏。……我此良知二字,实千古圣圣相传一点骨血也。"②又说:"某于此良知之说,从百死千难中得来,不得已与人一口说尽,只恐学者得之容易,把作一种光景玩弄,不实落用工,负此良知耳。"③这就造成对良知这一概念的真实意义的某种模糊性。

笔者认为,这主要是因为阳明学说从一开始就是为了以心的道德意义与致良知的道德实践,来校正朱子后学在格物致知为学方式的意义上流于口耳之习的弊病。因此,良知这一概念事实上并不是一个独立的概念,或者说,不是一个一次元的概念。对它的真实意义的追问,必须通过对心、理、性等程朱理学的概念的解释才能确定。

从表面上看,阳明心学似乎是对朱子理学的否定,但一涉及具体的理学概念的解释,就必须回到朱子理学的哲学中。因此,笔者始终认为,阳明心学是对朱子理学的发展,即通过否定朱子理学的格物致知为学方式,以道德之心来涵盖性、理、心、事、物,并为了强化这种道德心学而提出了一个良知的概念作为其哲学表征。

---

① (明)王守仁:《答聂文蔚二》,《阳明全书》卷二。
② (明)王守仁:《答聂文蔚二》,《阳明全书》卷二。
③ (明)王守仁:《答聂文蔚二》,《阳明全书》卷二。

具体而言,为了找到良知这一哲学概念,王阳明在思想上经历了三个发展阶段。第一阶段是以心的道德意义来涵盖理,并以“心即理”的命题来否定朱子理学的格物致知为学方式,以“知行合一”说来表达自己的道德学说。他说:

> 心一而已,以其全体恻袒而言谓之仁,以其得意而言谓之义,以其条理而言谓之理。不可外心以求仁,不可外心以求义,独可外心以求理乎?外心以求理,此知行之所以二也;求理于吾心,此圣门知行合一之教。①

即首先以心的道德意义来涵盖理,既之又以心来涵盖物,说:

> 夫物理不外于吾心,外吾心而求物理,无物理矣。遗物理而求吾心,吾心又何物邪?心之体性也,性即理也。故有孝亲之心,即有孝之理,无孝亲之心,即无孝之理矣。有忠君之心,即有忠之理,无忠君之心,即无忠之理矣。理岂外于吾心邪?……心即理耳。②

在心即理的基础上,王阳明又以良知来涵盖心、性、理、事、物等一切概念,并以良知来否定朱子以心求理的格物致知之学,达到自己的道德实践之学目的,所以王阳明说:

> 朱子所谓格物致知云者,是以吾心而求理于事事物物之中,……是可以见析心与理为二之非矣。若鄙人所谓格物致知者,致吾心之良知于事事物物也。吾心之良知即所谓天理也。致吾心之天理于事事物物,则事事物物皆得其理矣。故曰:致吾心之良知者,致知也。事事物物皆得其理者,格物也。是合心与理而为一者也。合心与理而为一,则凡区区前之所云与朱子晚年之

---

① (明)王守仁:《答顾东桥书》,《阳明全书》卷二。
② (明)王守仁:《答顾东桥书》,《阳明全书》卷二。

论，皆可不言而喻矣。①

王阳明又说：

良知不因见闻而有，而见闻莫非良知之用。故良知不滞于见闻而亦不离于见闻。孔子云：吾有知乎哉，无知也。良知之外则无知矣。故致良知是圣门教人第一义。②

由上所述可知，良知首先是在知识的意义上，以道德之知涵盖了知性之知。其次，在存在论的意义上，良知又成为先验的存在，王阳明说："是非之心，不虑而知，不学而能，所谓良知也。良知之在人心，无间于圣愚，天下古今之所同也。"③更进一步，王阳明又认为良知就是天道，说："天道之运，无一息之或停，吾心良知之运，亦无一息之或停。良知即天道也。"④如此，良知成为道德本体。

在心即理的意义上，良知作为道德主体而上升为世界的本体，这不仅意味着王阳明走出了以朱子学中的客观之理来论自己的道德之心时所不可避免的心与理的矛盾，而且意味着朱子理学向阳明心学转变的哲学理论之完成。

在朱熹哲学中，理不仅是世界的本体，也是现实人生所要追求的对象，朱子说："心者，人之神明，所以具众理而应万事者也。性则心之所具之理，而天又理之所从出者也。人有是心，莫非全体。然不穷理，则有所弊而无以尽乎此心之量。故能极其心之全体而无不尽者，必能穷夫理而无不知也。既知其理，则其所从出亦不外是矣。"⑤即心只有通过格物致知的穷理工夫，才能达到完满的道德境界。但当王阳明将理定义为心时，"穷理"显然也就只能是求之于心而不是求之于物了。在唯道德主义的意义上，王阳明实际上是以道德之心涵盖了本体之理。

但笔者认为，阳明心学并不是绝对的主观唯心主义。因为就道德的内

① （明）王守仁：《阳明全书》卷三十四，《年谱》。
② （明）王守仁：《答欧阳德书》，《阳明全书》卷三十四。
③ （明）王守仁：《答聂豹书》，《阳明全书》卷三十四。
④ （明）王守仁：《惜阴说》，《阳明全书》卷三十四。
⑤ （宋）朱熹：《孟子集注·尽心上》，《四书集注》，第384页。

容而言,王阳明追求的显然并不只是心即理,而是致良知,即实践道德。而阳明心学所要求实现的道德,实际上就是维护封建社会秩序的“五常”。因此,王阳明才说:“圣人……推其天地万物一体之仁,以教天下,使之皆有以克其私,去其弊,以复其心之同然。其教之大端,则尧舜禹之相授受,所谓道心惟微,惟精惟一,允执厥中。而其节目,则舜之命禹,所谓父子有亲,君臣有义,夫妇有别,长幼有序,朋友有信五者而已。”①而他的心即理所要求的致良知之说,其根本的社会意义,乃在于以社会群体的道德行动,来达到治理天下的目的。所以王阳明说:

> 夫人者,天地之心。天地万物本吾一体者也。生民之困苦荼毒,孰非疾痛之切于吾身者乎?不知吾身之疾痛,无是非之心者也。是非之心,不虑而知,不学而能,所谓良知也。良知之在人心,无间于圣愚,天下古今之所同也。世之君子,惟务致其良知,则能公是非,同好恶,视人犹己,视国犹家,而以天地万物为一体,求天下无治不可得矣。②

由朱熹理学到阳明心学,宋明理学实际上走过了一条由理性主义的认识论哲学到道德实践主义的伦理学的思想发展过程。

如果只是在道德追求的心学意义上讲良知,本来与李退溪所继承与完成的圣贤心学所追求的道德之心并无太大的差异。问题在于,当王阳明从哲学上提升出良知这一概念并将其上升为世界本体以后,不仅以良知代替了客观存在的具体事物,而且也代替了被理学和圣贤心学认为是客观的道德规范及其先验存在之理。表现在哲学上,就是以作为道德及其实践主体的良知代替了包括心、意、理、物乃至知识等在内的所有存在。王阳明就说:

> 身之主宰便是心,心之所发便是意,意之本体便是知,意之所在便是物。如意在于事亲,即事亲便是一物;意在于事君,即事君便是一物;意在于仁民爱物,即仁民爱物便是一物;意在于视听言

① (明)王守仁:《惜阴说》,《阳明全书》卷三十四。

② (明)王守仁:《惜阴说》,《阳明全书》卷三十四。

动，即视听言动便是一物。所以某说无心外之理，无心外之物。①

由心的道德意义走向意的主观作用，使得阳明心学成为主观唯心主义心学。在此基础上，王阳明不仅以致良知之教否定了朱子格物致知求理于外的为学主张，而且也否定了朱子格物致知说中所包含的主敬学说。他刻古本大学，正是为了从朱子格物致知说所赖以建立的根本意义上否定其正当性，所以他说：

《大学》工夫即是明明德。明明德只是个诚意。诚意的工夫，只是格物致知。若以诚意为主，去用格物致知的工夫，即工夫始有下落，即为善去恶，无非是诚意的事。如新本先去格事物之理，即茫茫荡荡，都无着落处，须用添个敬字，方才牵扯得向身心上来。然终是没根源。若须用添个敬字，缘何孔门倒将一个最紧要的字落了，直待千余年后要人来补出？正谓以诚意为主，即不须添敬字，所以提出个诚意来说，正是学问的大头脑处。于此不察，直所谓毫厘之差，千里之谬。大抵《中庸》工夫，只是诚身。诚身至极，便是至诚。大学工夫，只是诚意。诚意之极，便是至诚。工夫总是一般。今说这里补个敬字，那里补个诚字，未免画蛇添足。②

而主敬说不仅是真德秀《心经》以来直到程敏政《心经附注》的主要修养方式，而且在李退溪所完成的圣贤心学中被发展成为一种持敬人生方式。因此，在为学方式的意义上，王阳明的致良知学说必然会遭到李退溪的反对与批判。

进一步，在致良知的意义上，阳明甚至否定了现实中的恶的存在，提出了“满街都是圣人”的说法。《传习录》记载：“一日王汝中出游归，先生问曰：游何见？对曰：见满街人都是圣人。先生曰：你看满街人是圣人，满街人到看你是圣人在。”③这种说法不仅否定了王阳明对道德实践的追求，显

---

① （明）王守仁：《阳明全书》卷一。
② （明）王守仁：《传习录上》，《阳明全书》卷一。
③ （明）王守仁：《阳明全书》卷三。

然也导致了方法论上与禅宗的顿悟本心相通的问题。因此,王阳明最终不得不在为学方式的意义上修正自己的致良知说。

嘉靖六年(1527)丁亥九月(王阳明56岁),王阳明率兵征思田。弟子德洪与王几论心之善恶问题:王几对阳明所说的"知善知恶是良知,为善去恶是格物"的说法提出了怀疑,认为阳明所说的心体既然是无善无恶,那么所谓意、知、物都应该没有善恶才对。这实际上正是对王阳明满街都是圣人说与致良知所追求的为善去恶的道德实践工夫之间的矛盾的追问。对此,李德洪则是从现实的意义上来解释的,说:"心体原来无善无恶,今习染既久,觉心体上见有善恶在,为善去恶正是复那本体工夫。"①

对于弟子提出的纯善本体与复善工夫的矛盾,王阳明采取了调和的办法,说:"汝中须用德洪工夫,德洪须透汝中本体",并引出了四句教,即:"无善无恶是心之体,有善有恶是意之动,知善知恶是良知,为善去恶是格物。"②这表明,王阳明虽然在致良知的意义上将道德上升为本体,但在校正朱子格物致知说的意义上,仍然不得不保留了道德修养的必要性,所以王阳明不仅在四句教中承认恶的根源在于"意之动",而且保留了为善去恶意义上的格物说。

但在致良知的根本意义上,王阳明实际上认为可以通过顿悟达到本然良知的状态,因此他评价李德洪所说的心体因习染而觉得有恶的说法:"有只是你自有,良知本体原来无有。本体只是太虚。太虚之中,日月星辰、风雨露雷、阴霾噎气,何物不有,而又何物得为太虚之障?人心本体亦复如是。太虚无形,一过而化,亦何费纤毫气力?德洪工夫需要如此,便是合得本体工夫。"③而对王几的见解,王阳明实际上是持赞成的态度,说:"一悟本体,即见工夫,物我内外,一起尽透",乃是上根之人可以达到的境界。这意味着王阳明在心即理的意义上,最终是将致良知发展为可以通过顿悟达到本然良知的先验道德哲学。阳明心学日后也正是在王几那里流为狂禅,也正说明了这一点。

李退溪批评阳明心学为禅学,的确是看到了阳明心学以良知代替了仁义礼智等道德本体,直接造成了对心学所追求的道德目的的破坏。所以,

---

① (明)王守仁:《阳明全书》卷三十四,《年谱》。
② (明)王守仁:《阳明全书》卷三十四,《年谱》。
③ (明)王守仁:《阳明全书》卷三十四。

在《白沙诗教传习录抄传因书其后》中,李退溪从问题的实质上一针见血地反问说:

> 详其(指阳明)所以至此者,其初亦只为厌事物之为心害而欲去之,顾不欲释氏之所为,于是创为心即理之说,谓天下之理只在于吾内而不在于事物。然则所谓事物者,虽如五伦之重,有亦可,无亦可,划而去之亦可也。是庸有异于释氏之教乎哉?①

正是在对维护封建社会的根本秩序的"五伦之重"的意义上,李退溪深刻地预见到了阳明心学对儒家所追求的伦理道德可能带来的危害。事实也正如李退溪在哲学上所预见的那样,中国近代哲学正是在阳明心学的流传中产生出了反封建的思想萌芽的。这一点,正是李退溪严厉拒斥阳明心学的根本原因,他说:"陈白沙、王阳明之学皆出于象山而以本心为宗,盖皆禅学也。……至如阳明者,学术颇忒,其心强狠自用,其辩张皇震耀,使人玄惑而丧其所守。贼仁义、乱天下者,未必非此人也。"②

李退溪所完成的圣贤心学与阳明心学的根本差异,首先在于对心的哲学判断不同。李退溪对心的哲学判断虽然同样来自于朱子对心的"虚明灵觉"之特性的描述,但却继承了朱子理学的气质之性的理论,并将朱子的气质理论在真德秀的人心道心说基础上发展成为哲学意义上的心学理论,将"虚明灵觉"直接变成了理气之合,他说:

> 吾人之心虚(理)而且灵(气),为理气之合,故其理即四德之理而为五常,其气即二五之气而为气质。……所谓五常者,纯善无恶,故其所发之四端亦无有不善;所谓气质者,非本然之性,故其所发之七情,易流于邪恶。然则性情之名虽一,而性情之用则不得不异矣。至于曰性曰情之所以该具运用者,莫非此心之妙,故心为主宰而常统其性情,此人心之大概也。③

---

① 〔朝〕李滉:《陶山全书》三,第244页。
② 〔朝〕李滉:《陶山全书》三,第244页。
③ 〔朝〕李滉:《陶山全书》三,第244页。

认为心在构成的本原上,同时具有理与气这两种不同的性质,因此,心在构成上就具有善恶的根源,因而必须依靠敬来治理不善的人心。这就论证了程敏政的《心经附注》所未能解决的圣贤心学的敬为心主的修养论与朱子的“惟心无对”的修养论的理论矛盾。

进一步,李退溪又通过《圣学十图》综合了从周子的太极图、仁说,到朱子对小学、大学的论述,以敬为中心,形成了一个从时间到空间、从外在行为到思维念虑的严格的持敬人生方式,彻底强化了理学在心学的意义上对道德规范的实践要求,从而避免了阳明心学因强化心的道德能动意义,反而造成否定道德的负效应。因此,从心学对道德追求的本来意义上讲,李退溪的心学无论是在心学化发展的思想史上还是在心学的实际意义上讲,都可以说是对朱子学心学化的最终的思想完成。

综上所述,阳明心学与圣贤心学同样是在《尚书·大禹谟》所提出的人心道心说的意义上要求维护封建社会的“三纲五常”之道德秩序,但在实现的手段上却有着根本的差异,阳明心学是要求通过社会群体的直接的道德行动来实现,而李退溪所完成的圣贤心学则要求通过个体的道德人格修养来实现。

导致这两种心学思想对立的根本原因,正是因为阳明心即理之心学所要求的这种社会群体的道德行动主义哲学,与16世纪以来导致朝鲜社会处于士祸之恶性政治循环的根源的道学政治在实现其政治目的手段上的相似性,才使得李退溪在王阳明之后为解决朝鲜社会所面临的士祸问题,并为半个世纪以来一再遭受血洗的士林寻找新的人生出路时,不得不避开阳明心学。这也是李退溪严厉绝斥阳明心学的根本原因之所在。

尽管二者在道德实现的方式和手段以及道德追求的目的上都有着本质的差异,但是,这两种心学的共同特征却都是以道德的追求作为自己的根本目标,明确表现出作为近代以前的东亚文明的朱子学在由13世纪走向近代文明的过程中所发生的文化精神的深刻变化。

由朱子学的理性认识之心向心学化的道德实践之理的转换,一方面意味着朱子性理学中所蕴含的对人类认识能力的肯定这一积极思维成果的失落,从而使近代以前的东亚在文化根据的意义上失去了走向近代科学的思想契机,另一方面也意味着以道德为主要价值观念的东亚儒家文化在明代已经产生资本主义萌芽的时代潮流下,极力以人类社会的和平存在与发展所必需的道德文化,对抗物欲所可能带来的社会道德的堕落与混乱的思想努力与试图。

其根本原因，在于东亚文明在本质上是依靠人对自身的道德本性的自觉来维系和发展的，不像西方文明在走向近代化的过程中不仅在资本主义发展的初期，确曾因资本主义经济方式对利润的片面追求造成了两次世界大战，为人类的命运带来了浓重的阴影，而且始终有宗教文明来补充人类在资本主义体制下对物质的片面追求所可能带来的道德堕落、社会混乱、甚至战争所可能引起的人类的灭亡这一深刻的潜在危机。而东亚文明（即儒家文明）因为缺乏宗教的补充，因而不得不对理学自身加以道德的强化和改造，用以起到如西方宗教在近代化中的作用。这也正是作为近代以前东亚文明表征的朱熹理学逐渐走向心学化的根本原因。

综上所述，能够在不同的经济基础、不同的社会中，使得朱子学心学化于同一时期（16 世纪中叶）分别在理学本土与朝鲜半岛完成理论上的哲学总结，形成阳明心学与圣贤心学，显然意味着这一历史时期东亚社会的思想与文化发展的需要。

因此，在 16 世纪中叶的朝鲜能够由李退溪在继承《心经附注》所构建的圣贤心学理论框架的基础上完成朱子学心学化，显然是一项了不起的思想贡献。退溪心学的完成，也终于使朱子学在历经了 300 多年的历史发展以后，在 16 世纪中叶先后结出了阳明心学与退溪所完成的圣贤心学两个思想硕果。这也正是退溪心学在朱子学中的思想地位。

参考文献

一、原著

1.《宋史》,钦定四库全书荟要,长春:吉林出版集团有限责任公司,2005 年。

2.《明史》,钦定四库全书荟要,长春:吉林出版集团有限责任公司,2005 年。

3.《元史》,钦定四库全书荟要,长春:吉林出版集团有限责任公司,2005 年。

4.《朝鲜李朝实录》,北京:中国国家图书馆出版社,2011 年。

5.(宋)周敦颐:《周敦颐集》,北京:中华书局,1990 年。

6.(宋)程颢、程颐:《二程集》,北京:中华书局,1981 年。

7.(宋)张载:《张载集》,北京:中华书局,2012 年。

8.(宋)黎靖德编:《朱子语类》,北京:中华书局,1986 年。

8.(宋)陆九渊:《陆九渊集》,北京:中华书局,1980 年。

9.(宋)朱熹:《四书集注》,南京:凤凰出版社,2008。

10.(宋)朱熹:《朱熹集》,成都:四川教育出版社,1996 年。

11.(宋)真德秀:《心经政经合编》,台北:广文书局,中国哲学思想要籍丛编,1975 年。

12.(宋)真德秀:《大学衍义》,(清)文渊阁四库全书本。

13.(宋)真德秀:《西山先生真文忠公全集》,商务印书馆《四部丛刊正编》影印正德刊本。

14.(宋)王柏:《鲁斋集》,艺文印书馆《百部丛书辑成金华丛书》本。

15.〔宋〕王柏:《鲁斋王文献公文集》,艺文印书馆《百部丛书辑成续金华丛书》本。

16.(宋)王柏:《研几图》,金华丛书影印本。

17.(宋)杨时:《龟山文集》,四库全书本。

18.(宋)程复心编:《周孔子论语年谱》,王云五主编:《新编中国名人年谱集成》,台北商务印书馆,1975 年。

19.(宋)程复心编:《周孟子年谱》,王云五主编:《新编中国名人年谱集成》,台北:台湾商务印书馆,1975 年。

20.(元)吴澄:《吴文正集》, 四库全书本。

21.(宋)朱熹:《小学集注》,北京:中国华侨出版社,2012 年。

22.(明)程敏政:《心经附注》,日本和刻本,中国思想丛书 47。
23.(明)程敏政:《道一编》,明汪宗元刻本,《四库全书存目丛书》。
24.(明)程敏政:《篁墩文集》,台北:台湾商务印书馆,影印文渊阁四库全书本。
25.(明)王守仁:《王阳明全集》,上海:上海古籍出版社,1992 年。
26.(明)陈建:《学蔀通辩》,东京:中文出版社,1663 年刊本,荒木见悟解题,1977 年。
27.(明)罗钦顺:《困知记》,《图书集成》本,康熙四十七年。
28.(明)罗钦顺:《整庵存稿》,钦定四库全书本,集部。
29.〔清〕黄宗羲原著,全祖望补修:《宋元学案》,北京:中华书局,1986 年。
30.〔清〕黄宗羲:《明儒学案》,北京:中华书局,1986 年。
31.周阵甫译注:《周易译注》,北京:中华书局,1991 年。
32.〔朝〕李滉:《增补退溪全书》,首尔:成均馆大学校大东文化研究院编,1985 年。
33.〔朝〕李滉:《陶山全书》,首尔:退溪学研究院编,1980 年。
34.〔朝〕李珥:《栗谷全书》,首尔:成均馆大学校大东文化研究院编,1971 年。
35.〔朝〕李德弘:《艮斋先生文集》,首尔:韩国文集丛刊,1995 年。
36.〔韩〕宋熹準编:《心经注解丛编》,首尔: 学民文化社,1985 年。
37.〔韩〕《朝鲜王朝实录》,首尔:国史编纂委员会,1993 年。

二、有关论著参考

1.容肇祖:《中国明代思想史・明代卷》,第 10 页,台北:文津出版社,1993 年。
2.蒙培元:《理学的演变——从王夫之到戴震》,台北:文津出版社,1990 年。
3.日本筑波大学编:《李退溪哲学之历史的位置》,东京:东洋书院,1986 年。
4.中国文化书院编:《论中国传统文化》,北京:三联书店,1988 年。
5.张立文:《退溪与朱熹思想比较研究》,台北:文津出版社,1995 年。
6.陈来:《朱子哲学研究》,上海:华东师范大学出版社,2000 年。
7.杨国荣:《心学之思:王阳明哲学的阐释》,北京:中国人民大学出版社,2009 年。
8.方旭东:《吴澄评传》,南京:南京大学出版社,2005 年。
9.胡发贵:《罗钦顺评传》,南京::南京大学出版社,2001 年。
10.朱伯崑:《易学哲学史》,北京:北京大学出版社,1988 年。
11.冯友兰:《中国哲学史新编》,北京:人民出版社,1992 年。
12.侯外庐编:《宋明理学史》,北京:人民出版社,1984 年。
13.韩茂利:《宋代农业地理》,太原:山西古籍出版社,1993 年。
14.钱穆:《中国学术思想史论丛》,北京:三联书店,2009 年。
15.程元敏:《王柏之生平与学术》,上海:华东师范大学出版社,2011 年。
16.苟小泉:《陈白沙哲学研究》,北京:中华书局,2009 年。
17.张运华:《陈献章学术思想研究》,北京:人民出版社,2010 年。
18.周月琴:《退溪哲学研究》,杭州:杭州出版社,1997 年。

19.容肇祖:《中国明代思想史·明代卷》,台北:文津出版社,1993 年。
20.容肇祖:《明代思想史》,济南:齐鲁书社,1992 年。
21.〔韩〕姜万吉:《韩国近代史》,首尔:创作과批评社,1984 年。
22.〔韩〕姜万吉:《韩国现代史》,首尔:创作과批评社,1984 年。
23.〔韩〕姜光植:《新儒学思想과朝鲜朝儒教政治文化》,首尔:集文堂,2000 年。
24.〔韩〕韩□振:《儒教政治와佛教》,首尔:一潮阁,1993 年。
25.〔韩〕尹丝淳:《한국유학사상론》,首尔:예문서원,1995 年。
26.〔韩〕李成茂:《朝鲜의社会와思想》,首尔:一潮阁,1999 年。
27.〔韩〕李泰镇:《韩国儒教社会史论》,首尔:知识产业社,1999 年。
28.〔韩〕崔英成:《韩国儒学史》,首尔:아시아문화사,1994 年。
29.〔韩〕琴章泰:《퇴계의삶과철학》,首尔:서울대학교출판부,1998 年。
30.〔韩〕琴章泰:《한국유학의이해》,首尔:민족문화사 ,1980 年。
31.〔韩〕刘明钟:《韩国思想史》,首尔:이문출판사, 1985 年。
32.〔日〕山田庆儿著,〔韩〕김석근译:《朱子의자연학통》,首尔:나무,1992。
33.韩国精神文化研究院编:《退溪의 사상과 그 현대적 의미》,1998 年。

三、有关研究论文参考

1.〔韩〕李东熙:《退溪学 의心学的特性 과 理 의의미》,首尔:《现代 와 宗教》제 16 집, 1993 年。
2.〔韩〕李东熙:《王阳明과李退溪》,首尔:东洋哲学研究会,1988 年。
3.〔韩〕李东熙:《南冥의韩国思想史的위치》,首尔:《南冥学研究》제4집,
1994 年。
4.〔韩〕申龟铉:《李滉 의〈心经附注〉연구와그의心学 특징》,首尔:《민족문화눈총》제8집, 영남대,1987 年。
5.〔韩〕尹秉泰:《退溪 와〈心经附注〉》,首尔:《도서관학논집》, 제5집, 한국도서관정보학회,1978 年。
6.〔韩〕琴章泰:《圣学十图注释과朝鲜朝后期退溪学의展开》,首尔:《退溪学报》第 48 辑。
7.〔韩〕柳成国:《李退溪의哲学思想과现代文明》,首尔:《退溪学报》第 14 辑。
8.〔韩〕柳成国:《退溪哲学의根本问题》,首尔:《退溪学报》第 19 辑。
9.〔日〕友枝龙太郎:《李退溪와日本实学派》,首尔:《退溪学报》第 15 辑。
10.〔日〕高桥进:《东亚细亚에있어서의敬哲学의成立》,首尔:《退溪学报》第 44 辑。
11.〔日〕宇野哲人:《日本에있어서의李退溪研究》,首尔:《退溪学报》第 1 辑。
12.〔美〕杜维明:《朱熹의理哲学에대한退溪의独创的解释》,首尔:《退溪学报》第 35 辑。

13.〔美〕杜维明:《李退溪 의心性论》,《西洋 의退溪研究》,首尔:《退溪学报》第 75、76 辑。

14.〔美〕Michael C. Kalton:《退溪 의圣学十图》,《西洋 의退溪研究》,首尔:《退溪学报》第 75、76 辑。

15.〔瑞士〕Martina Deuchler:《李退溪 의王阳明批判》,《西洋 의退溪研究》,首尔:《退溪学报》第 75、76 辑。

15.周月琴:《朱熹 의人性论 으로부터李退溪 의心性论 에이르기까지》,首尔:《退溪学报》第 66 辑。

16.周月琴:《〈心经附注〉对朝鲜半岛汉学研究的意义》,阎纯德主编:《汉学研究》第十二集,2010 年。